JN273533

1級建築士試験
最短時間で最良の解決！

木村 武義 著

合格のための設計製図テクニックのすべて

徹底検証と考察により新試験制度に完全対応！

本書を読破して「計画の要点等の記述」ができる！

多くの1級建築士を輩出した著者が教える合格の秘けつ

技報堂出版

書籍のコピー，スキャン，デジタル化等による複製は，
著作権法上での例外を除き禁じられています。

は じ め に

　以前までの１級建築士設計製図試験は、まるで「パズルを解くかのような能力」で突破できる課題が出題されてきましたが、新試験制度となり、受験者の「意匠・構造・設備全般の知識を推し量る内容」となって、難易度は高くなりました。

　１級建築士を目指す受験者は多いのですが、実務で建築設計を行っている受験者は少ないのが現状です。また、実際に建築設計を行っていても、試験に出題される規模の施設を設計する機会をもつ受験者は多くはありません。

　試験は、現代の社会が求める施設を出題し、実務での建築設計に近い解決を必要とされます。

　さらに、試験はきびしく限定された時間内に要求のすべてを表現しなければ合格できません。そのため、いわば「試験向きの設計製図テクニック」を会得する必要があるのです。

　筆者は、今日までいくつかの設計製図試験受験参考書を執筆し、「試験向きの設計製図テクニック」を伝授することで、多くの１級建築士を輩出してまいりました。

　そして、さらに試験に向き合い、実体験にすることによって今までの設計製図試験受験参考書を見直して、新たに「試験向きの設計製図テクニックのすべて」を著したいとの強い思いにより、本書を発刊いたしました。

　試験では、設計製図のみならず、計画の要点等の記述についても知識を問われることになりますが、本書を読破することによって、おのずと計画の要点等も記述できるようになります。

　試験元から発表される標準解答例を巻末に掲載してあります。この標準解答例は決して模範解答ではありませんが、問題文とともに詳細に読み込むことによって、合格できるレベルの設計製図を学ぶことができます。

　受験者の皆さんが、本書を読破し、その実を身につけて、「合格へ最短の道」を歩むことを願ってやみません。

筆　者

目　　次

第1章　設計製図試験の概要 ──────────── 1
- 1.1　設計製図試験とは ………………………………………………2
- 1.2　中央建築士審査会による見直しの内容 ………………………3
- 1.3　出題傾向 …………………………………………………………4
- 1.4　出題課題の特徴 …………………………………………………4
- 1.5　要求図書 …………………………………………………………5
- 1.6　合格に求められるもの …………………………………………6
- 1.7　合格への道 ………………………………………………………6
- 1.8　採点のポイント …………………………………………………7

第2章　建物を構成するスペース ──────── 9
- 2.1　エントランスの種類 ……………………………………………10
- 2.2　階　段 ……………………………………………………………12
- 2.3　昇降機 ……………………………………………………………14
- 2.4　便　所 ……………………………………………………………16
- 2.5　コ　ア ……………………………………………………………18
- 2.6　吹抜け空間 ………………………………………………………20
- 2.7　勾配屋根・庇 ……………………………………………………22
- 2.8　駐車場計画 ………………………………………………………24

第3章　構造計画 ─────────────── 27
- 3.1　構造種別 …………………………………………………………28
- 3.2　プレストレストコンクリート梁（PC梁）架構 ………………32
- 3.3　地下階、基礎、ドライエリア …………………………………34
- 3.4　耐力壁 ……………………………………………………………36
- 3.5　免震構造 …………………………………………………………38

第4章　設備計画 ─────────────── 43
- 4.1　出題傾向 …………………………………………………………44
- 4.2　空調設備 …………………………………………………………44
- 4.3　空調方式の種別 …………………………………………………46

4.4　換気設備……………………………………………………48
　　4.5　排煙設備……………………………………………………50
　　4.6　給水設備……………………………………………………52
　　4.7　給湯設備……………………………………………………54
　　4.8　受変電設備…………………………………………………56
　　4.9　照明設備……………………………………………………58
　　4.10　設備シャフト………………………………………………60

第5章　法規の知識 ─────────────────────────── 63
　　5.1　建ぺい率・床面積…………………………………………64
　　5.2　道路斜線制限………………………………………………65
　　5.3　階　段………………………………………………………66
　　5.4　防火区画……………………………………………………68
　　5.5　バリアフリー法……………………………………………70

第6章　エスキース法 ─────────────────────────── 73
　　6.1　環境条件を読みとる………………………………………76
　　6.2　アプローチの目安をつける………………………………77
　　6.3　出題された環境条件の読みとりへの対応………………78
　　6.4　配置計画……………………………………………………82
　　6.5　屋外施設の設置……………………………………………84
　　6.6　柱スパンを決める…………………………………………86
　　6.7　建物のボリュームをつかむ………………………………88
　　6.8　面積計画……………………………………………………89
　　6.9　利用人数による所要室の計画……………………………90
　　6.10　設置階を決める……………………………………………92
　　6.11　ゾーニング…………………………………………………93
　　6.12　動線計画……………………………………………………93
　　6.13　平面計画……………………………………………………94
　　6.14　コアの配置とプランニング………………………………95
　　6.15　宿泊施設のプランニング…………………………………96
　　6.16　集合住宅のプランニング…………………………………98
　　6.17　断面計画……………………………………………………100

第7章　実践設計製図 ─────────────────────────── 103
　　7.1　宿泊機能をもつ青少年センターの構成…………………104

7.2	主な所要室の特徴	105
7.3	課題文を読みとる	108
7.4	環境条件を読みとる	110
7.5	配置計画	111
7.6	柱スパンの目安をつける	112
7.7	建物のボリュームと面積計画	113
7.8	コアの配置	114
7.9	動線計画	115
7.10	平面計画	116
7.11	エスキースの決定	118
7.12	計画の要点等の記述	120
7.13	完成図	122

第8章　重要ポイントへの対応法 ―――――― 125

8.1	平成27年度課題の重要ポイント	126
8.2	平成26年度課題の重要ポイント	132
8.3	平成26年度［沖縄会場］課題の重要ポイント	138
8.4	平成25年度課題の重要ポイント	142
8.5	平成24年度課題の重要ポイント	148
8.6	平成23年度課題の重要ポイント	154
8.7	平成22年度課題の重要ポイント	160
8.8	平成21年度課題の重要ポイント	166

第1章
設計製図試験の概要

1.1 設計製図試験とは

　現在の1級建築士設計製図試験（以下、試験）は、平成21年度に「中央建築士審査会」により見直しが行われて実施されるようになったものである。
　では、試験で求められる設計製図の内容はどのようなものなのか。
　1級建築士試験を司る国土交通省建築指導課・企画専門官はこのような談話を発表している。

　　1級建築士はあくまでも総合的な資格であり、試験では、建物を部分ではなくてトータルで設計できるか、基本的な能力を問う。
　　意匠、構造、設備をバランスよく理解し、1つにまとめ上げる能力があるかを確認する。構造、設備について、全く知らないというわけにはいかない。

さらに、

　　試験は、1級建築士の資質・能力の向上が狙いとなり、建築設計全般に関する基本的知識・能力などを確認し、専門分化している建築設計を調整し、取りまとめていく基本的な知識・能力などを確認する。
　　本来の建築設計・監理に必要とする知識を要求し、記述、図的表現などの手段により、構造設計や設備設計の基本的な能力を確認する内容とする。

としている。

　以上のように、試験は、本来の建築設計に必要とする「意匠、構造、設備について全般にわたる知識の理解度」を推し量る内容となっている。
　これは、次頁にある「中央建築士審査会による見直し内容」から実際の試験結果を分析・検証すると、これらを原則にして出題していることがわかる。
　さらには、「受験者に過度な負担を強いることがないように」とあり、「比較的シンプルな用途の建築物」とすることや、「ゾーニングや部門間の動線に関する設計条件を簡素化した出題」とあることは着目すべきである。
　なぜなら、この箇条書き程度の項目からは判断しにくいようにみえるが、近年の試験内容は、「難解なものやひねったものは出題しない」ことは事実であり、今後の試験に対応するためのよい指針となっているからである。

1.2　中央建築士審査会による見直しの内容

■建築設計全般に関する基本的な知識・能力等を確認するために、
- 「設計条件」における「所要室」に関し、室構成や床面積を細かく指定し、これに従った設計図書の作成を要求する従来の方式を改め、室構成や床面積を大括りの設定とするなど、設計の自由度を高める出題とする。
- 「設計条件」において、構造設計、設備設計に関する設計条件を設定し、これに対応して、以下の図面等を要求するものとする。
    * 平面図に耐力壁、設備機器・設備シャフトの位置等を（追加的に）図示
    * 梁伏図、矩計図等を（新たに）作成
    * 計画の要点等の記載項目、記載内容の充実
        建築計画（ゾーニング、動線、景観への配慮等）、構造計画（構造種別、架構形式、耐震計画等）や設備計画（空調設備、給排水衛生設備、防災設備、電気設備、環境負荷低減等）に関し配慮した事項、周辺環境に対し配慮した事項などについて、記述（又は簡易な図示）させる。

■専門分化している建築設計を調整し、とりまとめていく基本的な知識・能力等を確認するために、
- 合格基準の設定に関し、配点構成を「空間構成[1]」と「意匠・計画[2]、構造、設備」に大別し、「空間構成」に関し、足切り点を設定するものとする。
    [1]　建築物の配置計画、ゾーニング・動線計画、所要室の計画、建築物の立体構成等
    [2]　図面表現、所要室の機能性、快適性等

■現在の試験内容と比較して、受験生に過度な負担を強いることがないように、
- 「設計課題（設計対象の建築物）」に関し、異なる機能を複合させた建築物を出題する従来の方式を改め、比較的シンプルな用途の建築物（主たる機能の部門とこれに関連する部門からなる建築物）とするなど、ゾーニングや部門間の動線に関する設計条件を簡素化した出題とする。
- 要求図面は、配置図、平面図、断面図、立面図、伏図、矩計図等の図面のうちから4面程度とし、その他に計画の要点等（1問あたりの記述のボリュームは従来と同程度とし、10問程度）と面積表を要求する程度とする。

1.3 出題傾向

出題傾向をみると、現在の社会の状況を反映し、社会が求めようとする施設を出題する傾向にあり、過去に例のない初めての施設を出題する傾向にある。

また、出題する建物の内容は、単なる建物の用途として完結するのではなく、いずれの施設も、地域に開かれ、地域住民との交流の場となることを求める傾向にある。

1.4 出題課題の特徴

■平成27年度「市街地に建つデイサービス付き高齢者向け集合住宅（基礎免震を採用した建築物である）」

近づきつつある超高齢化社会を背景にして、デイサービス付き高齢者向け集合住宅の設計を求め、「基礎免震構造」を採用することによって、構造計画のみならず建物全体の計画について「基礎免震構造」の知識を求めた。

■平成26年度「温浴施設のある「道の駅」」

「道の駅」として「休憩、情報発信等の機能」に加えて、地域振興や地域住民の交流の場ともなるよう、地域住民も利用できる温浴施設を求めた。

■平成25年度「大学のセミナーハウス」

「大学のセミナーハウス」として、教員や講師を囲んでコミュニケーションを図る場としてだけではなく、地域住民との交流の場ともなるように求めた。

■平成24年度「地域図書館（段床形式の小ホールのある施設である）」

「地域図書館」としての図書館機能に加え、様々な世代の地域住民の学習や交流の場ともなることを求めた。

■平成23年度「介護老人保健施設（通所リハビリテーションのある5階建ての施設である）」

「介護老人保健施設」として、家庭的な雰囲気の中で共同生活ができるように、自然光を取り入れて明るく解放的な空間を求め、地震時にも一定の機能を維持できるように求めた。

■平成22年度「小都市に建つ美術館」

「小都市に建つ美術館」は、どちらかといえば「本格的な美術館」ではなく、「コミュニティ施設に展示空間が付属したような建物」であり、地域住民にとって親しみやすい施設を求めた。

■平成21年度「貸事務所ビル（1階に展示用の貸スペース、基準階に一般事務室の貸スペースを計画する）」

「貸事務所ビル」は、変形した敷地に建つ「地下駐車場」をもち、受験者の「意匠、構造、設備」の基本的な知識を推し量る内容を求めた。

「免震構造」は、これまで高層建築物を中心に普及してきたものが、中低層建物にも広がり始めている。
したがって今後の試験においても出題の可能性は高い。

1.5 要求図書

製図用の「答案用紙Ⅰ」は、A2版5mm方眼用紙となる（**図 1.1**）。

計画の要点等記述用の「答案用紙Ⅱ」は、A3版用紙となり、エスキース用紙は、A2版5mm方眼用紙が配布される。

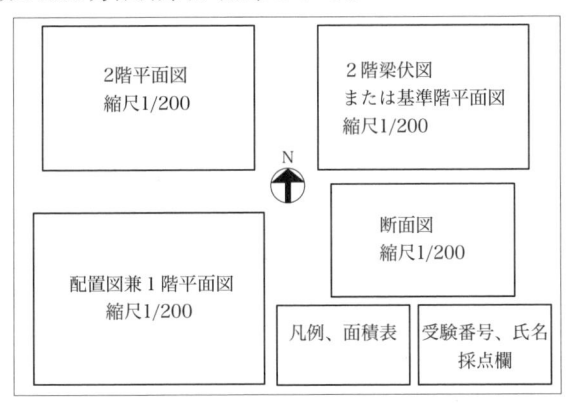

図 1.1 答案用紙Ⅰ（例）

出題内容によって作図のレイアウトが変わるため、指定の位置を間違えて作図してしまうことが意外に多いので注意する。

■要求図面（縮尺 1/200）
- 1階平面図兼配置図
- 2階平面図
- 基準階平面図（基準階がある場合）
- 断面図
- 2階梁伏図（または立面図、矩計図）

■試験時間と時間配分

試験時間は、6時間30分となる。したがってきびしい時間内での解答を余儀なくされるが、時間を短縮する方法として、作図は「フリーハンド図」を勧める。なぜなら、課題文には「作図はフリーハンドでもよい」とあるからである。以下は「フリーハンド図」を採用した場合の時間配分の目安である（カッコ内は、定規による作図の目安を示す）。

- エスキース——————3時間（2時間30分）
- 計画の要点等の記述————40分
- フリーハンドによる作図———2時間40分（3時間10分）
- 見直し————————10分

以上のように、フリーハンドによる作図によって時間を短縮し、エスキースに時間が掛けられることは大きな利点となる。

■計画の要点等記述のタイミング

計画の要点等記述は、必ずエスキースが終わった時点で記述を行うようにする。作図が終わってからでは間に合わなくなるからである。

1.6 合格に求められるもの

■建築主と設計者

設計製図試験は、「建築主と設計者の関係」に似ている。

「建築主」とは、試験元（国土交通省）であり、「設計者」とは、受験者といえるからである。

建築設計の目的は、「建築主」の要求を専門技術によって解決し、優れた建築として具現化することにある。

建築設計は、「建築主」から依頼されてのち、まず「基本構想」を練る。

次に、「基本構想」に検討を加えて前に進める段階を「基本設計」と称するが、「基本設計」は「建築主」の承認を得たあと、さらに細部にわたり検討して「実施設計」の段階を経て施工に移行し、「監理」を経て建物の完成に至る。

「試験元」が「受験者」に示す「課題文」には、多くの要求に満ちており、いかにして解決するかを試している。

仮に、試験に出題される建物を設計するとしたら、「基本構想」から「実施設計」が完了するまでには、優に1年以上の時間を必要とするのである。

建築主の要求は多く、常に矛盾を含んでいる。設計者は、矛盾に惑わされることなく、多くの要求のなかから真に必要なものを選択し、「優れた建築」の具現化を追求しなければならない。

何が必要で何が不要であるか、を考えること。

これは、試験の要求に対する受験者の心構えとも共通のものである。

■施設の骨格をまとめる

わずかな時間しか与えられない試験において求められる設計製図とは、限定された時間内にこそ可能な「施設の骨格の設計」を求めていることを知らなければならない。

ともすると、細部にわたる設計表現をすることが重要であるかのように誤解されやすいが、「基本設計段階の表現を求めるもので、施設の細部の設計を求めるものではない」との認識をする必要がある。

1.7 合格への道

試験は、「製図力」と「計画力」の両方を総合的に判断するが、「計画力」を重視する傾向にある。また、あえていえば「製図力」については、ある程度の学習を行うことによって比較的容易に会得できる。そのため、いかに綺麗な図面をかいても「優れた計画」を表現していなければ合格は望めない。

試験に求められる「意匠・構造・設備」の全般にわたる理解を深め、「計画力をつける」ことが「合格への最短の道」といえるのである。

※「基本構想」とは、「建築主」の要求をもとに諸条件（敷地条件、環境条件、法的条件など）を検証・考察し、「どのような建物としたらよいか」いわば、コンセプトをまとめることである。

1.8 採点のポイント

採点は、単に減点だけではなく、優れた計画については加点を考慮するともいわれる。したがって、受験者は小さな項目にとらわれずに、建物の骨格を示す重要な項目をしっかりとまとめることが大切である。

下表は、近年の試験における「採点のポイント」をまとめたものである。

(1) 空間構成
　① 建築物の配置計画
　② ゾーニング・動線計画
　③ 要求室等の計画
　④ 建築物の立体構成等
(2) 意匠・建築計画
　① 要求室の機能性・快適性等
　② 図面、計画の要点等の表現・伝達
(3) 構造計画
　① 目標耐震性能、構造種別、架構形式及びスパン割り等の計画
　② 梁伏図及び部材の断面寸法等
(4) 設備計画
　① 空調方式、空調機の設置位置及び吹出口・吸込口の計画、吹抜け部分における冬期の空調設備計画
　② 建築物の省エネルギーの計画
　③ 空調機の設置計画、空調室外機及び熱源機器の設置計画
　④ 受変電設備、非常用電源
　⑤ 自然採光及び日射遮蔽の計画
　⑥ 空調機械室の位置と給気・還気ダクトのルートの計画
　⑦ 厨房の排気計画
　⑧ 排水計画
　⑨ 災害時における一時的な機能維持のための設備計画
　⑩ 建築物の環境負荷低減に配慮した計画
(5) 設計条件・要求図面等に対する重大な不適合
　①「要求図面のうち1面以上欠けるもの」、「計画の要点等が完成されていないもの」又は「面積表が完成されていないもの」
　② 図面相互の重大な不整合（上下階の不整合、階段の欠落等）
　③「建築面積が要求以下でないもの」又は「床面積の合計が指定の範囲でないもの」
　④ 要求室・施設等のいずれかを計画されていないもの
　⑤ その他設計条件を著しく逸脱しているもの

第2章

建物を構成するスペース

2.1 エントランスの種類

　エントランスには、利用者の主出入口である「メインエントランス」と副出入口となる「サブエントランス」があり、施設に異なる用途がある場合は2つ以上のエントランスを必要とする。また、管理者が利用する「管理用出入口」も必ず設けるようにする（図2.1-1）。

■メインエントランス
　メインエントランスの位置は、歩道の付いた道路を原則とし、歩道のない道路では、利用者の安全なアプローチを守ることができないため不可となる。

■サブエントランス
　サブエントランスは、遊歩道や公園などから設けるよう求められることが多いが、敷地が遊歩道や公園に接する場合は、課題文に求められない場合であっても、積極的にサブエントランスを設けることが望ましい。

■その他のエントランス
　カフェ、レストランなどに直接出入りする出入口となる。

■管理用出入口
　管理用出入口の位置は、歩道が付いていない道路からでもよく、道路から奥まった位置に設けることもある。また、管理用出入口は環境条件の劣る位置に設けると、利用者ゾーンが環境条件のよい方向にまとまりやすくなる。

■風除室
　メインエントランスとサブエントランスには、風除室を設けるようにする。その他のエントランスのうち、カフェ、レストランなどは風除室はなくても可となるが、ショールームなどのような比較的大きな居室については風除室を設ける。
　風除室は、奥行き3m程度とし、出入口は自動ドアとし、ポーチは地盤面（G.L）＋100程度に高さを抑える（図2.1-2）。
　また、基礎免震構造の建物のメインエントランスポーチは、免震層外形位置のエキスパンション・ジョイントに合わせて奥行きを2m程度とする方法がある（図2.1-3）。

■車寄せ
　車寄せとは、車を寄せて乗降するためにエントランス前に庇を張り出し、車の通り抜けができるようにしたものであり、「高齢者施設」などで要求される（図2.1-4）。

「車寄せ」は、雨天時や降雪時に車に乗降するために庇を張り出す必要がある。

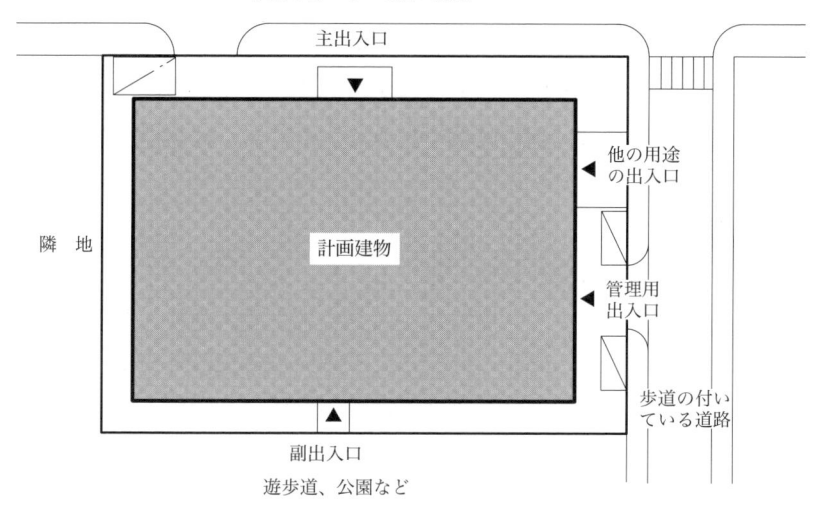

図 2.1-1　エントランスの種類

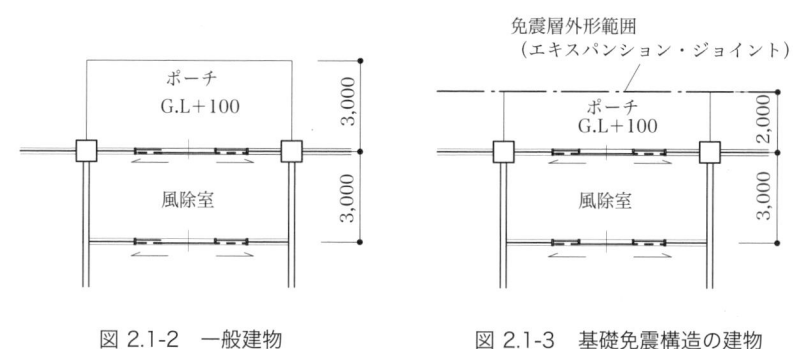

図 2.1-2　一般建物

図 2.1-3　基礎免震構造の建物

ポーチは、バリアフリー化を図るためG.Lより＋100程度とする。

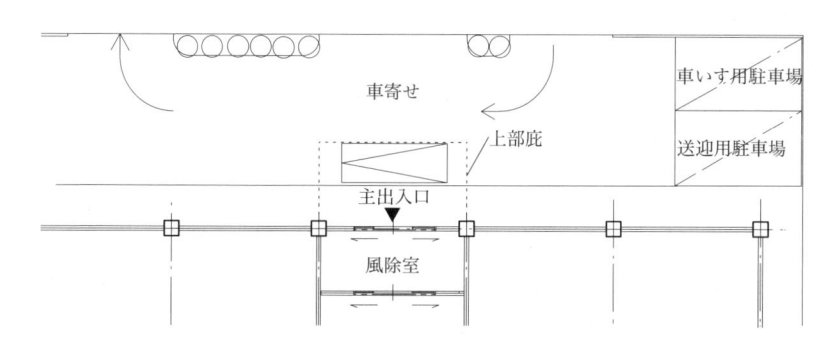

図 2.1-4　車寄せ

2.2 階段

　階段には、屋内階段と屋外階段とがあるが、一般施設の場合は、2か所以上の屋内階段の設置を原則として計画する。また、屋内階段は、二方向避難に支障が生じる場合は、別に階段を必要とするため、建物の用途によっては3か所以上設置する場合もある。

■メイン階段

　階段は、上下階とも同一位置に設けるため、適切な位置に設けなければならない。したがって、メイン階段は、大勢の利用者の利便性と安全性を考慮して、エントランスホール付近の分かりやすい位置に設けるようにし、安全な二方向避難の確保と同時に、管理部門との動線分離を図るため、サブの階段とバランスよく離して配することが大切である。

　さらには、2階建ての一般施設のメイン階段は、シャッターで区画する程度のオープンな階段とすることが望ましい（図2.2-1）。

　しかし、3階以上の基準階に設ける階段は「竪穴区画」が必要となるため、出入口には防火戸を設け、避難方向に開くようにする。

　また、建物の用途が「集合住宅」や「高齢者施設」の階段は、セキュリティのための扉をつけるようにする（図2.2-2）。

■サブの階段

　主に管理用の階段であるが、利用者の避難にも利用するため、管理ゾーンにありながらも利用者の二方向避難にも有効な位置に配する。

■屋外階段

　屋外階段は、避難時に煙に巻かれにくいことから有効な避難施設となる。したがって、「集合住宅」や「宿泊施設」などに設けることが多い。

　また、歩行距離重複区間距離に支障が起きた場合についても、別に屋外階段を設置すると解決し易くなる（図2.2-3、2.2-4）。

　屋外階段は、廊下に面して設置することを原則として計画するため、室に直接設置する場合は、大空間居室のように大勢の利用者の避難のためのものとする。したがって、歩行距離重複区間距離が遠いからとばかりに、利用者が少ない所要室に屋外階段を設置するようでは、基本的に階段の配置が悪いことになる。

　また、屋外階段の設置に際しては、地上に避難通路を確保してスムーズな避難が行えることが原則となり、避難方向は道路だけでなく、公園、広場、遊歩道などでもよく、避難通路の幅員は1.5m以上確保する。

> 「高齢者施設」の場合は、高齢者の徘徊や迷い込みを防止するために階段に扉をつける。

■バリアフリー法適合階段の場合
・踏面幅300、蹴上160×26段＝4,160ゆえに、階高4.16mまで対応できる。
・階高が5.5～6.0mの場合は、1.5回転または2回転で構成する。

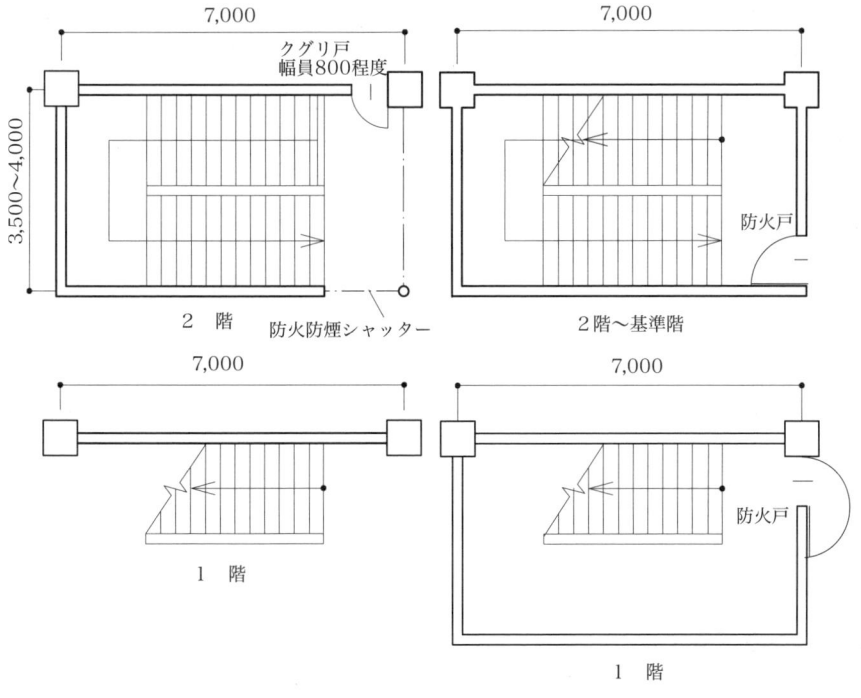

図 2.2-1　メイン階段（2階建て）　　図 2.2-2　メイン階段（基準階タイプ）

■屋外階段の構造
・一般の施設は踏面寸法24cm以上必要となるため、1グリットを1/4（25cm）として作図する（集会場などは踏面寸法26cm以上とする）。
・踊場は、高さ4m以内ごとに設ける（集会場などは高さ3m以内ごとに設ける）。

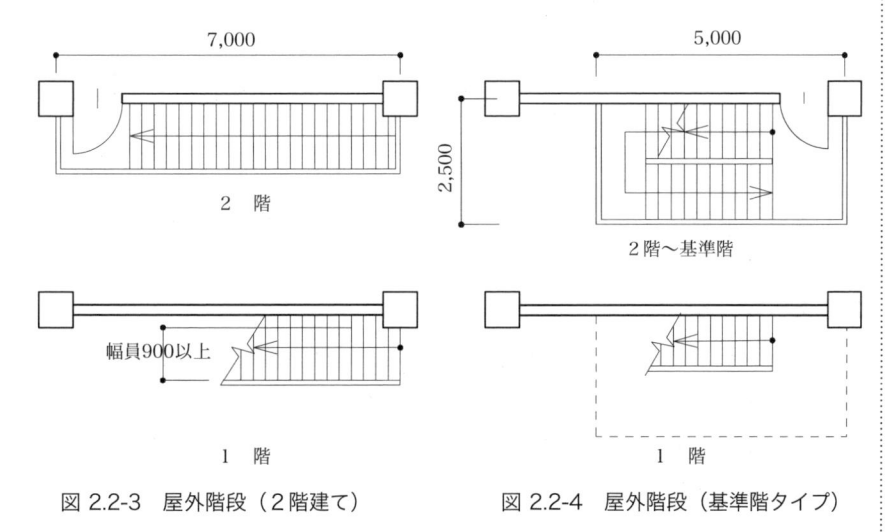

図 2.2-3　屋外階段（2階建て）　　図 2.2-4　屋外階段（基準階タイプ）

屋外階段は、歩行距離と重複区間に支障が起きた場合にも採用する。

2.3　昇降機

　昇降機（以下、エレベーター）は、人や荷物の運搬のために必要不可欠な設備であり、乗用エレベーターには、「一般乗用エレベーター」、「寝台用エレベーター」、「トランク付きエレベーター」などがある。
　また、乗用エレベーターの他には、美術館などで荷物の搬出入に利用する「人荷用エレベーター」や、厨房から食事を搬送する「小荷物専用昇降機」などがある。

■一般乗用エレベーター
　一般乗用エレベーターは、メインエントランスに近く利用者に分かりやすい位置に設け、バリアフリー法に適合させるため13人乗り以上とする。
　また、一般乗用エレベーターは、一般の施設では1台以上設置することになり、事務所ビルなどの多人数の利用者がある施設では2台以上設置することになる（図2.3-1）。

■寝台用エレベーター
　寝台用エレベーターは、ベッド、車いす、ストレッチャーなどを運搬するためのエレベーターであり、高齢者施設で必要となる（図2.3-2）。

■トランク付きエレベーター
　集合住宅の規模により、9人乗りと13人乗りの2種類となる。
　9人乗りのトランクは、大きな家具の搬送に利用し、13人乗りのトランクは、自転車の搬送を可能にするため、寝台用エレベーターと同様の形状となる（図2.3-3）。

■人荷用エレベーター
　人荷用エレベーターは、平成22年度「小都市に建つ美術館」で出題されたが、人荷用エレベーターの構造は、乗用エレベーターとは異なり、出入口の方向は上階で変えることもできるため、計画の自由度は高い（図2.3-4）。

■小荷物専用昇降機
　小荷物専用昇降機は、厨房から上階のパントリー（配膳室）に設ける昇降機であり、人荷用エレベーターと同様に上階で出入口の方向を変えることができる（図2.3-5）。

■エスカレーター
　エスカレーターは、搬送設備として便利なものであるため普及しているが、試験では平成20年度「ビジネスホテルとフィットネスクラブからなる複合施設」に出題された。したがって、今後の出題に備え、その仕組みを知っておこう（図2.3-6）。

> エスカレーターには幅員800型と1,200型があるが、1,200型が出題された。

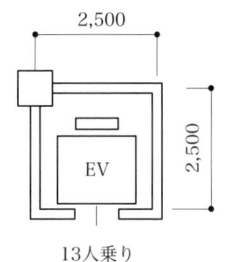

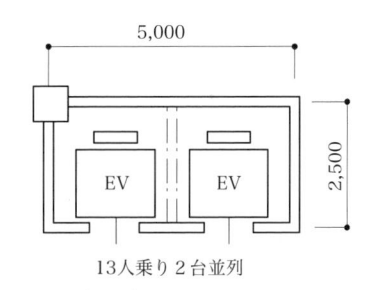

図 2.3-1　一般乗用エレベーター
13人乗り
（かご内法寸法1,600×1,350、出入口幅900）

13人乗り2台並列

図 2.3-2　寝台用エレベーター 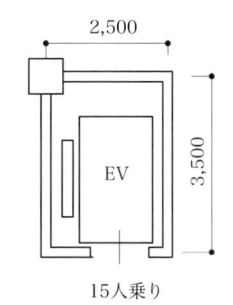
15人乗り
（かご寸法1,500×2,500、出入口幅1,200）

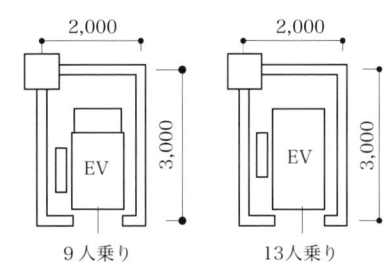

図 2.3-3　トランク付き乗用エレベーター
・9人乗り（かご寸法1,050×1,520、出入口幅800）
・13人乗り（かご寸法1,050×2,000、出入口幅900）

図 2.3-4　人荷用エレベーター
・かご内法寸法2,300×2,300　出入口幅2,300
・出入口は上階で向きを変えることもできる。

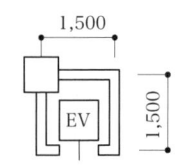

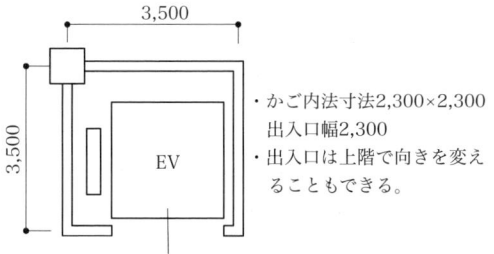

図 2.3-5　小荷物専用昇降機
・かご内法寸法800×800
・出入口幅800

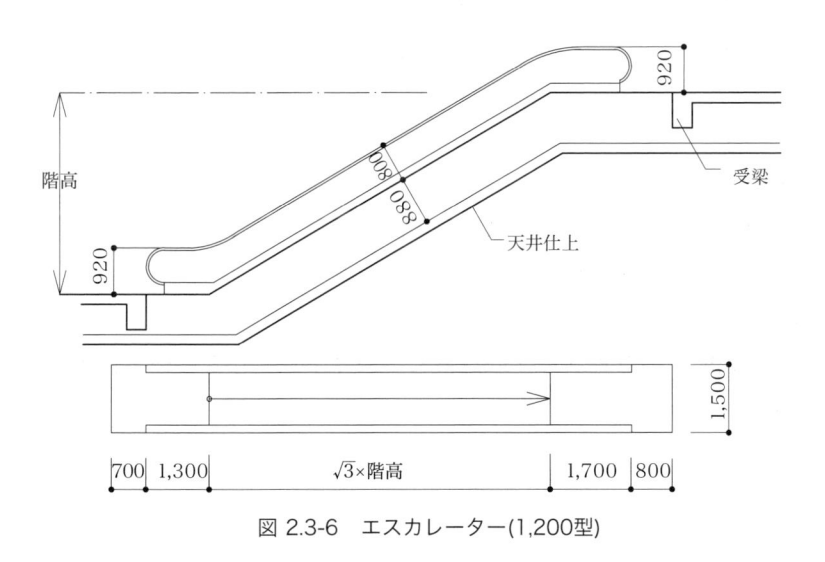

図 2.3-6　エスカレーター(1,200型)
$\sqrt{3}$×階高

2.4 便所

便所は、利用者用と管理者用に分けて設置し、多機能便所は、各階に設置するようにする。ただし、高齢者施設用の便所は、すべて多機能便所として男女兼用とすることが多い。

■一般利用者用便所（ドアレス便所）

実際の建物では、便所の出入口は扉なし（ドアレス）とすることがほとんどである。なぜなら、ドアレス便所は、利用者の出入りをスムーズに行うことができるためである（図 2.4-1、2.4-2）。

ドアレス便所は、柱スパン 6 × 7 m のグリッド内にプランニングした場合と、柱スパン 7 × 7 m のグリッド内にプランニングしたものでもあまり変わらず、女子便所の大便器が 1 個増える程度となる。

また、柱スパン内に廊下を設ける場合は、タイプⅠ、タイプⅡとも多機能便所をグリッドの外に設けることになる。

ドアレス便所は、内部が直接見えないようにしなければならないことから、プランニングはやや難しいため、素早くプランニングできるようにトレーニングしておく必要がある。

■衛生器具の配列個数

柱スパン 6 × 7 m または 7 × 7 m のグリッド内の場合
- 男子便所「大便器 2 個、小便器 3 個、洗面器 2 〜 3 個、掃除用流し 1 個」
- 女子便所「大便器 3 〜 4 個、洗面器 3 〜 4 個」

柱スパン 6 × 7 m または 7 × 7 m のグリッド内に廊下を設けた場合
- 男子便所「大便器 2 個、小便器 3 個、洗面器 2 個」
- 女子便所「大便器 2 個、洗面器 2 個」

以上が標準的な衛生器具の配列個数となる。

■多機能便所

一般施設の多機能便所は、各階に必ず 1 か所以上設け、浴室などがあれば脱衣室にも 1 か所設けるようにする。

■高齢者施設用便所

高齢者施設用の便所は、男女兼用の多機能便所とし、便所ブースの出入口は片引き戸とする（図 2.4-3）。

■管理者用便所

管理者用便所は、管理ゾーンに設置し、レストランなどの従業員用は男女兼用とする。

便所の位置は、上下階同じ位置が望ましいが、必ずしも上下階同じ位置にしなくてもよい。

多機能便所は、2 × 2m（4 m^2）が標準寸法となるが、2 × 3m（6 m^2）を要求する場合がある。

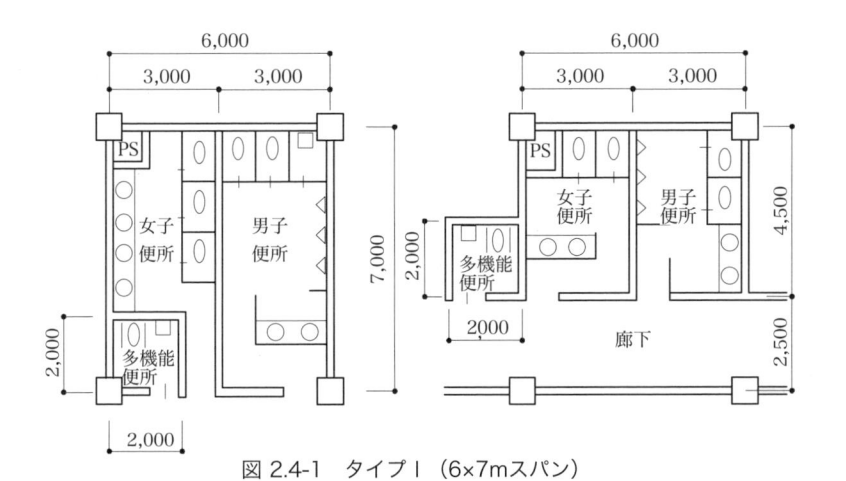

図 2.4-1　タイプⅠ（6×7mスパン）

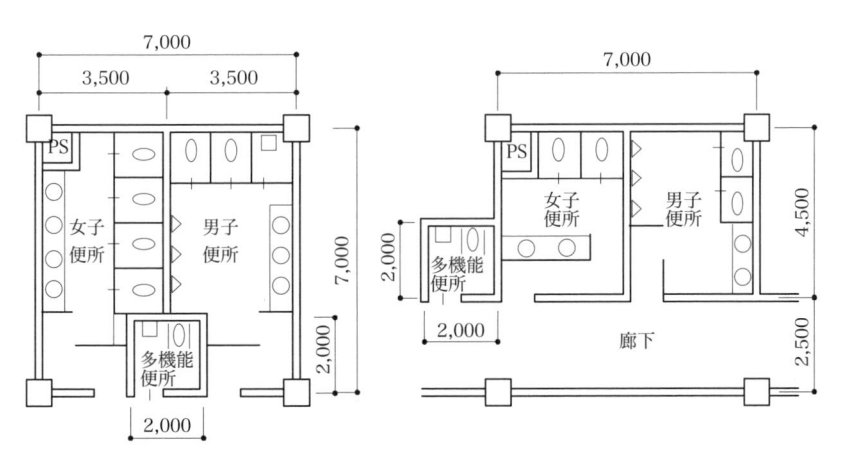

図 2.4-2　タイプⅡ（7×7mスパン）

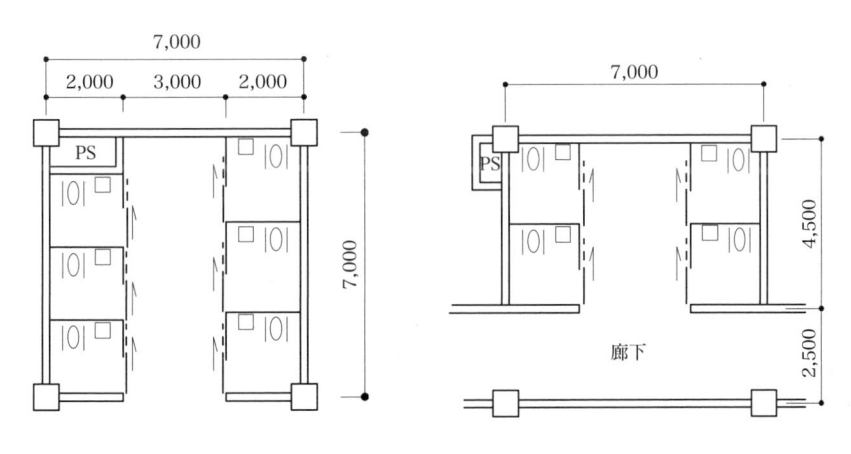

図 2.4-3　高齢者施設タイプ

衛生器具のレイアウトは、グリットを活用して目分量で記入する。

2.5　コ　ア

　コアとは、階段とエレベーターなどの垂直方向の動線をまとめてユニット化したものを示し、建物の核となる重要なスペースとなる。

　試験場で出題された課題文を読み、そこであらためてコアの検討を行うようなことでは、計画は間に合わないことになる。

　したがって、それぞれの特徴をもつコアのバリエーションを覚えておくことによって、計画のスピードアップを図るようにする。

■メインコア

　施設の利用者が利用するコアとなるため、階段とエレベーターを組み込み、エントランスホールから分かりやすい位置に配する。

　一般施設で2階建ての場合は、エレベーターの昇降ロビーは利用者の溜まりともなるためできるだけ広くし、面積区画1,500 m^2 以内となる防火区画は、シャッターで区画するなど、利用者にとって分かりやすくオープンな構造とする。

　また、メインコアは、柱スパン6×7ｍか、柱スパン7×7ｍのグリッド内におさめるパターンが計画しやすい。

　柱スパン6×7ｍのグリッド内のメインコアは、階段幅は心〜心3.5×7ｍとし、エレベーターシャフトは心〜心2.5×3ｍとするが、この寸法であればバリアフリー法に適合できる（図2.5-1）。

　また、柱スパン7×7ｍのグリッド内のメインコアは、階段幅は心〜心4×7ｍとし、エレベーターは心〜心3×3ｍとする（図2.5-2）。

　なお、課題条件によっては、階段とエレベーターを分離して配する必要もある。したがって、コアの選択は計画に合わせて柔軟な判断を必要とするのである。

■管理用コア

　管理用のコアは、通常は管理者が使用するが、施設利用者が避難用にも利用することにもなるため、二方向避難のためメインコアとはできるだけ離して設置する。

　管理用のコアを柱スパン7×7ｍのグリッド内に設ける場合は、階段幅は心〜心3×5ｍとし、残りの2ｍのスペースに設備シャフトやエレベーターを組み込むと計画し易くなる。

　また、柱スパン6ｍ内に管理用のコアを設ける場合は、階段幅は心〜心3×5ｍとし、残りの1ｍのスペースに設備シャフトを組み込む。

　図2.5-3に示すコアは、柱スパン7×7ｍのグリッド内に設備配管シャフトを組み込んだタイプであり、図2.5-4に示すコアは、エレベーターを組み込んだタイプである。

> 仮にも、エントランスに入ってからメインコアを探すような位置では不可となる。

> 柱スパン7ｍグリッドの中にPSとEPSを組み込んだコアは、一般的施設の管理用コアとすると、計画はスムーズに進みやすくなるので覚えておきたい。

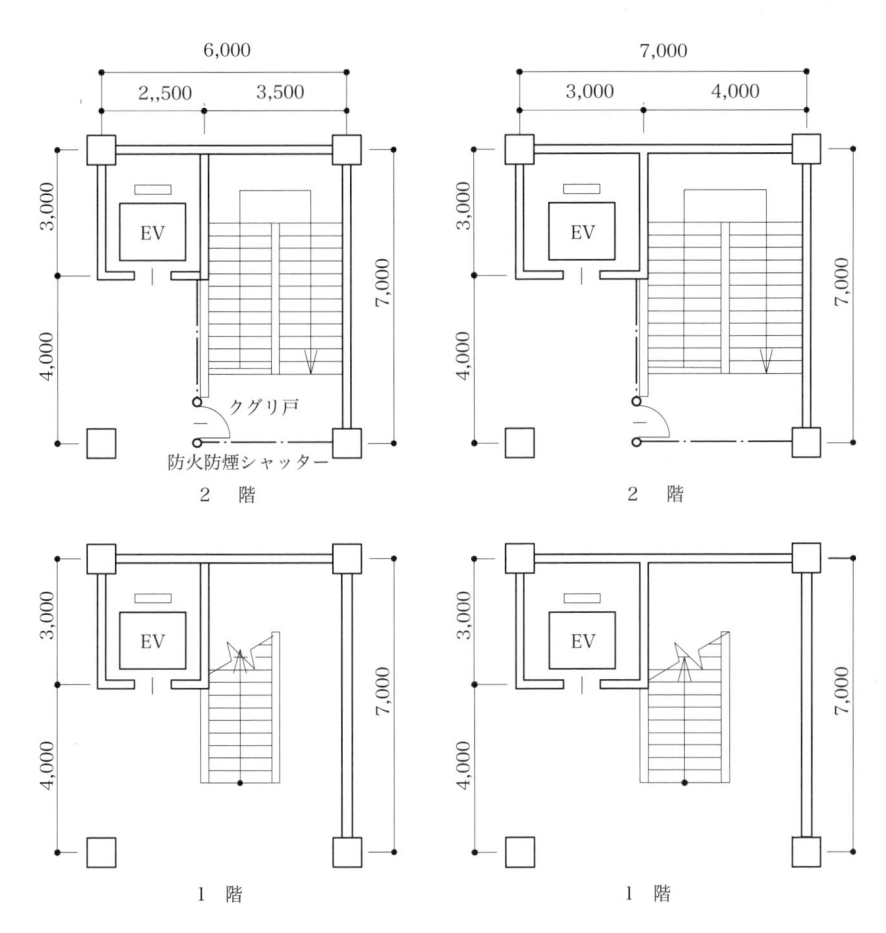

図 2.5-1　メインコア（6×7mスパン）

図 2.5-2　メインコア（7×7mスパン）

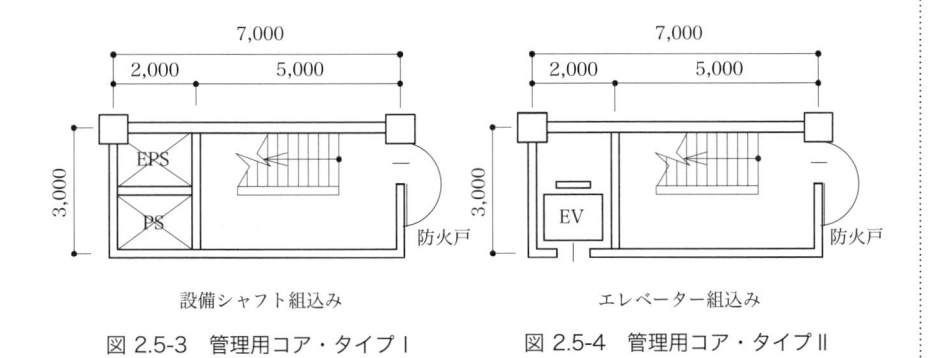

2 階
1 階

クグリ戸
防火防煙シャッター

図 2.5-3　管理用コア・タイプⅠ
設備シャフト組込み
防火戸

図 2.5-4　管理用コア・タイプⅡ
エレベーター組込み
防火戸

2.6 吹抜け空間

　試験では、「吹抜け空間」を求めることがほとんどである。なぜなら、「吹抜け空間」を要求することによって、計画の難易度は増すからである。
　これは、同じ課題であっても「吹抜け空間」がある場合と、「吹抜け空間」がない場合を比較してみると、「吹抜け空間」を要求する方があきらかに難易度が高くなることからも顕著である。

■吹抜空間を要求する位置

　「吹抜け空間」を要求する位置は、「エントランスホール」、「大空間居室」などがあるが、「適切な場所にまとまったスペースの吹抜け」を求めることも多くなっている。

> 「大空間居室」とは、利用者ゾーンの所要室のうち、100m² 以上の居室を示す。

　近年の試験で要求された「吹抜け空間」を検証してみると、次のような位置となる。

■平成 27 年度「市街地に建つデイサービス付き高齢者向け集合住宅(基礎免震を採用した建物である)」
　「エントランスホールにまとまったスペースの吹抜け（約 100 m²）」

■平成 26 年度「温浴施設のある「道の駅」」
　「適切な場所にまとまったスペースの吹抜け（80 m² 以上）」

■平成 25 年度「大学のセミナーハウス」
　「エントランスホール（1 階と 2 階の空間の連続性を考慮した吹抜け）」

■平成 24 年度「地域図書館(段床形式の小ホールのある施設である)」
　「適切な場所にまとまったスペースの吹抜け（150 m² 以上）」

■平成 22 年度「小都市に建つ美術館」
　「エントランスホール（ホワイエへの階段を吹抜け空間に設ける）」（図 2.6-1）

■吹抜け空間のつくり方

1. 「吹抜け空間」の形状は、できるだけ柱スパン間を利用してまとめるようにする。柱スパン間を利用しないで「吹抜け空間」を設けると、構造計画上の工夫が必要となるので注意する（図 2.6-2）。
2. 「吹抜け空間」には、梁は設けないようにする。これは、「吹抜け空間」にある梁はうっとおしいだけであって、構造的な効果はほとんどないからである。
3. 「面積調整のために吹抜け空間」をつくる場合であっても、施設にとって有効な位置となるようにする。
4. 「無柱空間」を吹抜けとする場合は、中間の柱を抜くため、上部にはプレストレストコンクリート梁を架けるようにする（図 2.6-3）。
　なお、「無柱空間」の上部に建物は載せることができるが、1 層分（1 階）程度とし、2～3 層分もの基準階などを載せる場合は、プレストレストコンクリート梁架構とする。

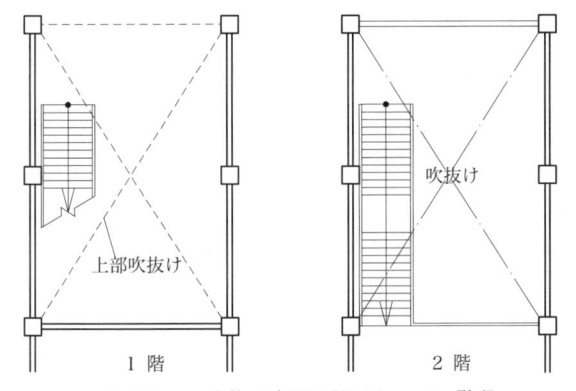

図 2.6-1　吹抜け空間に設けたメイン階段

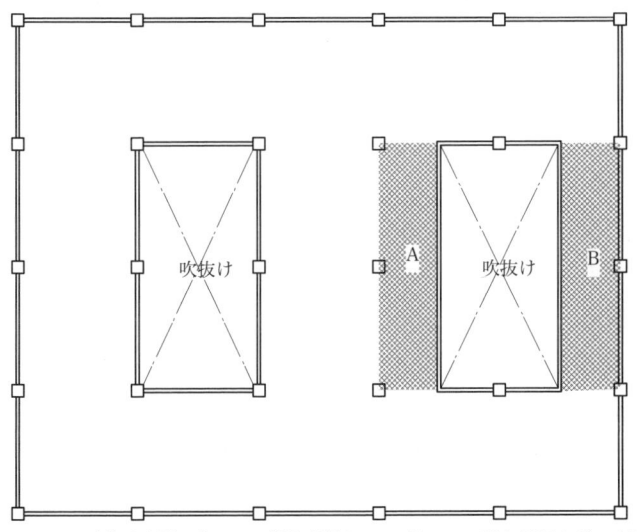

（1階／2階）
上部吹抜け／吹抜け

- 吹抜け空間は柱スパン間を利用し、吹抜けの中にある梁は抜く。
- 柱スパン間を利用せずに吹抜け空間を設けると、図中A、B部はそれぞれキャンテレバーとなるため、構造計画上工夫が必要となる。

図 2.6-2　吹抜け空間のつくり方

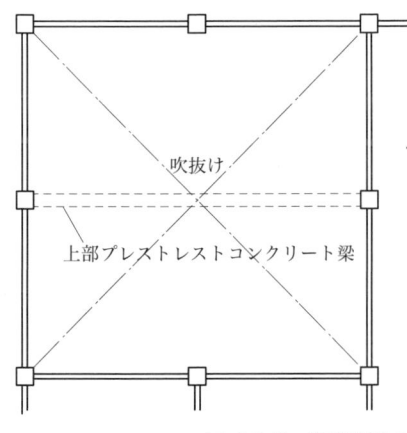

吹抜け
上部プレストレストコンクリート梁

- 大空間居室を「無柱空間」として吹抜けとする場合は、中間の柱を抜いて上部にプレストレストコンクリート梁を架ける。

図 2.6-3　無柱空間の吹抜け

2.7 勾配屋根・庇

勾配屋根は、郊外型の敷地においては、周辺環境との調和と環境保全などの観点から出題されることが多い。

■勾配屋根の形状

勾配屋根の形状には、「切妻屋根」、「寄せ棟屋根」、「片流れ屋根」など、多種の形状があるが、比較的単純な形態をもつ「切妻屋根」は、試験向きの屋根形状といえる。なぜなら、仮に「寄せ棟屋根」とすると、平面計画は容易だが断面図の表現に時間がかかる。また、「片流れ屋根」とすると、屋根が大きくなり過ぎて、無駄な天井ふところができてしまうからである。

なお、勾配屋根の形状については、指定はされないことが多いが、次のように指定する場合もある。

「屋根は、旧街道（北東側）および遊歩道側（南西側）に下る勾配屋根とし、陸屋根としない。」

これは、「切妻屋根」とするように要求しているものであるが、あくまでも施設の「主要な屋根」を示すものであるため、一部であれば陸屋根としても可となるのである。

■勾配屋根の構造

勾配屋根の構造は、鉄筋コンクリート造が一般的であるが、勾配屋根部分のみを鉄骨造とすることも可能である。また、屋根の勾配は2/10～4/10程度とし、建ぺい率をきびしく限定する場合に備え、軒の出は1mとする。

また、計画によって屋根頂部に大梁を設ける場合と、屋根頂部に小梁を設ける場合があるが、どちらの架構でも可能である（図2.7-1、図2.7-2）。

■勾配屋根のバリエーションタイプ

図2.7-3は、天井高の異なる所要室に合わせて屋根頂部の高さを変え、その高低差を利用してハイサイドライトを設けたものである。

ハイサイドライトは、屋内を明るく豊かな空間とすることができるため、こうした方法があることを覚えておきたい。

■勾配屋根の部分詳細

図2.7-4は、切妻屋根頂部の部分詳細であるが、試験では「計画の要点等」の記述に関して図示を求める場合がある。

■庇

張り出しの大きな庇は、支持柱を設けることが多いが、限定した狭い敷地では支持柱を立てられない場合もある。

こうしたケースや「車寄せ」に求められるエントランス前の「張り出しの大きな庇」に対応する方法として、支持柱が不要な「アルミハニカムパネルアーム支持方式」がある（図2.7-5）。

勾配屋根が出題される建物は、2階建てか3階建てであるが、今後3階建て以上であっても出題される可能性がある。

建ぺい率が60～70％の場合、軒の出をむやみに大きくすると建ぺい率オーバーになることがある。

屋根勾配 2/10〜4/10程度

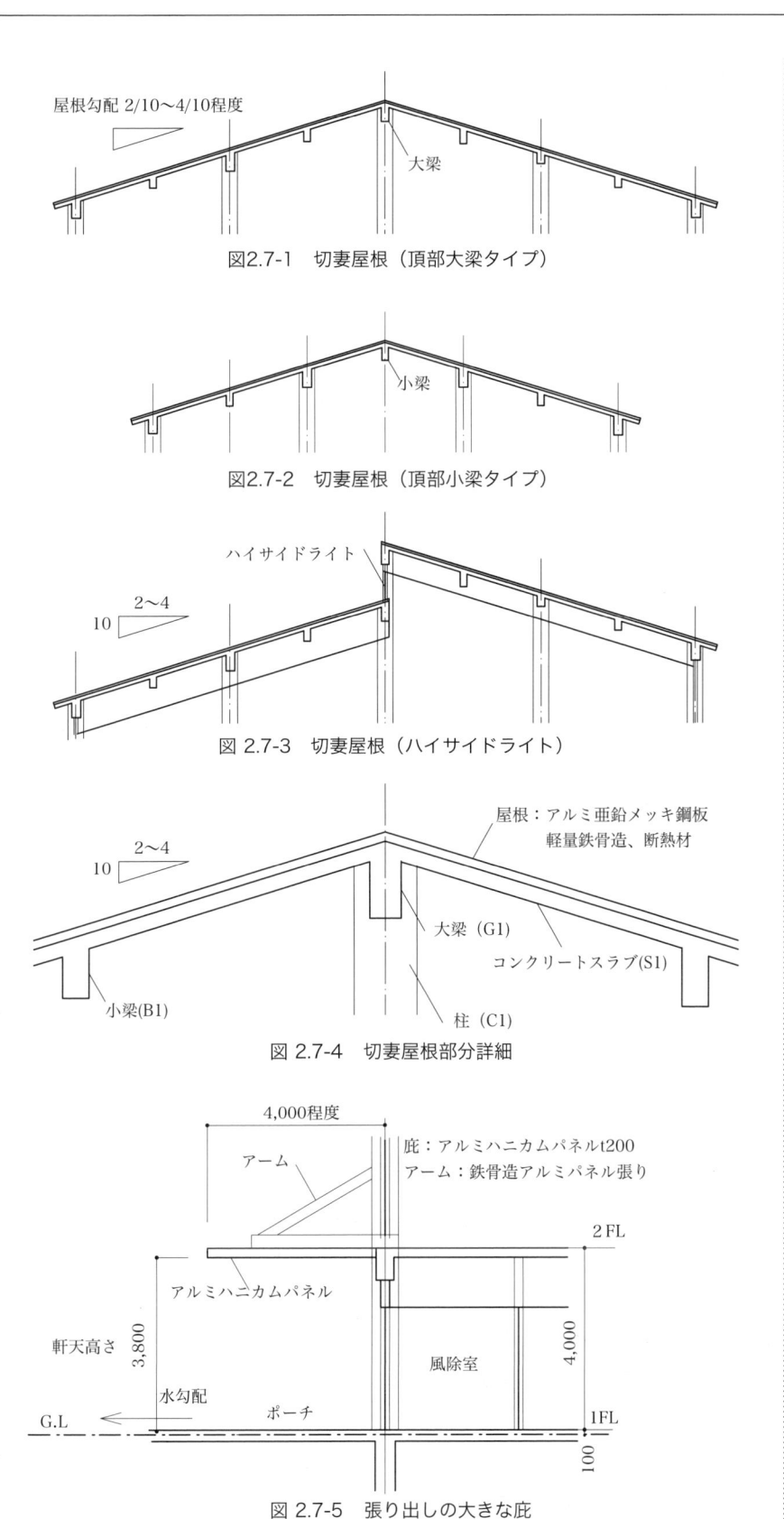

図2.7-1　切妻屋根（頂部大梁タイプ）

小梁

図2.7-2　切妻屋根（頂部小梁タイプ）

2〜4 / 10

ハイサイドライト

図 2.7-3　切妻屋根（ハイサイドライト）

2〜4 / 10

屋根：アルミ亜鉛メッキ鋼板
軽量鉄骨造、断熱材
大梁（G1）
コンクリートスラブ(S1)
柱（C1）
小梁(B1)

図 2.7-4　切妻屋根部分詳細

4,000程度
庇：アルミハニカムパネルt200
アーム：鉄骨造アルミパネル張り
アーム
2 FL
アルミハニカムパネル
軒天高さ 3,800
風除室
4,000
水勾配
ポーチ
1FL
G.L
100

図 2.7-5　張り出しの大きな庇

勾配屋根にする場合は、所要室の天井を勾配天井とし、建物の外部形態と内部空間との連続性を図ることが重要である。

2.8 駐車場計画

　一般的な施設における駐車場は、「車いす用」や「送迎用」および「サービス用駐車場」が求められることが多い。また、一般利用者用や職員用の駐車場は「近隣の公共駐車場を利用する」ものとして、敷地内に求めることは少ない。

■歩車分離の原則

　駐車場は、歩行者の安全を図るため、歩行者と車のアプローチを分離することを原則として計画する。つまり、歩行者のアプローチと駐車場のアプローチを兼用してはならないのである。

　ただし、「車寄せ」のある計画では、車道を横断してエントランスにアプローチすることになり、管理者のアプローチは「サービス用駐車場」の出入口と兼用しても可となる。

■歩道の切り開き

　車いす用や送迎用の駐車場は、メインエントランスに近い位置に設けるようにする。したがって、歩道を切り開いて出入口を設けることになるが、歩道の切り開き位置は、交差点や横断歩道から5m程度離して歩行者の安全を図るようにする（図2.8-1）。

■サービス用駐車場の位置

　サービス用駐車場は、歩道が付いていない道路に設けてもよく、管理出入口の近くに設けることができない場合は、利用者の駐車場と同じ位置に設けることでも可となる。

■自走式地下駐車場

　自走式地下駐車場への車路は、入口と出口を兼用する場合は、幅員5.5m以上、勾配1/6以下とし、有効高さは2.3m以上とし、1階の出入口と地下1階の出入口にはそれぞれ緩和勾配を設ける（図2.8-2）。

　地下駐車場における柱スパンの採用は、車路の幅員と車の配置を考慮する。たとえば、柱スパン6mの中に車を配置しようとすると、一般車の駐車スペースは2.5×5mであるから2台並列で配置できるが、車路の幅員は5.5m以上確保する必要があるため、柱スパンは6.5m以上必要となる。また、車いす用の駐車スペースの柱スパンについても検討する必要がある（図2.8-3）。

■機械式地下駐車場（多層水平循環方式）

　多層水平循環機械式地下駐車場とは、出入口にターンテーブルを設け、カーリフトで車を地階に運搬して格納する方式である。

　ターンテーブルの径は4mとし、安全回転径6mを確保し、1階の出入口の前面の見通し線の範囲は、車両の出入りに支障が起きないように計画する（図2.8-4）。

緩和勾配は、車の保護のために設けるものであり、法規上の規定ではない。

多層水平循環機械式駐車場は、一般に2〜4層程度が多い。

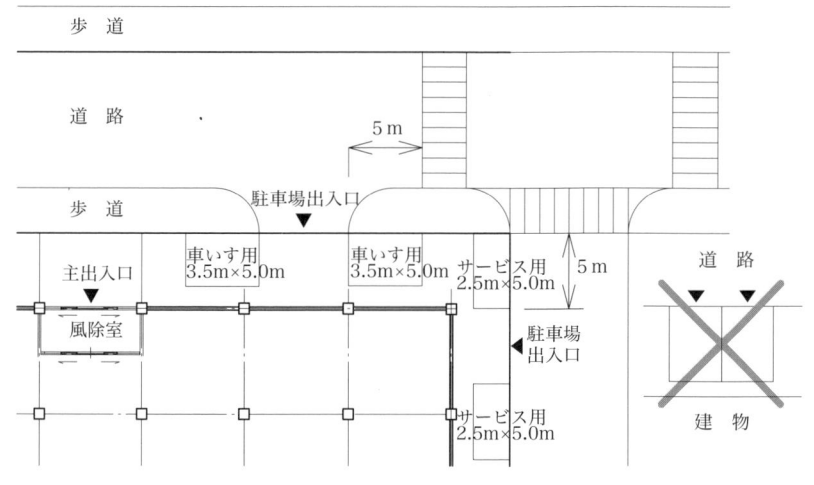

図 2.8-1　一般施設駐車場計画

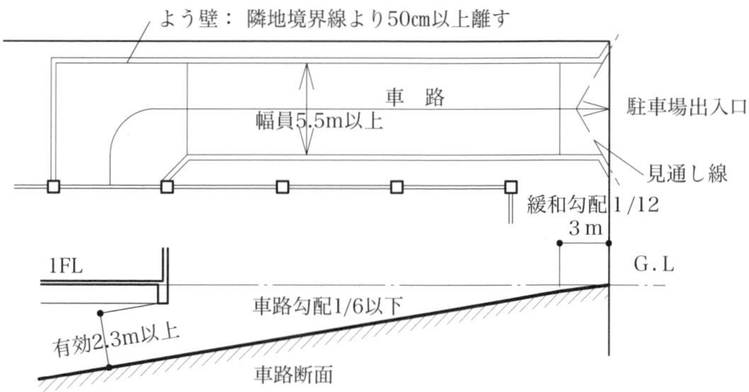

図 2.8-2　自走式地下駐車場車路

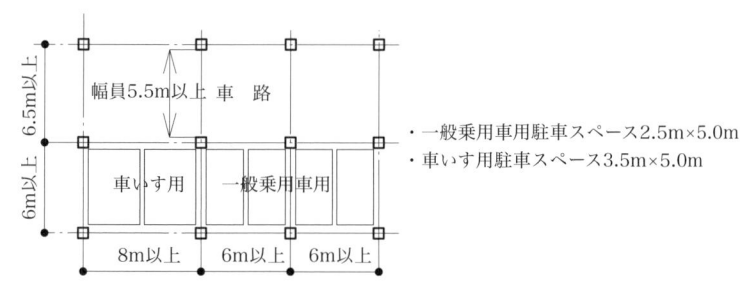

図 2.8-3　自走式地下駐車場

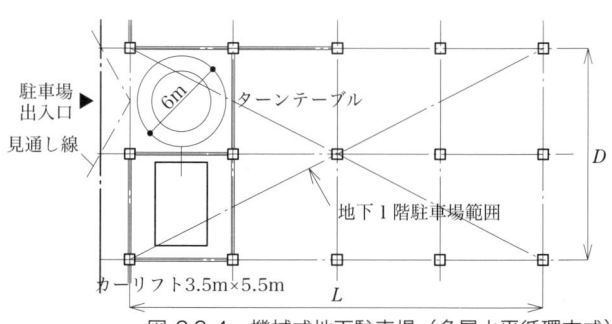

図 2.8-4　機械式地下駐車場（多層水平循環方式）

■収容台数の目安

$L \times D$	地下層	台数
柱スパン 28m×14m	2 層	36 台
	3 層	54 台
柱スパン 24m×14m	2 層	28 台
	3 層	42 台

駐車場の出入口は、歩道の切り開きが6mを超えては不可となる。

見通し線とは、道路との境界線より2m後退した車路の中心線において、道路に向かって左右それぞれ60°以上道路の見通しができる空地を有することを示す。

25

第3章

構造計画

3.1 構造種別

　試験における構造種別は、「構造種別は自由とする」として、受験者に「構造種別を選択」させる場合と「構造種別を指定」する場合とがあるが、「構造種別は自由とする」となることが多い。

　「構造種別は自由とする」場合は、建物を具体化するため、意匠、構造、設備の機能・環境性能、安全性、施工性、経済性などの面でバランスのとれた構造種別を選択することが求められる。

■鉄筋コンクリート造（RC造）

　RC造の特性は、耐震性、耐火性、耐久性が大であり、強度、剛性が高く、剛接合のため建物全体としての荷重による変形が非常に小さい。

　したがって、試験で最も採用される構造種別となる。

■鉄骨鉄筋コンクリート造（SRC造）

　SRC造の特性は、RC造の連続性と鋼構造の粘り強さを組み合わせた長所をもち、耐震性、耐火性、耐久性が大であり、強度、剛性が高く、剛接合のため建物全体としての荷重による変形が非常に小さい。

　したがって、SRC造は7階建て以上の建物、または高さ20m以上の建物やスパン10m以上の建物に採用することになる。

■鉄骨造（S造）

　S造は、鉄骨部材の靭性の大きさから耐震的に有利であり、高層建築物に適した構造である。また、RC造にS造の大梁を組み合わせたラーメン構造とする場合もあり、事務所建築などで用いられることが多い。

　S造は、試験においては建物の主体構造として採用せず、「大空間居室の屋根」、「勾配屋根」などの構造に採用する。

■構造種別ごとに可能なスパンと階数

　下の表は、構造種別ごとに可能なスパンと階数を示すが、構造限界までの採用は避け、無理のないスパンを選択することが大切である。

	RC造	SRC造	S造
一般的なスパン	6〜8m	7〜12m	7〜18m
対応可能なスパン	10m （桁行方向6〜7m）	15m （桁行方向6〜7m）	25m （桁行方向6〜7m）
一般的な建物	7階	12階	超高層まで
対応可能な建物	11階	15階	

> 7階建てまでの主体構造は、RC造とするのが試験向きである。

■試験向きの構造形式

構造形式には、「ラーメン構造」、「壁式構造」、「トラス構造」などがあり、一般の耐震構造の建物は、「ラーメン構造」と「壁式構造」のどちらかになる。

「ラーメン構造」は、柱と梁で構成されるため大きな開口部が可能となり、室内プランの制約は少ない。一方、「壁式構造」は、壁で力を受けるため、大きな開口部を設けることは難しく、壁で囲まれる1室の大きさに制約がある。

したがって、試験では「ラーメン構造」を採用することになるが、「ラーメン構造」には、「純ラーメン構造」と「耐力壁付きラーメン構造」がある。

> 「壁式構造」は、5階建てまでの低層集合住宅に多く見られる。

■純ラーメン構造

「純ラーメン構造」は、柱と大梁を強固に接合した骨組みで構成する構造である。

また「純ラーメン構造」は、柱と梁の耐力で地震力を受けるため、「耐力壁付きラーメン構造」に比べると、柱や大梁の断面積は大きくなる。しかし、大きな開口部をもつことが可能となり、内部プランの制約が少ないというメリットがある。

したがって「純ラーメン構造」は、2階建てから7階建て程度の施設に幅広く採用される。

■耐力壁付きラーメン構造

骨組みだけに地震力を負担させる「純ラーメン構造」は、柱や大梁の断面積が大きくなるため、不経済な骨組みでもある。

このため、一般的には「RC造の壁」や「鉄骨ブレース」を骨組みに組み入れて耐震架構を構成する「耐力壁付きラーメン構造」が採用される。

地震国であるわが国では、この耐震架構の計画は特に重要である。しかし、耐力壁は取り除かれる恐れのない、永久的なものとしなければならず、開口部の位置も自由に決められないため、大きな制約条件となる。

したがって、試験においては「基準階のある建物」、「計画上耐力壁を設けることのできる建物」などに採用する。

> 「耐力壁」とは、地震や風などの水平荷重に抵抗する能力をもつ壁を示し、RC造では「耐震壁」ともいう。

■構造計画上の留意点

1. 建物の形状（平面、立面）は、大きな変形は避けてできるだけ単純な形態とし、建物の剛性に偏りが少ない計画とする。
2. 建物の重心と剛心を一致させ、水平力に対する抵抗要素はねじり変形が起きないようにする。
3. 建物の構造は、十分な粘り強さをもち、外力によって破壊されにくいようにする。

■部分構成

■RC造の柱スパンと断面寸法

RC造の場合、1スパン当たりの面積は50 m² 程度が経済スパンとなり、試験向きの柱スパンには、「6×7 m」と「7×7 m」がある。

近年の試験の多くは、これらの均等柱スパンの採用によって解決するが、均等柱スパンの採用では解決しない場合は、異なった柱スパンや異なった柱スパンの組み合わせの採用も検討する必要がある。

> 柱スパンは、6.5 m、7.5 m、8.5 m など、図面用紙の方眼グリッドから外れる柱スパンを採用することもあり、柔軟な対応を図るようにする。

6×7mまたは7×7mスパンの断面寸法（単位：mm）

2階建て	5階建て	7階建て	面積42〜50m² 程度
	3〜5階	3〜7階	650 × 650
1〜2階	1〜2階	1〜2階	700 × 700

■SRC造の柱スパンと断面寸法

SRC造の柱スパンは、15 m までの長大スパンが可能となるが、桁行方向は6〜7 m 程度とする。

> SRC造の断面寸法は鉄骨を挿入するため、RC造に比べてひとまわり大きくなる。

6〜7m×15mスパンの断面寸法（単位：mm）

7階建て	9階建て	面積90〜105m² 程度
5〜7階	5〜9階	700 × 700
2〜4階	2〜4階	800 × 800
1階	1階	900 × 900

■大　梁

大梁の梁成寸法の目安は、スパンの1/15〜1/10 程度とし、下階では大きくし、上階にいくに従い小さくする。

RC造6×7mまたは7×7mスパンの断面寸法（単位：mm）

2階建て	5階建て	7階建て	面積42〜50 m² 程度
	3〜5階	3〜7階	400 × 700
1〜2階	1〜2階	1〜2階	450 × 800

SRC造6〜7m×15mスパンの断面寸法（単位：mm）

7階建て	9階建て	面積90〜105m² 程度
5〜7階	5〜9階	500 × 800
3〜4階	3〜4階	500 × 900
1〜2階	1〜2階	500 × 1,100

■小　梁

小梁は、スラブを支え、スラブのたわみを抑えるためのものであるため、スパンが5 m を超える場合に必要となる。また小梁は、スラブの形状が極端に長方形でない限り、X、Y方向のどちらに架けても可となる。また、一次小梁（B1）とは、大梁に架ける小梁を示し、二次小梁（B2）とは、一次小梁に架ける小梁を示す（図3.1-1）。

> PSやEPSなどは、配管の際にあらかじめスリーブを用いてスラブを貫通するため、小梁は入れずにスラブ補強とする。

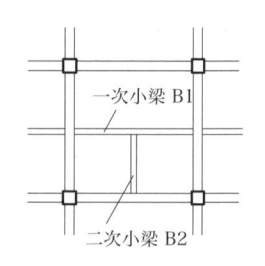

図 3.1-1　一次小梁と二次小梁

小梁断面寸法（単位：mm）

一次小梁（B1）	300 × 600
二次小梁（B2）	300 × 500

■キャンティレバー

　キャンティレバーとは、梁やスラブなどの部材の片側だけが固定される片持ち式の構造のことであり、バルコニーや廊下などで採用することが多い。

　キャンティレバーは、部材の成(D)と片持ちのスパン(L)の比(L/D)によって決まり、片持ち梁の L/D は 4 以下、RC 造の片持ちスラブの L/D は 10 以下が目安となる（図 3.1-2）、（図 3.1-3）。

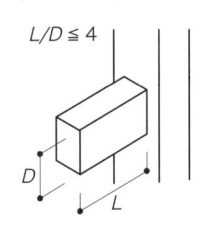

図 3.1-2　片持ち梁　　図 3.1-3　片持ちスラブ

試験では、キャンティレバーはできるだけ短くすることが望ましく、3 m 程度までに抑えるようにする。

■スラブ

　スラブは、建物の剛性を高めるため不可欠なものであると同時に、床の遮音性能を高める役割も果す。スラブの厚さは、大梁スパン内の小梁の本数と床の遮音性レベルなどで決めるが、試験では厚さ 200 mm として対応する。

■壁

　RC 造の壁とする箇所は、外周壁、階段、EV シャフト、耐力壁、設備機械室、防水を施す浴室周りなどとし、階段、EV シャフト、耐力壁などの壁厚は 200 mm 程度とし、設備機械室、防水を施す浴室周り壁の厚さは 150 mm 程度とする。

内壁は、LGS（軽量鉄骨）下地間仕切りとするのが標準的な計画となる。

■耐震スリット

　地震に対して変形しやすくしてエネルギーを吸収する「RC 造ラーメン構造」の建物は、たれ壁、腰壁、袖壁などの非構造壁（二次壁）が柱に取り付くことによって、大きな地震が発生した際に剛性が増大して応力が集中し、架構全体の破壊につながることになる。このため、架構全体が破壊されないようにするために、柱と非構造壁との間に「耐震スリット（隙間）」を設けると効果的になる。

　耐震スリットには、柱と壁全体を縁切れさせる「完全スリット（完全欠損）」や、目地の場合の「部分スリット（部分欠損）」がある（図 3.1-4）。

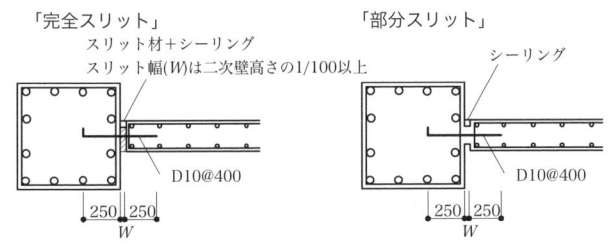

図 3.1-4　耐震スリット

「耐震スリット」は、要求された場合にのみ記入することになる。
「完全スリット」は、二次壁と構造骨組との間に完全縁切り型スリットを設けて柱と完全に縁切りさせ、地震の衝撃を緩和させることによって非構造壁として取り扱う。
「部分スリット」は、二次壁と構造骨組との間を部分的に薄くして、骨組に及ぼす影響の軽減を図るようにした接合形式となる。

3.2 プレストレストコンクリート梁（PC梁）架構

PC梁は、PC鋼材を使い、あらかじめ圧縮応力を加えておき、荷重を受けた際に引張応力を打ち消す力を持たせたものである。したがって、PC梁架構は、梁成を抑えてひび割れを防ぎ、耐久性と安全性を確保できるため、大スパン架構が可能となる。

PC梁架構は、RC造に類する構造種別であり、「無柱空間」や「大空間居室の上部に所要室を載せる場合」、あるいは、スパンを10m以上とする場合に採用する。

一般に、「無柱空間」部分や「大空間居室の上部に所要室を載せる」部分は、PC梁架構かSRC造のどちらかを選択することになるが、PC梁架構を採用するほうが「経済設計」となる。しかし、PC梁の上に柱を立てて所要室を載せることは、構造計画上不安定となるため避け、大空間居室の上階に所要室を載せる場合は、上階もPC梁架構とする。

> 梁の上に柱を立てることを「岡立て柱（岡柱）」という。
> 実務の設計では行うこともあるが、試験向きではない。

■ PC梁の施工法

PC梁は、「コンクリート現場打ちの一体構造」と「プレキャスト部材組立構造」の2種に分けられるが、PC梁架構の場合、一般には「コンクリート現場打ち一体構造」が多い。

■ PC梁の断面寸法の目安

スパン（桁行方向6〜7m）	大梁（mm）	小梁（mm）
11 m	450 × 800	350 × 800
12 m	450 × 800	400 × 800
14 m	500 × 800	400 × 800
16 m	600 × 900	400 × 900

■ PC梁の架け方

PC梁は、大梁と小梁は同成とし、大梁（図中G2）、小梁（図中B2）とも、同方向に架ける。柱は、一般RC造の柱はC1とし、PC梁を受ける柱は符号を変えてC2とする（図3.2-1）。

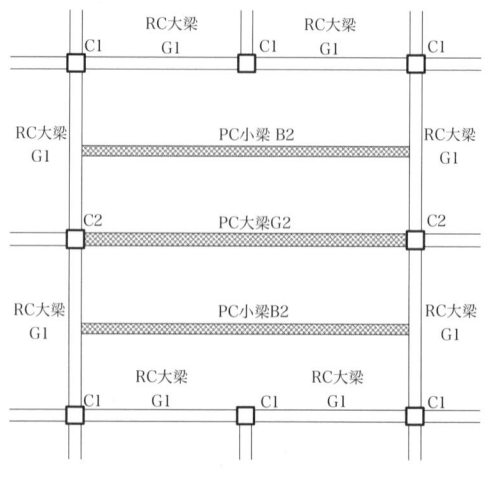

図3.2-1　PC梁の架け方

■2階梁伏図による各部詳細（純ラーメン構造の場合）

2階梁伏図による各部の主な注意事項は次のようになる（図 3.2-2）。

- 柱は、C1 を基本とし、PC 梁を受ける柱を C2 とする。
- 大梁は、G1 を基本とし、スパンを大きく変える場合は大梁の符号を変える。
- 小梁は、スパン 8 m を超えないように架ける。
- 外周壁は、RC 造とし、階段、エレベーターシャフト周りや浴室などの防水を施す部位の壁も RC 造とする。

■階段室
・一次梁（B2）と二次梁（B2）を架ける

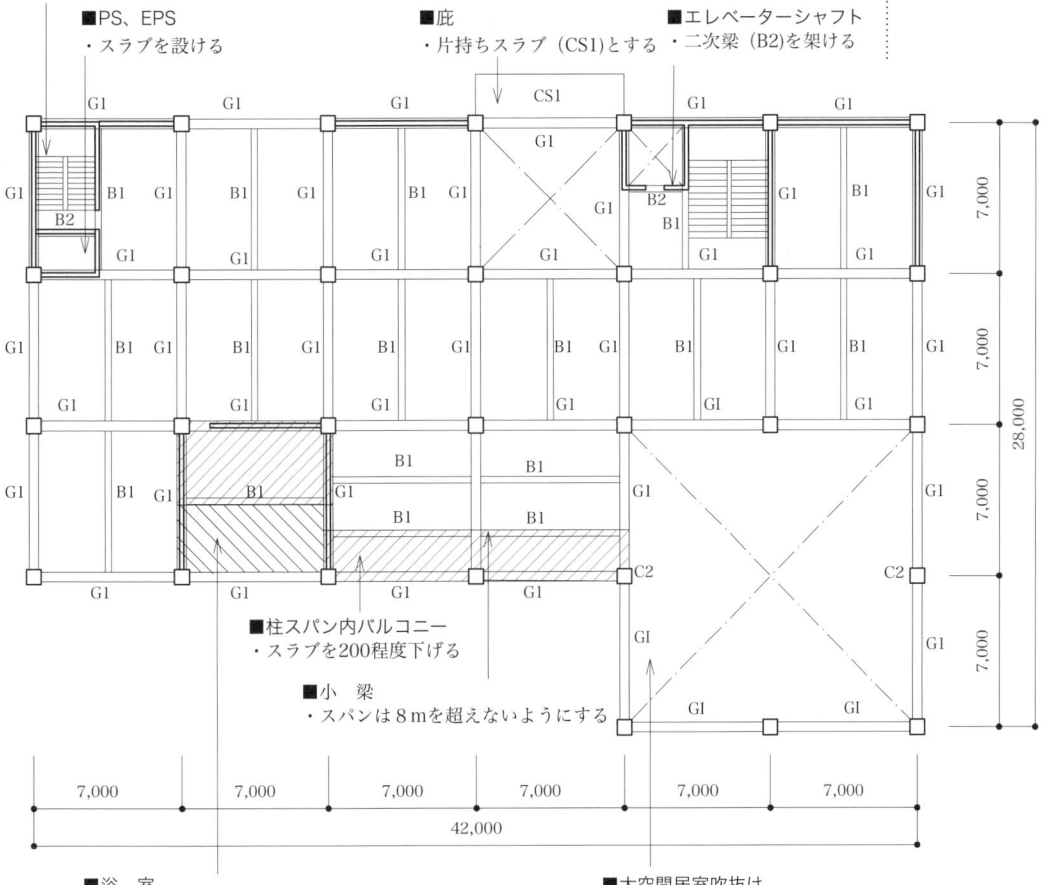

■PS、EPS
・スラブを設ける

■庇
・片持ちスラブ（CS1）とする

■エレベーターシャフト
・二次梁（B2）を架ける

■柱スパン内バルコニー
・スラブを200程度下げる

■小梁
・スパンは8mを超えないようにする

■浴室
・浴室周りは、防水を施すためRC造の間仕切り壁とする
・洗い場はスラブを250程度下げる
・浴槽はスラブを600程度下げる

■大空間居室吹抜け
・上部にプレストレストコンクリート梁を架ける

＊特記なき柱は、C1 とする
＊特記なきスラブは、S1 とする

図 3.2-2　2階梁伏図による各部詳細（純ラーメン構造の場合）

3.3 地下階、基礎、ドライエリア

■地下階

地下1階の用途は、「設備機械室」、「自走式駐車場」、「機械式駐車場」、「図書館の閉架書庫」などがある。

地下1階にはドライエリアを設け、「自走式駐車場」は、車路と車室のスペースを検討し、「機械式駐車場」は、ターンテーブルの設置や車室を検討して決める。

また、地下1階には、パイプスペース（PS）、ダクトスペース（DS）、電気シャフト（EPS）などの各設備シャフトが到達していなければならない。

■地下階の構造

地下階の外周壁は、湧水処理のため2重壁とする。地下階の階高は、「設備機械室」や「図書館の閉架書庫」とする場合は、4～5m程度とする。

また、「自走式駐車場」の場合であっても「設備機械室」を併設する場合の階高は、4～5m程度とする（図3.3-1）。

■基 礎

基礎は、不同沈下を防ぎ、建物の剛性を高めるため「ベタ基礎2重ピット方式」とする。

2重ピットは、地中梁と耐圧版とによって構成し、地中小梁を1階のスラブを支えるために設ける。また、2重ピットは、湧水処理のための湧水槽や消火栓用水槽などに利用する（図3.3-2）。

■基礎の規模の目安（単位：mm）

建物規模	2重ピット深さ	地中梁	地中小梁	耐圧版
2～3階建て	2,000	500×2,000	350×600	600
5階建て	2,500	500×2,500	350×600	600
7階建て	3,000	600×3,000	350×600	800

■ドライエリア

ドライエリア（空堀スペース）は、地下階における「二方向避難の確保」、「機器の搬出入」、「地下階の換気」などに利用するが、「機器の搬出入」を考慮すると道路に面する位置に設けることが望ましい。しかし、計画上道路に面する位置に設けることが難しい場合も多い。したがって、必ずしも道路に面していなくてもよいが、地下階における「二方向避難の確保」や「機器の搬出入」ができる位置に設けるようにする（図3.3-3）。

「機器の搬出入」は、レッカー車の寄り付きができる一定の空地が確保されていれば可となる。

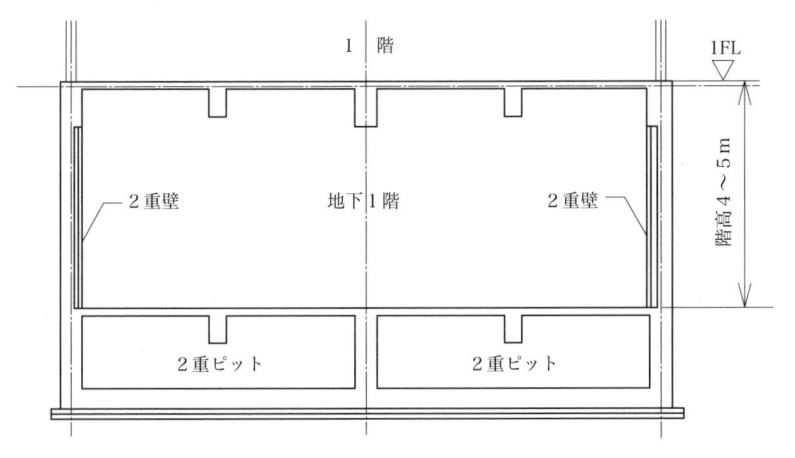

図 3.3-1　地下階

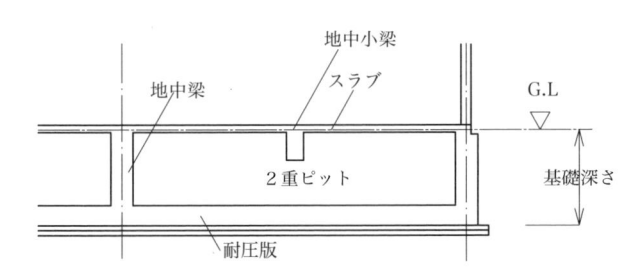

図 3.3-2　基　礎

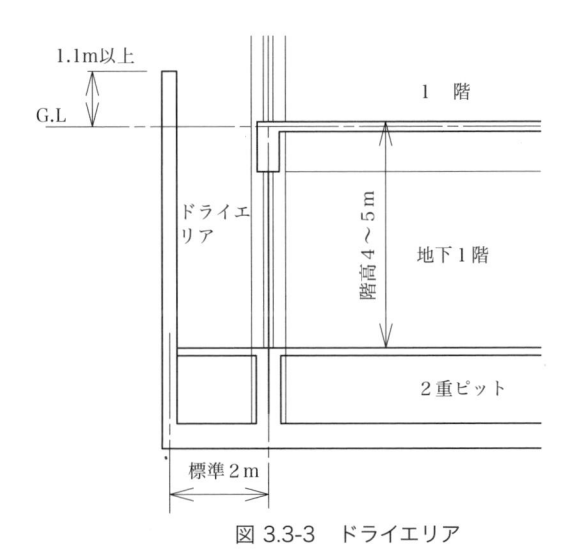

図 3.3-3　ドライエリア

3.4　耐力壁

「耐力壁付きラーメン構造」は、「RC 造の壁」や「鉄骨ブレース」を骨組みに組み入れて耐震架構を構成するため、「純ラーメン構造」に比べて経済設計となる。

試験では、「耐力壁付きラーメン構造」とする場合は、「RC 造の壁」を「耐力壁」として採用することが多い。

■耐力壁の規定

「耐力壁」は、柱から柱まで開口部がないことが理想であるが、建築基準法では、図 3.4-1 の規定範囲の開口部であれば「耐力壁」にできるとしている。

しかし、実際には、耐力壁の規定範囲を計算する時間的なゆとりはないため、柱から柱までの範囲で 70%程度の壁があれば耐力壁にできる、として目安をつける。また、柱スパン内に複数の開口部がある場合は、その開口部を合わせた範囲を開口部とみなして開口率を算定する（図 3.4-2）。

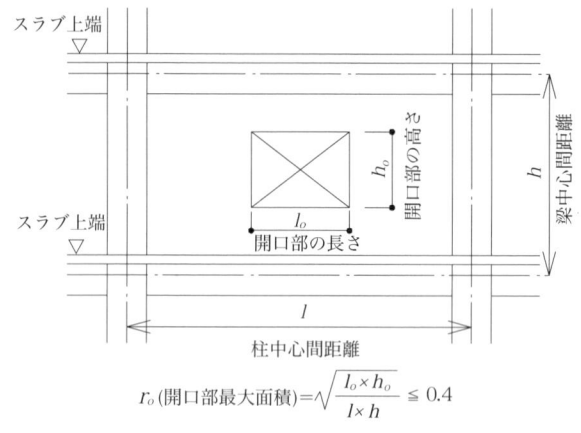

$$r_o(開口部最大面積)=\sqrt{\frac{l_o \times h_o}{l \times h}} \leq 0.4$$

図 3.4-1　耐力壁の規定

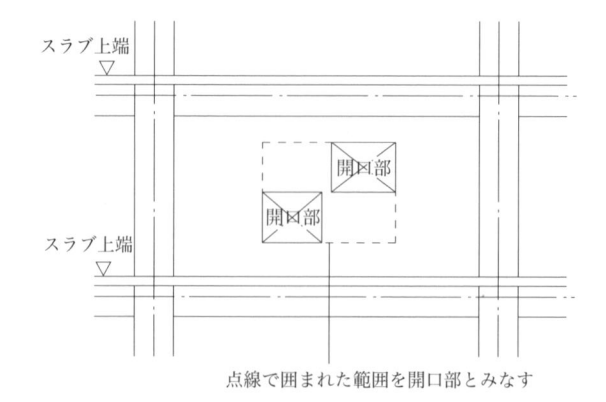

図 3.4-2　開口部とみなす範囲

■耐力壁の配置

　耐力壁の平面形の配置は、剛心と重心の抵抗の中心が一致するよう、全体的な偏心が起きないことを考慮して配置する。また、立面形の配置においては上下階をそろえた「連層形」とし、全体的な偏心が起きないように配置することが重要である（**図 3.4-3**）。

○　よい例
△　よくない例

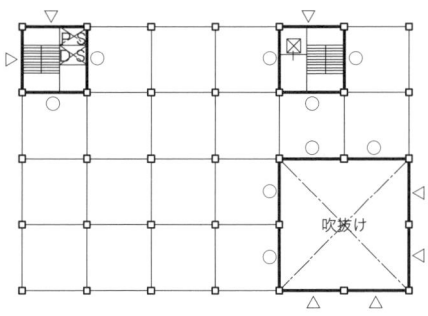

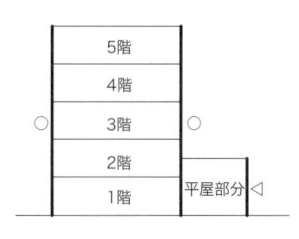

図 3.4-3　耐力壁の配置

地下階は地震力が半減以下となるため、連層形としなくても可となる。

■耐力壁配置上の注意点

1. 耐力壁の平面配置は、全体的な偏心が起きないように、XY方向ともバランスよく配するのが理想である。しかし、XY方向の両方に耐力壁を設けることができない場合は、X方向、Y方向のどちらかだけでも2か所以上あれば可となる。

2. 耐力壁の立面配置は、各階連層形（各階同一位置にあること）が原則となる。また、床スラブが同一レベルとならない場合は、効力は期待できない。

3. 耐力壁は、吹抜、階段、EV などでスラブ剛性が得られにくい位置は、効力は期待できない（スラブ剛性は片側のみでも可）（**図 3.4-4**）。

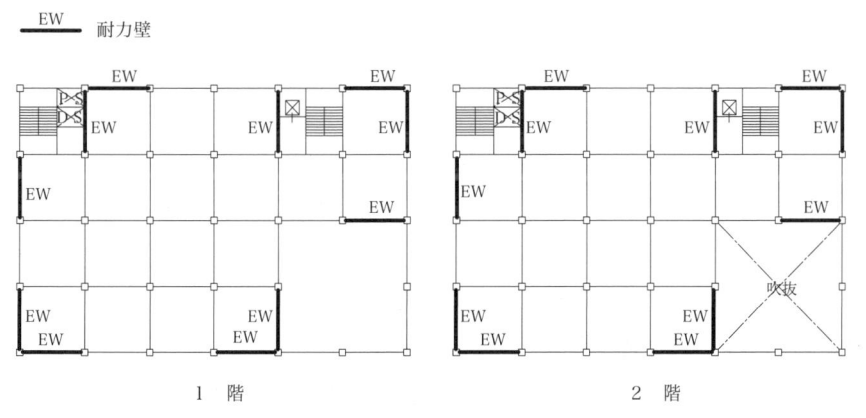

図 3.4-4　耐力壁の配置例

3.5 免震構造

「免震構造」には、「基礎免震」、「地上階免震」、「中間階免震」などがあり、「基礎免震構造」は、建物全体が「免震構造」となるため、最も安全性が期待できる（図3.5-1）。

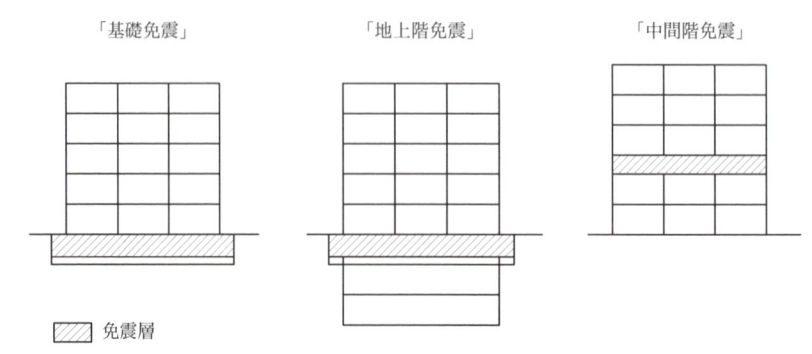

図 3.5-1　免震構造の種類

■免震構造の出題

「免震構造」は、平成27年度「市街地に建つデイサービス付き高齢者向け集合住宅（基礎免震を採用した建築物である）」において出題された。

平成27年度の試験では、「基礎免震構造」がメインテーマの一つともなり、配置計画、平面計画、断面計画のみならず、「計画の要点等の記述」についても「基礎免震構造」を採用するに当たって要点等を具体的に記述するように求めた。

■基礎免震構造を採用した建物の特徴

「基礎免震構造」は、「耐震構造」に比べ建物の構造部材や間仕切り壁などの非部材はもとより、設備機器などのダメージが小さく抑えられ、家具の転倒の二次被害の危険も少なくなるなどの利点がある。また、地震力が抑えられるため「設計の自由度」は向上し、「耐震構造」に比べると柱や梁を小さくできる。

しかし、「基礎免震構造」は、建物の揺れを吸収する一定の免震クリアランスを確保するため、敷地にゆとりが必要となる。また、免震クリアランスの範囲には人や車などは近づかないようにしなければならない。さらには、免震層を貫通する設備配管や電気配線、ガスなどのライフラインを地震の揺れから守るため、「可撓型配管処理」が必要になる。

■エレベーターの設置

エレベーターシャフトは、ピット部分が「免震層」を貫通するため「免震層」の変形に対応したクリアランスを設けると、シャフト面積を広くしなければならない。したがって、「通常型エレベーター」を設置することになる。

> 「可撓型配管処理」とは、免震構造は地震時に免震層に大きな水平変形が生じるため、免震層を縦断する設備配管や電気配線は、水平変形追従能力をもたせるため、免震部にエキスパンション継手を用いて変位吸収できるようにすること。

■免震構造の安全性

「免震構造」は、大地震時においても建物構造体、建物非構造部材、設備機器、ライフラインなどの被害を最小限に抑えることができるため、国土交通省が制定する「耐震安全性の目標」のなかでは、最高ランクを果たすことができる。

■耐震安全性の目標

部 位	分 類	内 容
構造体	Ⅰ類	大地震動後、構造体の補修をすることなく建築物を使用できることを目標とし、人命の安全確保に加えて十分な機能確保が図られるものとする。
	Ⅱ類	大地震動後、構造体の大きな補修をすることなく建築物を使用できることを目標とし、人命の安全確保に加えて機能確保が図られるものとする。
	Ⅲ類	大地震動により構造体の部分的な損傷は生じるが、建築物全体の耐力の低下は著しくないことを目標とし、人命の安全確保が図られるものとする。
建築非構造部材	A類	大地震動後、災害応急対策活動等を円滑に行ううえ、または危険物の管理のうえで支障となる建築非構造部材の損傷、移動等が発生しないことを目標とし、人命の安全確保に加えて十分な機能確保が図られるものとする。
	B類	大地震動により建築非構造部材の損傷、移動等が発生する場合でも、人命の安全確保と二次災害の防止が図られていることを目標とする。
建築設備	甲類	大地震動後の人命の安全確保および二次災害の防止が図られているとともに、大きな補修をすることなく、必要な設備機能を相当期間継続できることを目標とする。
	乙類	大地震動後の人命の安全確保および二次災害の防止が図られていることを目標とする。

■基礎免震構造を採用した目標耐震性能（地震力の程度と建築物の状態）

以上のように、「基礎免震構造」を採用した建物の目標耐震性能は、構造体第Ⅰ類、非構造部材A類、建築設備甲類にできるのである。

■基礎免震構造を採用した建物の配置計画

　建物の配置は、建物の揺れを吸収するため、周囲に「建物水平クリアランス（地震時における建物の揺れに対する余裕）」を確保し、人が近づかないようにフェンスや花壇などを設け、車は乗せないようにする。さらには、出入口、犬走りなどについても変位追従型とするため、エキスパンション・ジョイントを設ける。

　したがって、敷地境界線から建物の距離は3mを最小寸法とし、人が通行する場合は「建物水平クリアランス」から80cm以上の通路を確保して安全対策を図る（管理者が通行する場合は20cm以上とする）（**図 3.5-2**）。

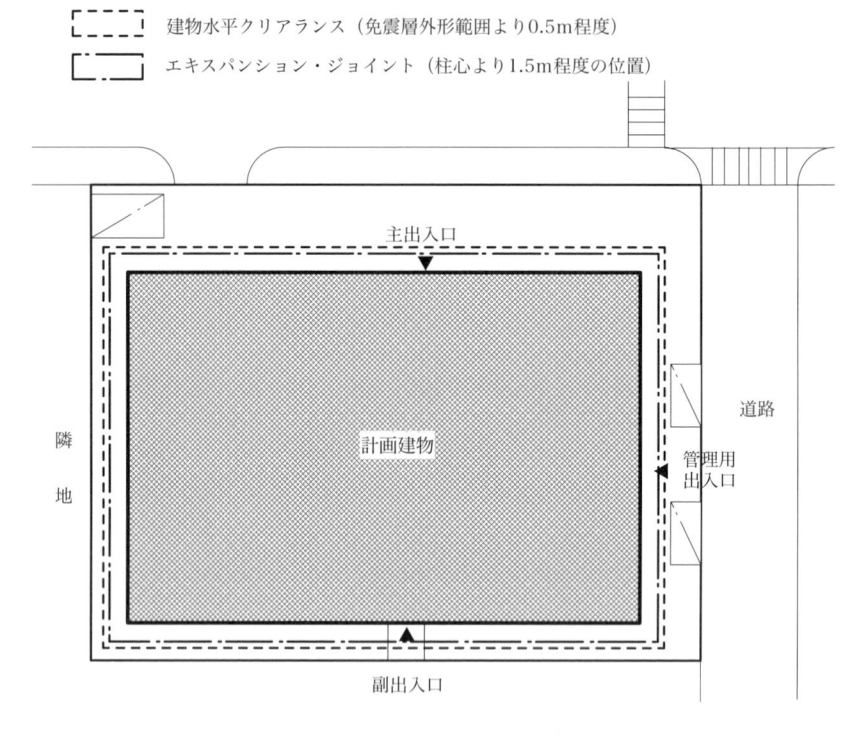

図 3.5-2

■基礎免震構造の詳細

　「基礎免震構造」は、地盤下部に「免震層」を設け、「免震層」のよう壁と建物とは50〜70cm程度の「水平クリアランス（応答変位値）」を確保し、免震層と1階スラブの間は10cm程度の「鉛直クリアランス」を設けて「免震装置」を設置する。

■直接基礎耐圧版方式

　地盤条件が良好な場合は「ベタ基礎耐圧版方式」とし、免震層には、豪雨時の浸水に対応するために集水升を設け排水処理を行う（**図 3.5-3**）。

■直接基礎2重ピット方式

　よう壁や耐圧版から湧水が発生しやすい場合は、湧水処理のために「2重ピット方式」とし、2重ピット内に集水升を設け排水処理を行う（図3.5-4）。

■免震装置

　免震装置には、「アイソレータ（積層ゴムなど）」と「ダンパー（鉛ダンパー、オイルダンパーなど）」がある。

「アイソレータの役割」

　アイソレータは、長期間安定した荷重支持能力をもち、地盤の変位に追従できる変形能力と復元能力を保つ。また、柔軟な水平剛性と大変形時に不安定現象が生じないことや、圧縮荷重の変動に対して水平剛性変動が少ないなどの要素があり、各柱の下に1か所ずつ設置する。

「ダンパーの役割」

　ダンパーは、アイソレータだけであると地震が終息しても長時間変動を続けるため、素早く変動を抑えるため、建物の揺れを減衰させる基礎梁などの位置に設置する。

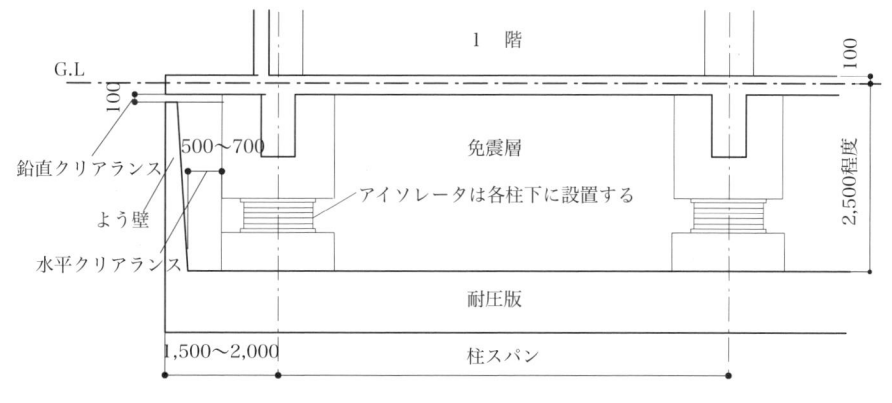

図 3.5-3　直接基礎耐圧版方式

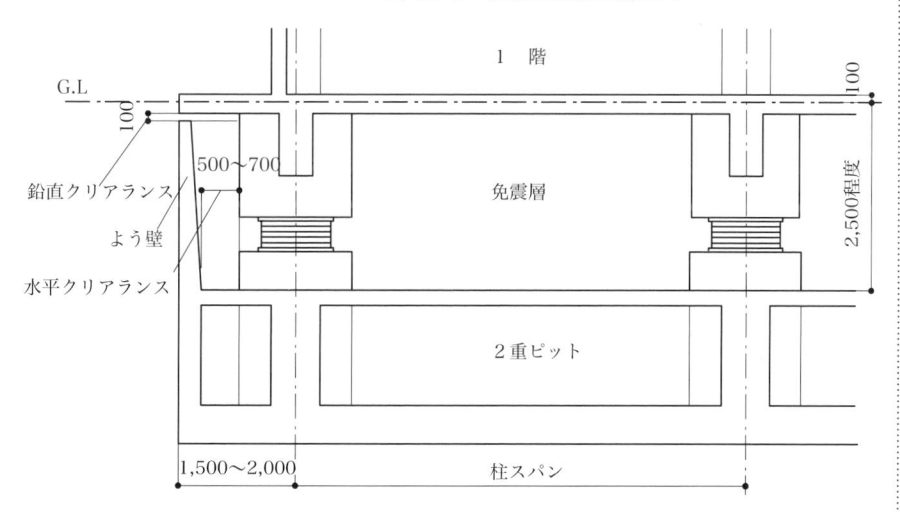

図 3.5-4　直接基礎2重ピット方式

アイソレータとダンパーの耐用年数は60年前後とされるため、交換を考慮する必要がある。このため、交換時はレッカー車両などの寄り付きができる位置とすることが望ましい。

第4章
設備計画

4.1　出題傾向

　試験における設備計画は、具体的に「設備方式」を指定することは少なく、受験者に「空気調和設備（空調設備）」、「換気設備」、「給排水衛生・給湯設備」、「電気設備」などの「設備計画」全般について、課題の特徴に応じた「適切な設備方式の選択」を求めることが多い。

　また、課題文には、「設備スペースの設置階」はもとより、「設置面積」についても「適宜」とし、受験者に「設備計画の選択の自由度」を与えるものとなる。なぜなら、受験者に「設備計画の選択の自由度」を与えることによって「設備計画全般の知識を推し量ることができる」からである。

　さらには、受験者が選択した設備計画全般に対して、「計画の要点等」に記述を求めることにもなる。

　したがって、受験者は「試験向きの設備計画の基本」をしっかりと覚えて対応を図るようにする。

4.2　空調設備

　「空調設備」とは、室内の温度、湿度、空気清浄（粉塵・臭気）などを良好な条件に保ち、人間と物品にとって快適な環境をつくり出すためのものである。したがって、「空調設備」にはさまざまなシステムがあり、空調方式の採用については、出題する施設ごとに求められる「空気環境」、「安全性」、「制御性」、「コスト」、「環境性」、「設備スペース」、「維持管理」などの諸条件を検討して決めることになる。

■試験向きの空調方式

　空調方式にはさまざまな種類がある。しかし、試験では多くの空調方式を覚える必要はなく、いわば試験向きの空調方式をしっかりと覚えて対応を図るようにする。

　試験向きの空調方式は、概ね3種類の空調方式で対応を図ることができる。3種類の空調方式とは、「ヒートポンプパッケージ方式」、「エアハンドリングユニット方式（AHU方式）」、「ファンコイルユニット方式（FCU方式）」である。

■ヒートポンプパッケージ方式とは

　ヒートポンプパッケージ方式には、空気を熱源とする「空冷ヒートポンプパッケージ方式」、冷却塔、井戸、河川などの水を熱源とする「水冷ヒートポンプパッケージ方式」などがある。

　「空冷ヒートポンプパッケージ方式」の駆動源には、電気を利用することが多いが、近年の電気供給事情から、ガスを使用した「ガスエンジン空冷ヒートポンプパッケージ方式」も普及している。

　また、「空冷ヒートポンプパッケージ機」には「加湿機能」と「換気機能」を保有していないため、「空冷ヒートポンプパッケージ方式」を採用する場合は、加湿器と全熱交換器を組み込む必要がある。

　しかし、空調機と室外機で比較的簡単に構成できる「空冷ヒートポンプパッケージ方式」は、試験の規模程度の建物（1,500～7,000 m²）では、「安全性」、「制御性」、「コスト」、「環境性」、「設備スペース」、「維持管理」に優れているため採用が多く、最も試験向きの空調方式となる。

■ AHU 方式とは

　AHU 方式とは、送風機、冷却・加熱コイル、加湿器、エアフィルタなどをケーシングの中に組み込んで一体化した AHU を用い、外部熱源設備と構成して空調する方式である。

　AHU 方式の外部熱源設備は、従来ではボイラ、冷凍機、冷却塔などであったが、現在では比較的軽便な「空冷ヒートポンプチラーユニット」に代わっている。

　AHU 方式は、「空冷ヒートポンプパッケージ方式」に比べると加湿器や全熱交換器は不要であるため、優れた空調方式となる。しかし、試験の規模の建物では「空冷ヒートポンプパッケージ方式」に比べるとイニシャルコストは高くなる。

■ FCU 方式とは

　FCU 方式とは、熱交換器、ファンモータユニット、エアフィルタなどを組み込んで一体化した FCU を用い、水熱源の熱交換器で温度・湿度を調整し、送風機で調和空気を室内に送気する小型で簡易な空調機を用いた空調をする方式である（FCU 方式の外部熱源は AHU 方式と同様となる）。

　FCU には、床置き型、天井吊り型などがあるが、換気機能を持たないため、単独に換気設備を設けて施設全体の空調を FCU 方式とすることもあるが、一般には「AHU 方式」と併用して「ペリーメーターゾーン」の空調に用いられることが多い。

> 空冷ヒートポンプパッケージに組み込む加湿器は、空気を湿ったエレメント表面と接触させることにより蒸発による加湿を行う水気化式加湿器などがある。
> また、全熱交換器とは、排熱する空気から温度と湿度を同時に交換するものであり、換気による熱のロスが少なくなるため省エネルギーに有効となる。

> ペリーメーターゾーンとは、外壁から3.5～5 m 程度の窓近くの内側の範囲を示す。

4.3 空調方式の種別

空調方式の種別には、中央機械室から空調する「中央方式」があり、各階に設けた機械室から空調する「各階ユニット方式」や、各室別に空調機械室を設けて空調したり空調機を各室などの床、壁、天井に設置する「個別方式」がある。

■中央方式とは

中央方式は、中央機械室に建物全体またはゾーンごとの空調機を設け、各所に空調する「定風量単一ダクト方式」と、ゾーンおよび各所ごとの負荷の変動に応じて空調する「変風量単一ダクト方式」がある。したがって、「ホテル」、「事務所ビル」など、比較的規模の大きい建物に採用される（図4.1）。

- 空調システム採用例：空冷ヒートポンプパッケージ単一ダクト方式
  　　　　　　　　　　AHU 単一ダクト方式＋FCU 方式（ペリメーター部分）
  　　　　　　　　　　FCU 方式（換気設備併用）

■各階ユニット方式とは

各階ユニット方式は、各階に機械室を設け、ダクトにより調和空気を室内に送気する方式のため、中央方式に比べると空調機械室の規模を小さくできる。また、所要室の規模に応じた台数のヒートポンプ空調機やAHUを設置することができるため、個別運転がしやすく、ダクトサイズは小さくなるなどのメリットがある。したがって、「貸事務所ビル」など、各階で空調を分節する必要のある建物に採用される（図4.2）。

- 空調システム採用例：空冷ヒートポンプパッケージ単一ダクト方式
  　　　　　　　　　　AHU 単一ダクト方式＋FCU 方式（ペリメーター部分）
  　　　　　　　　　　FCU 方式（換気設備併用）

■個別方式とは

個別方式には、「大空間居室などの専用空調」のために、中央機械室または大空間居室専用空調機械室に空調機を設置して空調する方法や、各所要室の天井などに空調機を分散して設置する方法がある。

また、個別方式では、天井などに入れた空調機から直接空調する方式や、空調機を天井内に隠ぺいしてダクトを接続する「天井隠ぺいダクト接続方式」がある（図4.3）。

「大空間居室などの専用空調の場合」
- 空調システム採用例：空冷ヒートポンプパッケージ単一ダクト方式
  　　　　　　　　　　AHU 単一ダクト方式

「各所要室の天井などに空調機を分散して設置する場合」
- 空調システム採用例：空冷ヒートポンプパッケージ方式（天井などに設置）
  　　　　　　　　　　FCU 方式（床、壁、天井などに設置）

傍注：

定風量方式とは、室内に吹き出す風量を一定に保ち、必要に応じて給気温度と湿度を変えて空調を行う方式。CAV（Constant Air Volume）方式という。

可変風量方式とは、室内に吹き出す温度と湿度は一定に保ち風量を変えることによって温度と湿度の調整を行う方式。VAV（Variable Air Volume）方式という。

「天井隠ぺいダクト接続方式」は、ダクトにより空調できるため、空調範囲が広がることや、直接天井面に空調機が露出しないため、美観上も優れた方法となる。

図 4.1　中央方式

■空冷ヒートポンプパッケージ方式の場合
・中央機械室にPAC(空冷ヒートポンプ空調機：加湿器と全熱換気器組込み）を設置して各所にダクティングする。
・OA(外気)は、地上3m以上から取り入れる。
・外部ユニット：室外機（ビルマルチを採用）は屋外に設置する。

■AHU方式の場合
・中央機械室にAHU(エアハンドリングユニット）を設置して各所にダクティングする。
・OA(外気)は、地上3m以上から取り入れる。
・外部ユニット：チラーユニットは屋外に設置する。
・ペリーペーターゾーンにはFCU(ファンコイルユニット)を設置する。

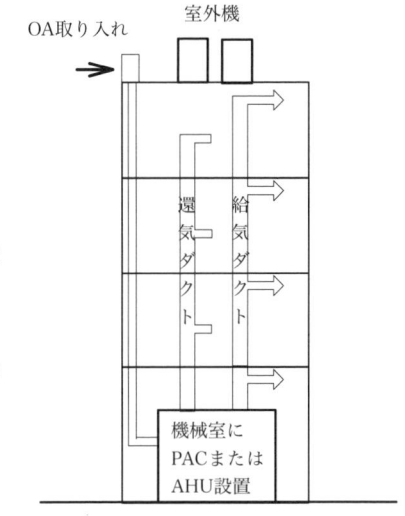

図 4.2　各階ユニット方式

■空冷ヒートポンプパッケージ方式の場合
・各階の機械室にPAC(空冷ヒートポンプ空調機：加湿器と全熱交換器組込み）を設置し各所にダクティングする。
・OA(外気)は、地上3m以上から取り入れる。
・外部ユニット：室外機（ビルマルチを採用）は屋外に設置する。

■AHU方式の場合
・各階の機械室にAHU(エアハンドリングユニット）を設置して各所にダクティングする。
・OA(外気)は、地上3m以上から取り入れる。
・外部ユニット：チラーユニットは屋外に設置する。
・ペリーペーターゾーンにはFCU(ファンコイルユニット)を設置する。

図 4.3　個別方式

■空冷ヒートポンプパッケージ方式
・各室、各所の天井にPAC(空冷ヒートポンプ空調機：加湿器と全熱交換器組込み）を設置して空調する。天井隠ぺいダクト接続式の場合は、PACを天井内に隠ぺいしダクトを接続して空調する。
・OA(外気)は、地上3m以上から取り入れる。
・外部ユニット：室外機（ビルマルチなどを採用）は屋外に設置する。

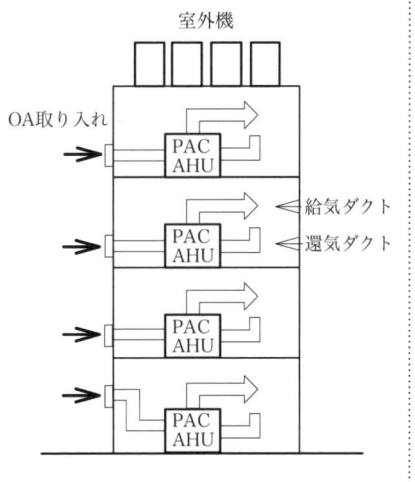

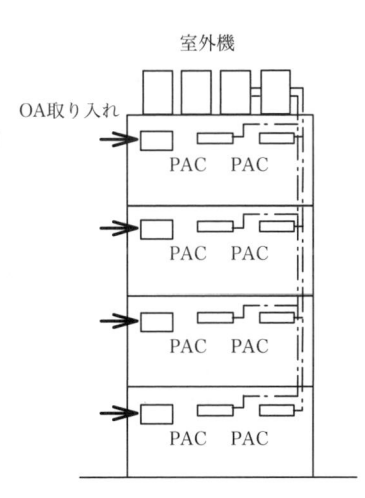

空冷ヒートポンプ方式の外部ユニットの「室外機」は、ビルマルチタイプが多く採用される。
AHU方式やFCU方式の外部ユニットは、「空冷ヒートポンプチラーユニット」が多く採用される。

4.4 換気設備

　換気設備とは、建物内で発生する臭気、発熱、粉塵、有毒ガスなどの汚れた空気を排出し、新鮮な外気と交換することである。

　換気設備には、ドアや窓を開けて自然風の圧力と室内外の温度差を利用して換気する「自然換気」と、送風機や排風機などの機械を用いて強制的に換気する「機械換気」がある。

■自然換気の方法

　自然換気に利用できる建物の部位は、ドアや窓などの自然換気口、アトリウム、ダブルスキンなどがあり、その特徴は次のようになる。

ドアや窓などの自然換気口	・中間期に解放できる窓や換気口を設ける。
アトリウム	・上部の緩衝スペースを利用して、夏期は日射遮蔽を行い、冬期は太陽光の採熱を行う。 ・上部に可動式開口部などを設け、夏期は排気を行う。
ダブルスキン	・建物の外装カーテンウォールをダブルスキン方式とし、夏期は緩衝スペースの空気が日射により上昇したときは開口部を開けて排気し、冬期は採熱を行う。

> 中間期とは、冷房を使用する期間と暖房を使用する期間のその間を示す。

■機械換気の方法

　機械換気には、第1種換気方式、第2種換気方式、第3種換気方式の3種類の方式がある（図4.4）。

「第1種換気方式」

　機械給気と機械排気を併用する方式であり、給気と排気を機械力を用いて調節できるため、風速の影響や換気風量の変動を小さくできる。

　　用途：厨房、事務所、劇場、地下街、実験室など

「第2種換気方式」

　機械給気と自然排気による換気方式であり、周囲の室よりも室内圧力を高く保つことができるため、給気量を排気量より多くする必要のある室に適用する。

　　用途：ボイラ室など

「第3種換気方式」

　自然給気と機械排気による換気方式であり、臭気、水蒸気、有毒ガスなどを室外に拡散させてはならない室に適用する。

　　用途：便所、浴室など

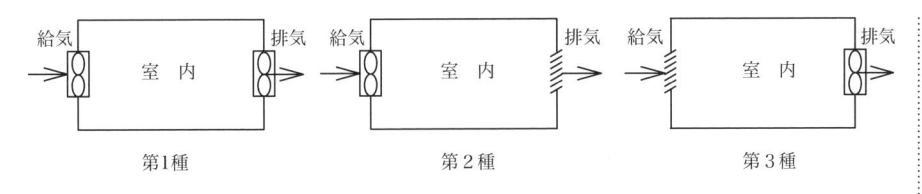

図 4.4　機械換気方式

■**換気回数と換気量**

　換気回数とは、1時間当たりの外気量、給気量、排気量をその室の容積で割った値を示すものであり、換気量とは、単位時間当たりに換気する空気容量を示し、必要換気回数や必要換気量の求め方は次のようになる。

　換気回数［回/h］＝毎時の換気量［m³/h］÷室容積［m³］

　換気量［m³/h］＝室の容積［m³］×換気回数［回/h］

1時間当たりの換気回数の目安

建物用途	部　位	換気回数
コミュニティセンター	多目的ホール	10
	便　所	10
事務所ビル	事務室	6
	会議室	12
集合住宅	居間、浴室	6
	台　所	15
	便　所	10
ホテル	客室、廊下	5
	宴会場	10
レストラン	客　席	6
	厨　房	30
設備機械室	受変電室	15
	ボイラ室	20

■出題された換気設備への対応

　平成27年度「市街地に建つデイサービス付き高齢者向け集合住宅（基礎免震構造を採用した建築物である）」において、「レストランの厨房の排気計画において排気ファンの設置位置、その位置とした理由及び排気ダクトのルートの考え方について考慮したこと」を「計画の要点等」に記述を求めた。

　この出題のポイントは、「厨房は第1種換気方式とし、換気回数は1時間当たり30回とする。厨房排気を外壁に直接強制排気すると臭気や汚染空気によって周辺環境を悪化させるため、厨房の排気を屋上まで達させるダクトスペースを設けるようにする」ことが重要である。また、単に「計画の要点等」の記述のみならず、厨房からの排気ダクトの設置など、全般にわたる換気設備計画を示す必要がある。

第4章　設備計画

4.5　排煙設備

　排煙設備の目的は、火災時に避難や消火の妨げとなる煙や熱を排出し、避難路の安全を確保するためである。

　試験に出題する規模の建物では、「居室と通路（廊下）」に「排煙設備」を必要とするが、排煙設備には「自然排煙方式」と「機械排煙方式」とがある。

■自然排煙方式

　自然排煙方式は、火災による温度上昇に伴う浮力を主として利用し、外部開口によって排煙する方式である。したがって、「自然排煙方式」は、屋外に面する開口部によって排煙処理を行うため、「排煙上有効な開口部」の設置を考慮して計画しなければならない。

■自然排煙開口部の規定

　自然排煙上有効とみなされる開口部の構造は、外倒し窓、内倒し窓、回転窓などとし、天井の下方から80 cm以内、かつ防煙たれ壁の範囲内に自然排煙に必要な対象床面積の1/50以上の開口面積を必要とする（図 4.5-1）。

　また、自然排煙開口部は、居室や廊下の最も遠い位置から30 m以内に設けなければならない（図 4.5-2）。

> 居室には、当然窓はつくりやすいため、おのずと「自然排煙開口部」はできることになる。しかし、廊下には、床面積の1/50以上の「排煙開口部」がなければならない。

> 自然排煙上有効な開口部をとることができない場合は、ベンチレター式のトップライトを設けることでも可となる。

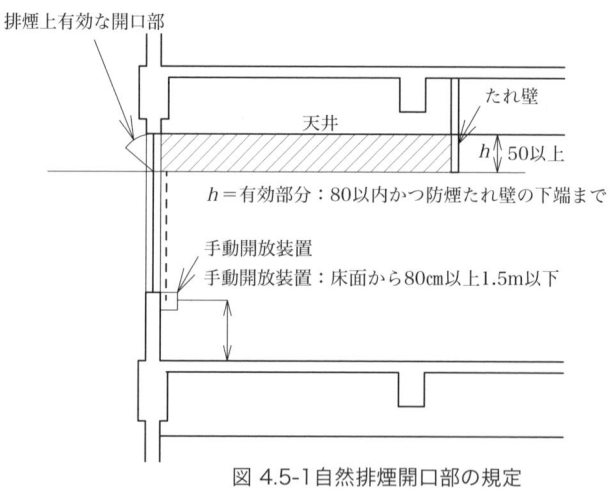

図 4.5-1 自然排煙開口部の規定

図 4.5-2　自然排煙開口部の配置

■機械排煙方式

「自然排煙設備方式」としない場合は、「機械排煙方式」を選択することになるが、「機械排煙方式」は「吸引機械排煙方式」が一般的である。

「吸引機械排煙方式」は、排煙区画内に発生した煙を排煙機によって強制的に吸引する方式であり、排煙機が作動中は室内圧力が低くなるため、漏煙の恐れは少なく、吸気口がない密閉状態の排煙が可能となる。

なお、排煙機の設置は、通常は屋上に設置し、建物より低い位置に設置することは不可となる。

■出題された排煙設備への対応

平成21年度「貸事務所ビル(1階に展示用の貸スペース、基準階に一般事務所用の貸スペースを計画する)」では、「計画の要点等」の記述に「排煙計画について、配慮したこと」を求めた。

■対応例

この課題の場合、「排煙方式」の採用には「自然排煙設備方式」と「機械排煙方式」がある。

「自然排煙方式採用の場合」

この規模の一般の貸事務所ビルでは、「排煙上有効な開口部の設置」を考慮して設計し、自然排煙設備方式を採用するのが経済設計となる。

標準解答例①は、自然排煙設備方式を採用し、開口部に自然排煙用外倒窓を記入している。

「機械排煙方式採用の場合」

この規模の貸事務所ビルでは、自然排煙方式の採用が多いが、自然排煙方式は「建物外周開口部の制約」が多いため、ファサードデザインにも制約が及ぶ。このため、機械排煙方式にして「建物外周開口部の制約」をなくし、優れたファサードデザインの追求を行うこともある。

こうしたことから、標準解答例②では、機械排煙方式を採用しているが、機械排煙方式を採用していることは、屋上に排煙機を設置していることで分かる。

■参　考

機械排煙方式は、自然排煙設備方式に比べると自家発電装置を必要とする排煙機や排煙ダクトの設置などのため、経済設計とはならない。

この建物は、7階建ての貸事務所ビル（5,200～5,800 m²）であるから機械排煙方式は妥当な判断であるが、2,000 m²程度の2階建ての場合は、オーバースペックとなるため、むやみに採用することは控えたい。

ファサードとは、道路や広場などに面する建物の正面（顔）のこと。
貸事務所などの収益を追求する建物では建物のデザイン性は必要不可欠な要素となる。

排煙機は、停電時に作動するため、非常用電源が必要となるが、排煙機にディーゼル発電機を組み込んだタイプのものもある。

4.6 給水設備

給水方式には、「水道直結方式」と「受水槽方式」があり、「水道直結方式」には「水道直結直圧方式」と「水道直結増圧方式」がある。また、「受水槽方式」には、「ポンプ直送方式」、「圧力水槽方式」、「高置水槽方式」がある（図 4.6-1）。

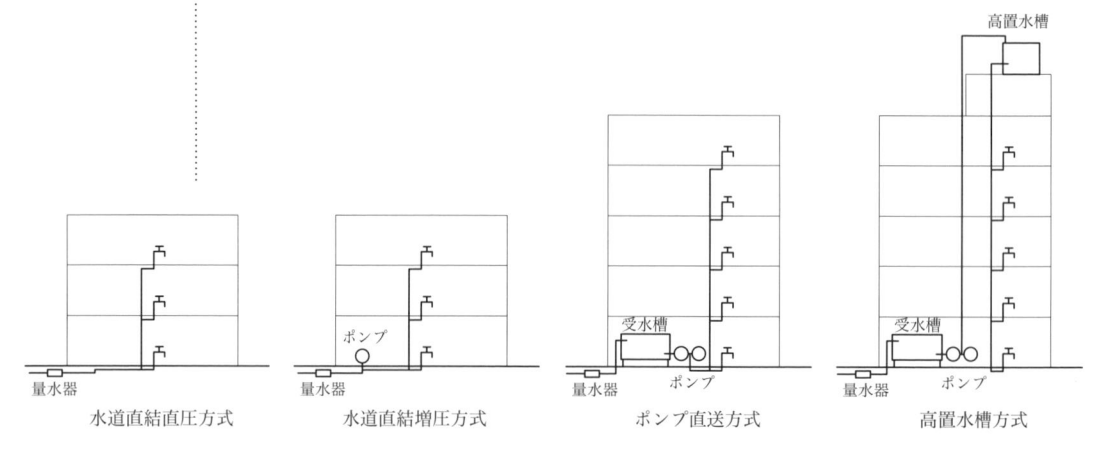

図 4.6-1　給水方式

■水道直結直圧方式
　水道管の水圧によって必要箇所に直接給水するものであり、安全かつ衛生的であり、コストは最も安くなる。水道管の水圧によって揚水するため、3階建て程度の建物に採用する。

■水道直結増圧方式
　水道管に増圧ポンプを直結し、不足する圧力をポンプで増圧して各階の蛇口まで直接水道水を給水する方式である。受水槽を必要としないため、安全かつ衛生的であり、10 〜 15 階建て程度の建物に適応できる。
　採用建物：15 階建て程度までの建物

■ポンプ直送方式
　受水槽を設けてポンプによって必要箇所に給水する方式である。水道直結方式に比較すると、断水時や停電時でも受水槽内に貯留した水の利用が可能となるため、災害時に貯水を必要とする建物に適応できる。
　なお、送水量を変化させる制御方式により、中・大規模の建物は圧力水槽方式に代わってポンプ直送方式が採用されることが多くなっている。
　採用建物：災害時に貯水を必要とする建物、集合住宅、高齢者施設など

■圧力水槽方式
　受水槽を設け、水槽内の空気を圧縮して圧力を上げ、その圧力を加圧して送り出す給水方式である。
　採用建物：災害時に貯水を必要とする建物、集合住宅、高齢者施設など

■**高置水槽方式**

水道水を受水槽に貯水し、ポンプで建物高所の高置水槽に揚水し、重力によって一定に近い水圧で給水する方式である。

しかし、「高置水槽方式」は、設備費が掛かることと水槽の清掃に手間が掛かるため、採用は少なくなっている。

採用建物：一般建物

「**受水槽の設置基準**」

受水槽は、常に衛生的に保守されていなければならないため、衛生上の安全確保の技術基準が定められている。また、受水槽は、屋内または屋外に設置することになるが、受水槽の周囲は十分な点検スペースが必要となる。したがって、屋内に受水槽を設置する場合は、点検スペースを加味した寸法を必要とする（**図 4.6-2**）。

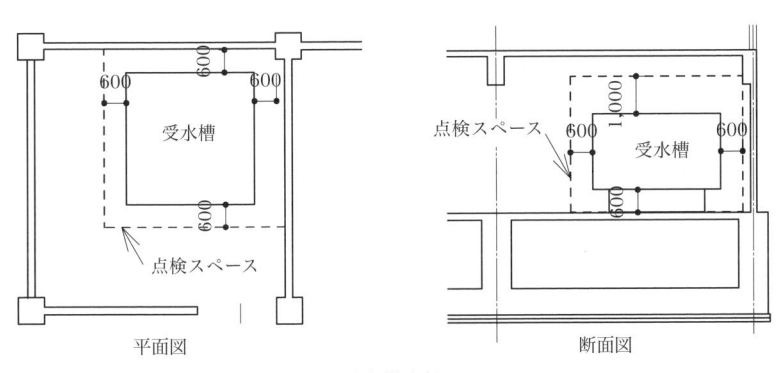

図 4.6-2 受水槽点検スペース

屋外に受水槽を設置する場合は、安全確保のためフェンスなどで囲み、受水槽周囲に点検スペースを設けるようにする。

■出題された給水設備への対応

平成 23 年度「介護老人保健施設（通所リハビリテーションのある5階建ての施設である）」では、「計画の要点等」に以下の項目の記述を求めた。

「地震等の災害に対する設備計画について、「設備の損傷防止」、「停電」及び「断水」のうちから2つ選択し、対応策を記述すること（停電や断水は3日程度を想定する）。」

■**対応例**

受水槽容量は、1日に使用する水量の1/2程度とする。この施設の収容人数は、課題文にあるように99人であるため、約 400 L（1日必要水量）/1人 × 120人（職員含む）÷ 2 ＝ 約 24,000 L（受水槽容量 24 t）となる。

災害時には、被災者1人当たり1日3Lの飲料水を必要とすることが基準となる。したがって、3日分では 1,080 L（3 L × 120人分 × 3日）程度の飲料水が必要となるが、受水槽容量は 24,000 L であるため十分に対応できる。

以上のような内容をまとめて記述する。

受水槽の満水時の貯水量は 80％程度とする。したがって、24tの受水槽の大きさは、3 × 4 m × 高さ 2.5 m ＝ 30 m³（30,000 L）
30,000 L × 80％ ＝ 24,000 L(24 t)となる。受水槽の高さを 2.5 mとしたのは、階高 4.0 m内に納めるためである。

4.7 給湯設備

給湯設備方式は、建物の用途、給湯使用量の変動などを把握し、熱源の供給方法、機器の選定、設置スペース、省エネルギーなどの観点から決定する。

給湯方式を大別すると、中央給湯方式と局所給湯方式になる。

■中央給湯方式

中央給湯方式は、建物に加熱装置を設置し、貯湯槽に蓄えた湯を給湯箇所に供給する方式であり、配管中の湯を常に循環ポンプで貯湯槽より強制的に循環するため、給湯栓から短時間に湯が出る特徴がある。

したがって、中央給湯方式は、ホテル、病院、事務所などの比較的給湯規模の大きな建物に採用される。

■局所給湯方式

局所給湯方式は、給湯箇所の近くに熱源器を設けて給湯する方式であるため、必要に応じて必要温度の湯が簡単に得られる。

したがって、局所給湯方式は、集合住宅、店舗などに多く採用され、中央給湯方式より設備費も安く、維持管理も容易である。

■給湯加熱装置

中央給湯方式の給湯加熱装置には、「ガスまたは灯油給湯ボイラ」があり、局所給湯方式には、「ガス給湯器」、「電気温水器」、「太陽熱給湯器」などがある。

近年では、こうした給湯加熱装置に代わり、空気の熱を利用し高効率なヒートポンプ式で湯を沸かすことができる「自然媒体空冷ヒートポンプ式給湯器」の採用が普及している。

「自然媒体空冷ヒートポンプ式給湯器」は、自然エネルギー CO_2 冷媒を活用した電気式ヒートポンプであり、燃焼部分がないため安全性が高く、夜間の安い電気料金を利用して湯を作ることが可能となるため、ランニングコストと CO_2 排出量の大幅な削減ができる（図 4.7）。

> 「自然媒体空冷ヒートポンプ式給湯器」は、従来の給湯ボイラに比べ、設備スペースは小さくでき、エネルギー効率もよいため、かなり省エネルギー化を図ることができる。

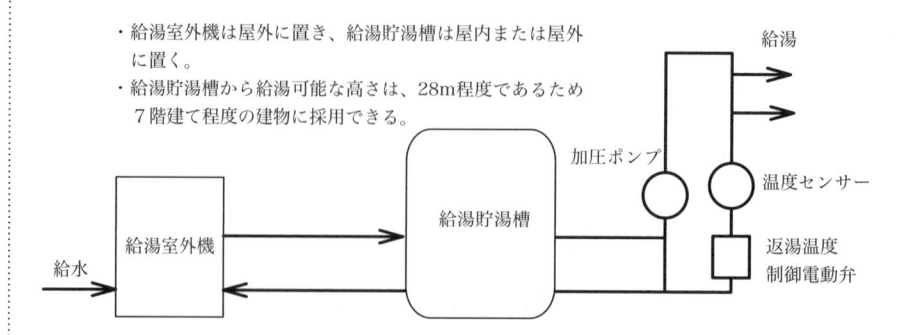

・給湯室外機は屋外に置き、給湯貯湯槽は屋内または屋外に置く。
・給湯貯湯槽から給湯可能な高さは、28m程度であるため7階建て程度の建物に採用できる。

図 4.7　自然媒体空冷ヒートポンプ方式給湯器

■ろ過循環装置

「ろ過循環装置」は、浴槽やプール温水を浄化・滅菌して循環機能をもち、浴槽水の追い炊きを行うことのできる装置である。

したがって、建物に浴室や温水プールなどがある場合、快適な水環境を提供するため「ろ過循環装置」を設置することになる。

■出題された給湯設備とろ過設備への対応

平成26年度「温浴施設のある「道の駅」」では、次のように出題された。

「設備計画について、次の要点等を具体的に記述する。なお、要求図面では表せない部分についても記述する。

浴室の給湯設備において、採用した熱源方式と採用した理由及び熱源機器の設置場所について配慮したこと。」

■対応例

給湯加熱装置は、規模の大きな温浴施設であっても、「自然媒体空冷ヒートポンプ式給湯器」が普及している。

そのため、試験元の「標準解答例②」および「沖縄会場の試験標準解答例」（第8章参照）においても、「自然媒体空冷ヒートポンプ式給湯器」を採用している。

したがって、出題に対し「自然媒体空冷ヒートポンプ式給湯器」を採用し省エネルギー化を図ることの知識を述べることによって、優れた解答となるのである。

また、**平成25年度「大学のセミナーハウス」**では、次のように出題された。

「浴室用の給湯・ろ過設備の設置位置について工夫したこと」についても具体的に記述する。

■対応例

浴室用の給湯・ろ過設備の設置位置については、給湯器は「自然媒体空冷ヒートポンプ式給湯器」とし、ろ過設備は循環と追い炊き機能をもつ「ろ過循環装置」を設置する。

設置場所は、「自然媒体空冷ヒートポンプ式給湯器」は、設備機械室または浴室専用機械室、あるいは屋外に設けることになる。

「ろ過循環装置」は、設備機械室または浴室専用機械室に設置する。

> 「試験元の標準解答例②」にある「浴室の給湯設備の熱源方式は、電動ヒートポンプ」とあるのは、自然媒体空冷ヒートポンプ式給湯器を示していることになる。

4.8 受変電設備

■電力の引き込み方法

電力の引き込み方法は、「地中埋設引き込み」と「架空引き込み」とがある。「地中埋設引き込み」の場合は、公道より「引き込み用高圧キャビネット（ピラーボックス）」を敷地内に設けて電気室に引き込む。

「架空引き込み」は、敷地内に「引き込み柱」を設けて、そこから地中埋設して引き込むか、建物の外壁に電線支持点を設けて引き込む。

■受変電設備の設置

試験の規模の建物は、総使用電力量が50 kVA以上となるため、「高圧受変電設備」が必要となる。「高圧受変電設備」には、「キュービクル型」と「自立開放型」があるが、「キュービクル型」が一般的である。

■キュービクル型受変電設備の特徴

現場で施工が簡単でかつ確実となり、充電部が外部に出ていないため、取り扱いが安全である。また、寸法が決まっているため、電気室の形状に自由に対応できないが、屋外や屋上でも屋外型キュービクルで対応できる。

■キュービクル設置例

キュービクルの点検作業は、専門の電気技師によるため、安全対策のため機械室の中にフェンスで囲んで設置し、キュービクルの点検スペースを周囲1.2 m以上確保する。

また、キュービクルの高さは2.4 m程度であるため、基礎と上部点検スペースを確保すると、階高は4.0 m程度必要となる（図4.8）。

屋上にキュービクルを設置する場合も、点検スペースを確保してフェンスで囲む必要がある。

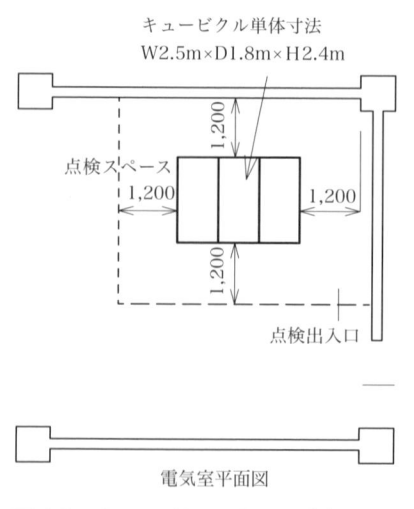

図4.8 キュービクルの設置と点検スペース

■集合住宅の受変電設備

　50 kVA以上の受電容量となる集合住宅への電力供給は、集合住宅建屋内に借室（受電用電気室）を準備し、変圧器類を設置する「屋内方式」が一般的であり、「借室」は、電力会社に無償提供するものであるため、集合住宅の建設に負担となっていた。しかし、近年では大容量（100戸程度）の「集合住宅用変圧器」が開発されたため、試験の規模の集合住宅では「借室」は不要となる。

　したがって、集合住宅の受変電設備は、「集合住宅用変圧器」を設けるか、または公道の電柱上に「柱上変圧器」を設けることになる。

■自家発電設備

　非常時や災害時の停電対策や、屋内消火栓、排煙機などの防災設備の設置のために、自家発電設備が必要となる。

　自家発電機設備の設置は、受変電設備との距離が短く、騒音および振動が問題とならない位置に設ける。

　自家発電設備は、キュービクル型が簡便であり、キュービクル型には屋外型キュービクル発電機と屋内型キュービクル発電機があり、受変電設備と併設することが望ましい。

50kVA以上の集合住宅とは、3LDKで15戸程度となる。

■出題された受変電設備への対応

　平成27年度「**市街地に建つデイサービス付き高齢者向け集合住宅**（基礎免震構造を採用した建築物である）」では、「計画した免震構造の建築物において、大地震等の自然災害が発生した際に、当該建築物の機能が維持され、居住者が一定の期間継続して生活できるように、給排水衛生設備、電気設備等について考慮したこと」を計画の要点等に記述を求めた。

　この出題のポイントは、「自家発電設備を設け、免震層を縦断する設備配管や電気配線は、水平変形追従能力をもたせなければライフラインが寸断されてしまうことになるため、免震部には可撓性のある免震継手を用いて変位吸収できるようにする」ことを求めていることになる。

　また、**平成26年度**「**温浴施設のある「道の駅」**」では、「設備スペースに非常用の自家発電設備を設ける」と出題された。

　この計画における非常用の自家発電設備は、課題文の要求だけをみると、要求室の設備スペースに設けることを指定しているが、屋外に受変電設備と併設して設けることでも可となる。

　これは、設備スペースとは、屋外のスペースをも示すことになるからである（標準解答例①参照）。

4.9 照明設備

　照明計画は、建物の用途や各室、各スペースの特性によって異なるが、試験では、「照明計画が図面に表現しやすいまとまったスペースがある建物」に出題する傾向にある。
　したがって、今後に備え、照明計画全般について成り立ちを覚えておく必要がある。

■建物別照度基準
　JIS（日本工業規格）や照明学会およびISO（国際標準化機構）では、建物の用途別の照度基準を定めており、これらを参考にした「試験に出題されやすい建物別の照度基準の目安」は、次のようになる。

照度基準（単位：lx）	1,000	750	500	300
コミュニティ施設		会議室	多目的ホール	食　堂
図書館		閲覧室	受付カウンター	
美術館	造形物展示	洋画展示		一般陳列
学　校	製図室		教　室	食　堂
ホテル	フロント	エントランスホール	宴会場	ロビー、客室
高齢者施設			機能訓練室	食堂、個室
事務所	製図室	一般事務室	会議室	エレベーターホール
集合住宅			エントランスホール	居間・食堂
店　舗	ショールーム		売　場	

照度基準の測定は、床上0.8 m（机上視作業）、床上0.4 m（座業）、廊下や屋外は床面または地面15 cm以下としている。

■照明計画のポイント
　照明計画は、明るいだけの照明ではなく、照度、照度分布、陰影、グレア（まぶしさ）、光色、演色性など、良好な照明環境を得る必要があり、建物の用途ごとの照明計画のポイントは次のようになる。

「コミュニティ施設（図書閲覧室）」
　机上に適切な照度が得られ、グレアを防止し、落ち着いて読書ができるようにする。

「美術館（展示室）」
　展示品の色彩などを実際のとおり正確に表現し、グレアを防止し、見易く疲れることのないようにする。

「学校（教室）」
　机上に適切な照度が得られ、グレアを防止し、全般照明とする。

「事務所（執務空間）」
　むらなく十分な照度が得られ、グレアを防止し、効率よく経済的な照明計画とする。

「ホテル（全体）」
　暖かみとくつろぎのある雰囲気とし、インテリアと一体となって高級感を漂わせた空間づくりを行う。

■ 照明方式と配置

　照明方式の種類を大別すると、室内に均一な照度を確保するために器具を配列する「全般照明」と、必要な部分の照度を確保する「局部照明」があり、それぞれの特徴をとらえて選択する。

■ 全般照明

　全般照明は、学校の教室、事務所の執務空間、百貨店の売場などに用いられる照明計画である。全般照明の照明器具は、即時に点灯し、グレアを防止するため、蛍光灯が多く用いられてきたが、近年では直管LEDランプが採用されるようになった。また、事務所の執務室などでは、照明器具を組み込んだシステム天井が多く用いられる（図4.9-1）。

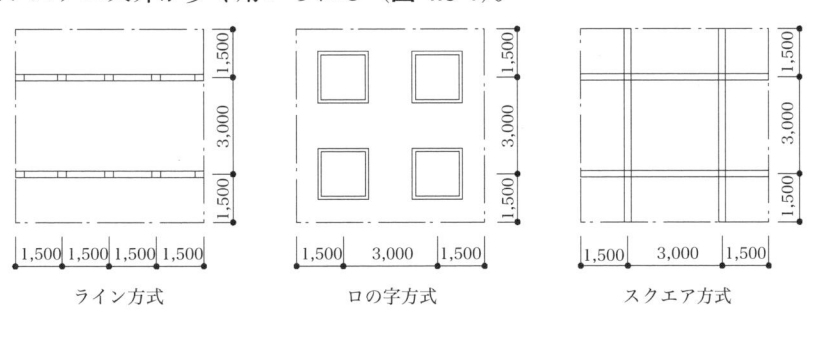

図4.9-1　全般照明の配例

システム天井とは、照明器具、スピーカー、非常用照明、空調吹出口・吸込口、火災感知器などを組み込んで天井を構成し、照度設定によって器具本数を選択するものである。
システム天井によらずに、照明器具のみであっても左図のように配置できる。

■ 局部照明

　「局部照明」は、エントランスホールやラウンジ、食堂などに用いられる照明計画である。照明器具は、白熱電球が用いられてきたが、近年ではLEDダウンライトが採用されている（図4.9-2）。

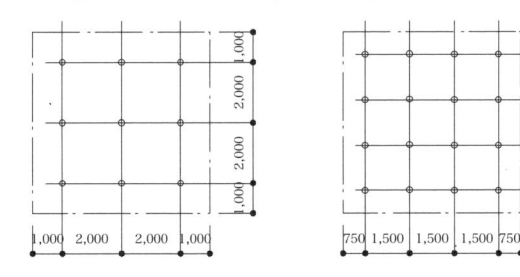

図4.9-2　ダウンライトの配列

照度は、照明器具の容量、所要室の面積、天井の高さ、色彩などによって異なり、この照明配置の寸法は一定の目安となるものである。

■ 出題された照明計画への対応

　平成22年度「小都市に建つ美術館」では、常設展示室の照明計画に応じた照明器具の配置を平面図に記入することを求めた（標準解答例①および標準解答例②参照）。

　平成21年度「貸事務所ビル（1階に展示用の貸スペース、基準階に一般事務所用の貸スペースを計画する）」では、貸事務室の執務スペースに照明器具の配置を記入することを求めた（標準解答例①および標準解答例②参照）。

59

4.10 設備シャフト

■パイプスペース（PS）

PS は、「給水管、汚水管、雑排水管、通気管、冷媒配管」などの配管スペースとなる。したがって、どのような建物であっても各階に2か所以上必要とし、浴室、便所などの水廻りが多い場合は PS を増やすようにする。

一例として、宿泊施設では、宿泊室に水廻りを設置する場合は、各室に PS を設けるようにし、集合住宅では、それぞれの住戸別に1か所設けてメーターボックス（MB）と兼用する。

■ダクトスペース（DS）

DS は、「空調ダクト」、「給気ダクト」、「換気ダクト」、「排煙ダクト」などのダクト配管スペースである。

DS の容量は、「空調方式」、「給気方式」、「換気方式」、「排煙方式」などによって決まる。たとえば、空調方式を「単一ダクト方式」として、空調機を機械室に設ける場合は、空調する階まで到達する DS が必要となる。

また、「機械排煙方式」とした場合は、機械排煙を行う階から屋上に到達する DS が必要となる。

■電気配管シャフト（EPS）

EPS は、「動力幹線」、「電灯幹線」などの電気配管スペースであるが、電灯分電盤や弱電端子盤を組み込む場合と組み込まない場合とでは、スペースの大きさが異なる。

一例として、コミュニティセンターや図書館などでは、電灯分電盤や弱電端子盤を別の位置に設けることが多いため、EPS は比較的小さくて済む。一方、事務所ビルなどでは、EPS 内に電灯分電盤や弱電端子盤などを組み込むことが多いため、広い面積を必要とする。

■事務所ビルの EPS

テナントが各階に入る事務所ビルなどでは、電灯分電盤や弱電端子盤を組み込むため、各階 800 m^2 程度に1か所以上の EPS が必要となる（図 4.10-1）。

> この EPS は、あくまでも事務所ビルの場合である。

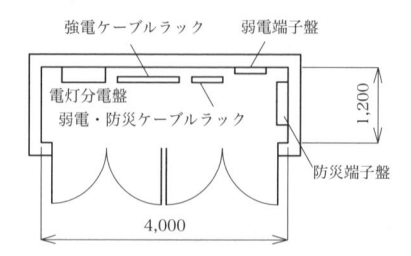

図 4.10-1 事務所ビルの EPS

■集合住宅のPSとMB

集合住宅のPSは、各戸に1か所ずつ設け、各階で同一位置に通すことが原則となる。また、水道、ガス、電気などのMBと兼用するため、有効寸法は500 mm以上確保する（**図 4.10-2**）。

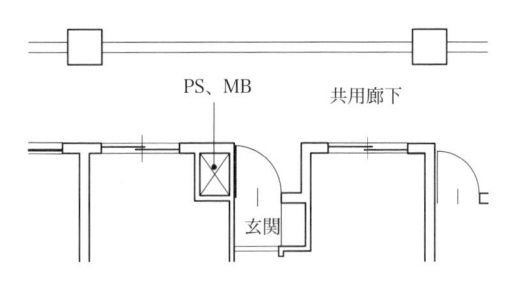

図 4.10-2　集合住宅のPSとMB

■出題された設備シャフトへの対応

平成 24 年度「**地域図書館**（段床形式の小ホールのある施設である）」では、「小ホールの空調機械室の位置と給気・還気ダクトのルート（ダクトスペース）について工夫したことを記入する」ことを求めた。

■対応例

小ホールの空調は、「単一ダクト定風量方式」が一般的である。なぜなら、「定風量方式」は、常に送風量が一定なのでホール建築に適しているからである。

したがって、小ホールは、空冷ヒートポンプ方式またはAHU方式を選択し、専用機械室、あるいは中央機械室に設けた空調機による「単一ダクト定風量方式」とし、暖房は、客席下をチャンバーにして下方から送風し、冷房は、天井面から超低速で吹き出すことが有効なシステムとなる。

また、**平成 21 年度**「**貸事務所ビル**（1階に展示用の貸スペース、基準階に一般事務所用の貸スペースを計画する）」では、「設備スペース及び設備シャフトの配置計画について、配慮したこと」を求めた。

■対応例

貸事務所ビルにおける空調方式は、各階のテナント構成を考慮すると「各階ユニット方式」が適している。「各階ユニット方式」は、各階に専用機械室を設け、各スペースにダクティングすることになる。したがって、各階に空調機械室を設けて空冷ヒートポンプ方式またはAHU方式を選択し、ペリメーターゾーンの負荷処理を行うために窓台内（または天井内）にFCU（または空冷ヒートポンプ方式による送風）を併用して良好な空調環境を創出する。

また、建物の屋上には空調設備室外機、受変電設備、および排煙機などを設置する。

チャンバーとは、空調ダクト用の空気室のことで、床下を密閉した箱状にしたもの。

第5章
法規の知識

試験では、建築基準法の知識は不可欠であるが、学科試験とは異なり覚えるべき項目は多くはない。しかし、項目こそ多くはないが、見落として計画すれば致命的な減点に結びついてしまうため、必要となる項目をしっかりと覚えておくことが大切である。また、計画上どうしても成立しない場合以外は、ぎりぎりの計画をせず、利用者や管理者および周辺環境に対する配慮を行い、印象のよい設計を行うべきである。

5.1 建ぺい率・床面積

■建ぺい率

建ぺい率は、試験では計画を左右するきびしい条件を出題することが多いため、配置計画や建物のボリュームの決定に際し、十分に注意して計画する必要がある。

■床面積の算定

容積率の限度は、課題条件に従い延べ床面積の合計の範囲内であれば特に問題はない。しかし、床面積の算定方法は、その年度によって異なるので注意する。

■**実際に出題された床面積の算定と建ぺい率への対応**

平成27年度「市街地に建つデイサービス付き高齢者向け集合住宅（基礎免震構造を採用した建築物である）」では、床面積の算定は、「ピロティ、塔屋、バルコニー、屋外階段およびエレベーターシャフトは算入しない」となった。

これは、従来の集合住宅の容積率の緩和条件に加え、建築基準法の改正に沿って出題されたものである（下線表示部分）。

建築基準法の改正は、「エレベーターは、バリアフリーの観点から設置等を促進する必要がある一方で、同時に使用される床面積はかご数分に限られ、エレベーターの昇降路の部分全体を容積率不算入としても、インフラに与える影響が軽微であると考えられる」ためである。

しかし、出題された小荷物専用昇降機は、建築基準法に基づく「エレベーター」に該当しないため、床面積不算入の対象とならない。したがって、この課題の床面積の算定には時間が掛かることになった。

また、**平成25年度「大学のセミナーハウス」**では、建ぺい率は60%であり、**平成24年度「地域図書館（段床形式の小ホールのある施設である）」**では、建ぺい率は70%であったため、建ぺい率オーバーのために失格者が多く出た。

つまり、建ぺい率が60〜70%となると、計画はかなりきびしくなるため、建ぺい率のチェックを怠りなく行う必要がある。

> バルコニーや庇は、1m以上突出した部分は建ぺい率に算入する。平成25年度「大学のセミナーハウス」では、バルコニーを設けるようになっていたため、建ぺい率オーバーになってしまうケースが続出したのである。

5.2 道路斜線制限

建物が3階以上になると、道路斜線制限のチェックを必要とする敷地が出題される場合があるので注意する。道路斜線制限の緩和は多いが、下記に示す緩和条件で対応できる。

1. 建物をセットバックさせ、前面道路側に空地を設けた場合はセットバック分だけ前面道路の反対側の境界線が移動したものとして緩和される。
2. 前面道路が2つ以上ある場合は、幅員の広い道路により緩和される。
3. 道路の反対側に公園や川などがある場合は緩和される（**図 5.1-1**）。

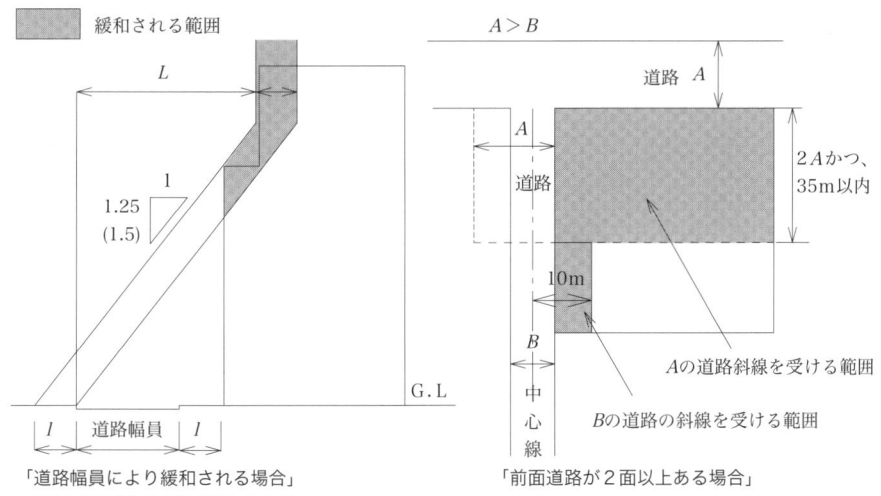

「道路幅員により緩和される場合」
「前面道路が2面以上ある場合」
・Lは、容積率に応じて定められる
・lは、セットバックさせ前面道路側に空地を設けた場合

図 5.1-1

■出題された道路斜線制限

平成 21 年度「**貸事務所ビル**（1階に展示用の貸スペース、基準階に一般事務用の貸スペースを計画する）」では、道路斜線制限を受ける三角状のわずかなスペースがあることにより計画の難易度を高めた（**図 5.1-2**）。また、遡ること**平成 13 年度**「**集合住宅と店舗からなる複合施設（3 階建）**」では、前面道路の反対側に道路斜線制限を受ける部分があり、注意して計画する必要があった（**図 5.1-3**）。

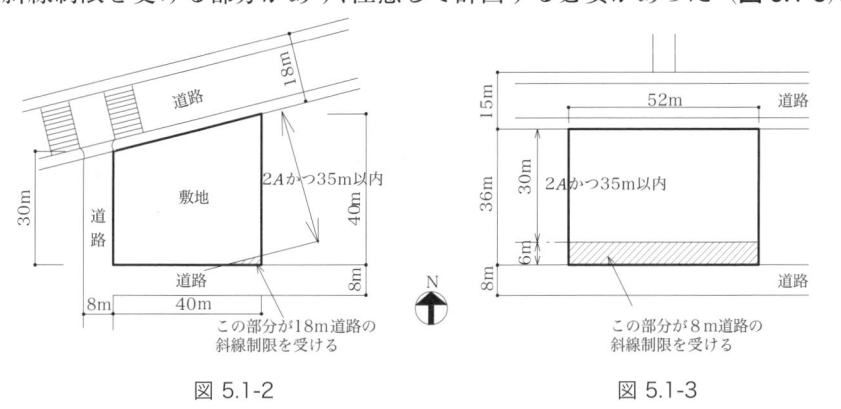

図 5.1-2

図 5.1-3

5.3 階段

■一般施設の階段の設置

一般的な施設の階段は、2つ以上の設置を原則とし、2つの階段とも「屋内階段」として計画する。これらの2つの階段は、主に利用者が使用するメイン階段と、管理者用や避難用に利用するサブの階段とに分けられるが、メイン階段と管理者用の階段は、二方向避難に影響を及ぼさないようにバランスよく離して配することにより、歩行距離重複区間距離をクリアさせることにもつながる。

また、一般的な施設でも歩行距離重複区間距離に問題が生じる場合は、3つ目の階段（屋内階段または屋外階段）を設置する方法がある。

■集合住宅の階段の設置

集合住宅の場合は、メイン階段は「屋内階段」とし、サブの階段は「屋外階段」とするのが一般的である。

■事務所ビルの階段の設置

事務所ビルは、2つ以上の階段の設置を原則とし、メイン階段とサブの階段とも「屋内階段」とし、コアの中に入れる。

■建物別による階段の規定

	階段の種類	階段幅 cm	蹴上寸法 cm	踏面寸法 cm	踊場位置
①	劇場、公会堂、集会場等の客用	140 以上	18 以下	26 以上	高さ3mごと
②	物販店舗（床面積合計＞1,500 m²）				
③	直上階の居室の床面積200 m²以下の地上階用	120 以上	20 以下	24 以上	高さ4mごと
④	①～③以外および住宅以外の階段	75 以上	22 以下	21 以上	
⑤	屋外階段	90 以上	それぞれ①～③に定める数値		
⑥	バリアフリー法適合階段	140 以上	16 以下	30 以下	高さ3mごと

■直通階段に至る歩行距離

	居室の種類	歩行距離（内装不燃）	重複区間距離（内装不燃）
①	無窓の居室（有効採光面積＜居室の床面積×1/20）	40 m 以下	20 m 以下
②	百貨店、展示場、飲食店、物販店舗などの主用途の居室	40 m 以下	20 m 以下
③	診療所（患者収容のもの）、ホテル、共同住宅、寄宿舎、児童福祉施設などの主用途の居室	60 m 以下	30 m 以下
④	①②③以外の居室	60 m 以下	30 m 以下

■階段配置の原則

階段は、どのような施設であっても、二方向避難を考慮して2つ以上の階段をバランスよく離して配置することが原則となる（**図 5.2-1**）。

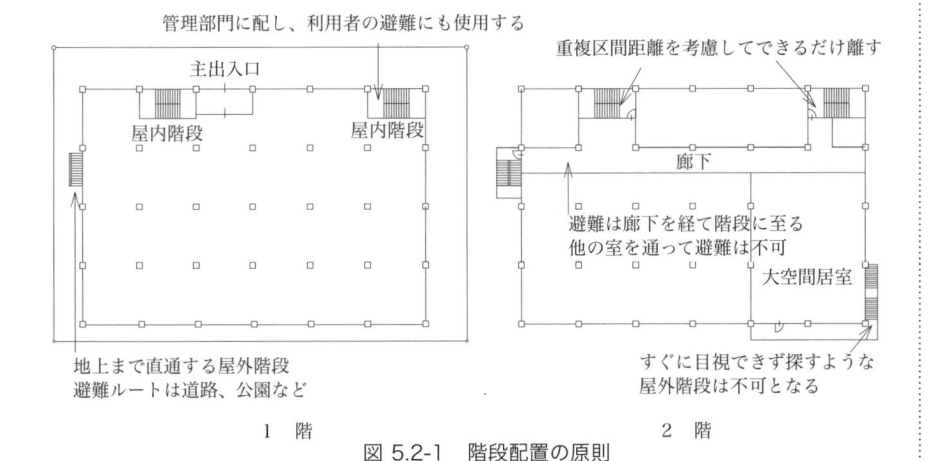

図 5.2-1　階段配置の原則

■避難階段の構造

5階建て以上の階段は、「避難階段」とする。「避難階段」の構造は、階段から2m以内に出入口以外の開口部を設ける場合は、1 m^2 以内のはめ殺し（防火構造）とする。これは、5階建て以上の屋外階段であっても同様である（**図 5.2-2**）。

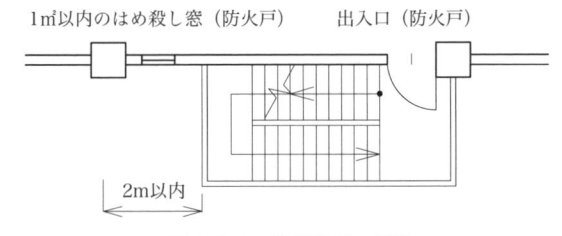

図 5.2-2　避難階段の構造

■歩行距離重複区間距離

「歩行距離重複区間距離」とは、図中「Ⓐの人がⒷの1つ目の階段が目視できて避難できる距離」を示す。たとえば、階段までの歩行距離の規定が60 m 以内の場合は、Ⓐの人はⒷの1つ目の階段が30 m 以内で目視できて避難できる距離としなければならない（**図 5.2-3**）。

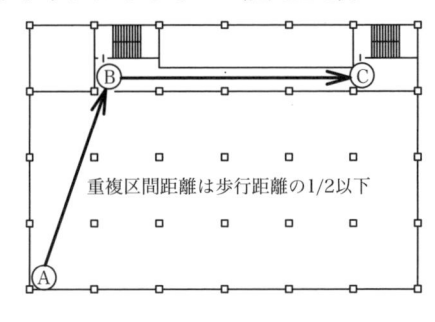

図 5.2-3　歩行距離重複区間距離

「歩行距離重複区間距離」をクリアするには、階段はできるだけ離して計画し、クリアできない場合は屋外階段などを設ける。

5.4 防火区画

防火区画には、「面積区画」、「竪穴区画」、「異種用途区画」、「高層区画」がある。

「異種用途区画」は、同一建物に2つ以上の異なった用途があり、利用者、使用時間、管理形態、この3つの要素とも異なる場合に適用される。しかし、試験では「複合用途」の出題はないため、これらの3つの要素とも異なる建物はなく「異種用途区画」は適用されないことになる。

また、「高層区画」は、11階以上の建物に適用するため、試験では「面積区画」と「竪穴区画」について検討することになる（**図 5.3**）。

■面積区画

「面積区画」は、2階建ての場合、床面積1,500 m² 以内ごとに防火区画を行うものであるが、試験における施設の延べ床面積は1,500 m² 以上となるので必ず対応することになる。

2階建ての場合は「面積区画」のみ対応するため、階段は1階か2階のどちらかで「防火区画」することになる。

しかし、次頁にあるように、床面積が1,500 m² を超えても、必ずしも面積区画をする必要はないのである。

■竪穴区画

「竪穴区画」は、階段、エレベーター、吹抜け、PS、DS、EPS など、3層以上となる竪方向の穴を防火区画するものである。

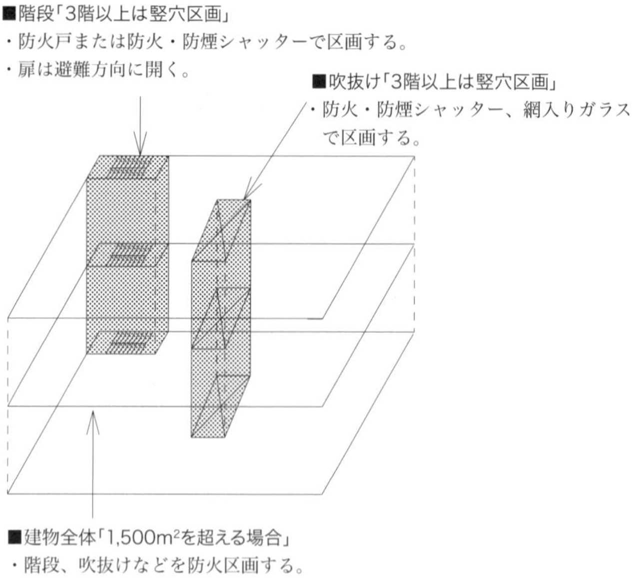

■階段「3階以上は竪穴区画」
・防火戸または防火・防煙シャッターで区画する。
・扉は避難方向に開く。

■吹抜け「3階以上は竪穴区画」
・防火・防煙シャッター、網入りガラスで区画する。

■建物全体「1,500m²を超える場合」
・階段、吹抜けなどを防火区画する。

図 5.3　防火区画

■出題された防火区画への対応
「面積区画の実際」

2階建ての場合、建物の1階と2階の床面積の合計が1,500 m²を超える場合であっても、必ずしも面積区画をする必要はない。

これは、階段、エレベーター、機械室、倉庫などは、個々に防火区画ができるためである。

つまり、1階と2階の床面積の合計面積が2,000 m²程度であっても、こうした判断によって面積区画はしないことができるのである。

これは、出題された内容を検証すると顕著であることが分かる（第8章・標準解答例参照）。

■平成26年度「温浴施設のある「道の駅」」の例
要求床面積合計 1,800～2,200 m²
標準解答例①計画床面積合計 2,015 m²
標準解答例②計画床面積合計 1,962.5 m²

■平成26年度「温浴施設のある「道の駅」」沖縄県会場の例
要求床面積合計 1,800～2,200 m²
標準解答例　計画床面積合計 2,051.1 m²

■平成25年度「大学のセミナーハウス」の例
要求床面積合計 1,500～1,800 m²
標準解答例①計画床面積合計 1,752 m²
標準解答例②計画床面積合計 1,716 m²

■平成24年度「地域図書館（段床形式の小ホールのある施設である）」の例
要求床面積合計 1,800～2,200 m²
標準解答例①計画床面積合計 2,178 m²
標準解答例②計画床面積合計 2,183 m²

■平成22年度「小都市に建つ美術館」の例
要求床面積合計 1,800～2,200 m²
標準解答例①計画床面積合計 2,070.4 m²
標準解答例②計画床面積合計 2,108 m²

以上のように、標準解答例では、階段、エレベーター、機械室、倉庫だけでなく、所要室のうち防火区画をし易い室を防火区画することを想定し、面積区画はしていないことが分かる。

したがって、こうした判断によって、作図のみならず、計画全体の時間の短縮化を図ることができることを覚えておきたい。

実際の建物でも、1階と2階の床面積の合計が1,500 m²を超える場合であっても、できるだけ防火区画はしないように工夫する。
なぜなら、建物は防火区画がないほうが使いやすいからである。

5.5 バリアフリー法

本格的な高齢者社会が近づきつつある現在、公共施設、大規模施設などの建設については、バリアフリー法（高齢者、身体障害者等の移動等の円滑化に関する法律）の適用を考慮することになる。

■バリアフリー法の種類

　バリアフリー法の適用を受ける建築物には、「特定建築物」と「特別特定建築物」があり、「特定建築物」に指定されている施設は、バリアフリー法に適合努力義務があり、「特別特定建築物」は延べ面積 2,000 m^2 を超える新築、増築、改築、用途変更などに際し、必ず適合させなければならない。

　また、バリアフリー法には「建築物移動等円滑化基準」と「建築物移動等円滑化誘導基準」があり、「建築物移動等円滑化基準」は、高齢者等の利用を阻む障壁を除去する水準を示し、「建築物移動等円滑化誘導基準」は、高齢者等が円滑に利用できる水準を示すものである。

■特定建築物に指定する建物
- 診療所、劇場・観覧場、集会場・公会堂、展示場、図書館、美術館、物品販売を営む店舗、ホテル、事務所、共同住宅、老人ホーム、老人福祉センター、保育所、体育館、水泳場など。

■特別特定建築物に指定する建物
- 診療所、劇場・観覧場、集会場・公会堂、展示場、図書館、美術館、物品販売を営む店舗、ホテル、老人ホーム、福祉ホーム、体育館（一般公共の用に供されるもの）、水泳場など。

■バリアフリー法（建築物移動等円滑化誘導基準）の主な項目

項　目	構　造
主要な出入口	内法 1.2 m 以上
一般出入口	内法 90 cm 以上
廊　下	内法幅 1.8 m 以上。段差がある場合はスロープを設ける（ただし、内法幅 1.4 m 以上とした場合は 50 m 以内に車いすの回転スペースを設ける）
スロープ	内法幅（階段に代わる場合 1.5 m 以上）、（階段と併用する場合 1.2 m 以上）勾配 1/12 以下。スロープの高さ 75 cm 以上の場合は、高さ 75 cm ごとに幅 1.5 m 以上の踊場を設ける。
階　段	内法幅 1.4 m 以上、踏面 30 cm 以上、蹴上 16 cm 以下、両側に手すりを設置し、主な階段には回り段をつけない。
便　所	車いす用を 1 以上設置する。
エレベーター	13 人乗り以上
車いす用駐車場	出入口に近い位置とする。 幅 3.5 m 以上とする。 出入口から車いす用駐車場へ段差のある場合はスロープを設ける。

■バリアフリー法の適用範囲

　バリアフリー法の適用範囲は、不特定かつ多数の利用者が使用する部分に限られるため、管理部門には適用されない。また、階段は、主要な階段についてのみ適用を受け、サブの階段や屋外階段は適用を受けない（**図 5.4**）。

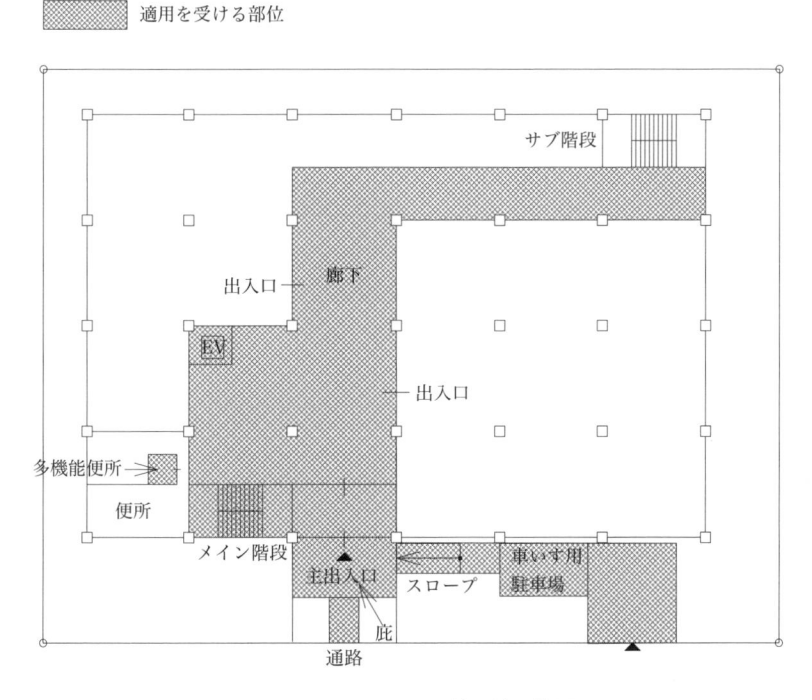

図 5.4　バリアフリー法の適用範囲

■出題されたバリアフリー法への対応

　新試験制度となった平成 21 年度からすべての課題で、「計画に当たっての留意事項」には、「建築物はバリアフリーに配慮する」と出題される。

　したがって、計画に際してはバリアフリー法に定める項目を満足させなければならない。

　さらには、**平成 24 年度「地域図書館**（段床形式の小ホールのある施設である）**」**では、「計画の要点等」にも「バリアフリーについて工夫したこと」の記述を求めた。

　これは、建物全体はもとより、特に「段床形式の小ホール」へのアプローチのバリアフリー化について計画上の配慮を求めたものである。

第6章
エスキース法

設計製図試験は、計画力と製図力を総合的に判断する試験であるが、製図力については、ある程度の学習を行うことによって比較的容易に修得できる。しかし、計画力については、短期間に修得することは難しく、多くの受験者が不得手としている。

加えて、近年の試験は計画力を重視する傾向にあり、試験においては、計画力を表すもののすべてはエスキースにある。

エスキースとは、いわば図面をかくための下がきであるが、本章では、試験向きのエスキース法を、計画の不得手な受験者であっても確実に修得できるように、分かりやすく解説するものである。

■**エスキースの手順**

エスキースの手順は、全体を構成する大きな項目の検討から、しだいに小さな項目の検討へ至る方法がよく、小さな項目を気にするあまり、大きな項目を見失うようなことは避けなければならない。

したがって、エスキースに際しては、課題文に要求される諸条件を分析し、計画する施設の骨格を検討をしながら、エスキースの決定に至るのが一般的な手順である。

しかし、エスキースの作業は、決してスムーズに進んでいくものではなく、少し進めては、課題文を読み直して諸条件の確認を行い、再び施設の骨格の検討を行うなど、試行錯誤を繰り返しながら決定に至るものなのである。

> 試験向きのエスキースの手順は次のようになる。
> ① 課題文を読みとる
> ② 環境条件を読みとる
> ③ アプローチの目安をつける
> ④ 配置計画
> ⑤ 柱スパンを決める
> ⑥ 建物のボリュームをつかむ
> ⑦ 面積計画
> ⑧ 設置階を決める
> ⑨ ゾーニングと動線計画
> ⑩ 平面計画とプランニング
> ⑪ 断面計画
> ⑫ エスキースの決定

> エスキース力をつけるには、数多くの演習課題をやみくもにこなすのではない。1課題1課題じっくりと、意匠、構造、設備の知識を確認し、密度をあげながらトレーニングすることによって、確実にステップアップし身についてくるものである。

■エスキースの表現

エスキースは、課題文の設計条件を読みとり、作図をするためのラフプランをつくることであるが、作図は、エスキースを見ながらかくことに徹するのがスピードアップのコツでもある。

急ぐあまり、中途半端な状態のエスキースで作図に入ってしまうのをよく見かけるが、作図の途中で後戻りをしたり、考え込んだりして、かえって時間がかかるものである。

したがって、作図の途中で後戻りをしないためにも、エスキースに際しては、作図をするためのすべての情報を、分かりやすく間違いのないように表現しておくことが大切である。

よいエスキースとは、次の項目を記入してあるエスキース図である。

1. 主アプローチ、副アプローチ、管理用アプローチなど
2. 屋外施設（広場、駐車場、駐輪場など）のボリュームなど
3. 建物のボリューム、柱スパンと所要室の間仕切り位置、室名など
4. エレベーター、階段、PS、DS、EPSの位置など
5. 要求された所要室などの面積など
6. その他課題文で特に要求された事項

■課題文は3回読む

課題文は、見落としがないように3回読むことが大切である。これは、あまりにも当たり前であるが、試験場は独特な雰囲気があるためか、ふだん優秀な受験者であっても見落としをしてしまい、エスキースのやり直しや見落としが多いからである。また、要求された項目を見落としたまま、試験終了まで気づかずにいる受験者も意外に多いのである。

■見落としが起きない課題文のチェック法

多くの受験者は、課題文の読み初めから蛍光カラーペンなどを用いて要点をマーキングする。しかし、いったんマーキングすると、蛍光カラーペンは重ね塗りがしにくく、また、マーキングを見て、エスキースに取り込めた、と安心してしまうためか、結果として見落としてしまうことが往々にして起きる。

① エスキースの初めは、概要をつかむために読む（約5分程度、鉛筆でチェック）。
② 次に、詳細をつかむ（約10分程度、鉛筆でチェック）。
③ エスキースが終わるときに、課題文とエスキース図を照合しながらマーキングしてチェックする（約5分程度）

これが、見落としが起きない課題文のチェック法である。

思い込みによる見落としは、最初からマーキングしてしまうことによって起きることが多い。この課題文のチェック法を行えば、見落とすことは起きない。

6.1　環境条件を読みとる

環境条件を読みとることは、建築設計の基本事項であるが、試験においても環境条件の読みとりが適切であるかどうかは、計画を決定づける重要な要素となる。したがって、課題文に明示されている敷地図によって、計画する施設の所要室を「敷地のどの位置に配し、どの方向に向けるのか」を瞬時に読みとりができるようにする。

周辺環境の読みとり方を覚えることは決してむずかしいことではなく、敷地の立地条件を一見したとき、ごく常識的な判断を行えるようにトレーニングすればよい。

つまり、施設の所要室のうち、自然採光と通風、眺望、プライバシーなどの確保を考慮し、快適な空間としなければならない所要室は、周辺環境の優れた方向に向ける。

■環境条件の読みとりによってすべては決まる

初めに周辺環境の読みとりを間違えれば、エスキースの優劣を決定づける重要な設計条件を見落としたことになり、いかなる図面をかいたとしても合格は難しくなる。つまり、すべては「環境条件の読みとりによって決まる」といっても過言ではない。

■環境条件読みとりの順序

敷地に、環境の優れた方向から順位をつける。これは、利用者ゾーンの所要室はできるだけ優れた環境の方向に向けるようにするためである。

図6.1は、標準的な試験向きの敷地を示しているが、最も優れた方向は、公園、遊歩道、川、湖などのある南側方向となる。しかし、西側の一戸建て住宅地や集合住宅などの方向は、プライバシーの確保の観点から、建物の利用者ゾーンの窓などの開口部は向けられないため、最も環境条件のきびしい方向になる。

この敷地の場合、東側や北側は道路があるため、所要室の窓を向けられると判断するが、利用者ゾーンを西側に置き、所要室の窓を西側に向けるような計画では合格は望めない。

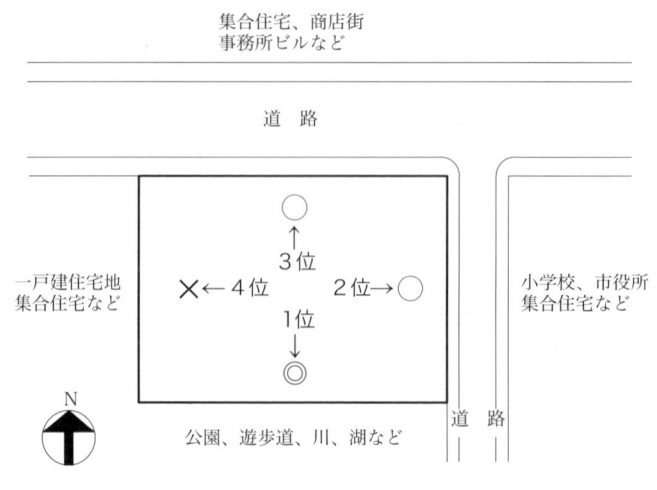

図 6.1　環境条件読みとりの順序

6.2　アプローチの目安をつける

　利用者のアプローチは、敷地の中央付近に配することによって、動線が単純化してまとまりがよく、利用者と管理者の動線の明確な分離を図ることにもつながる。

　これは、利用者のアプローチを敷地の端付近に設定すると、計画に支障が起きてしまい、再びアプローチの設定をやり直す羽目になることが多いからである。

　また、利用者のアプローチを遊歩道や公園などからも求める場合があるが、やはり、敷地の中央付近に配することによって、動線が単純化してまとまりはよくなるのである。

■敷地が2つの道路に面する場合

　敷地が2つの道路に面する場合は、利用者のアプローチは歩道のある広い道路からとし、歩道のない道路を利用者のアプローチとする計画は不可となる。

　管理者のアプローチには歩道は付いていなくてもよいため、管理ゾーンをひとまとめにして利用者ゾーンとの動線の交差を起こさないようにする。

■敷地が1つだけの道路に面する場合

　敷地が1つだけの道路に面する場合は、利用者と管理者のアプローチはできるだけ離すことが大切である。

　これは、屋内において利用者と管理者の動線の交差が起きにくくなるからであり、利用者のアプローチと管理者のアプローチが接近しすぎると、利用者と管理者の動線が交差を起こしてしまうからである。

　さらには、管理者のアプローチは環境条件の劣る方向からとすることも重要である。なぜなら、環境条件の優れた方向に管理者のアプローチを設けると、利用者ゾーンが環境条件の劣る方向にまとまってしまうことになるからである。

■道路を有効に活用する

　計画に際しては、道路を有効に活用することは建築設計の基本となる重要なポイントでもある。

　したがって、敷地が2面道路に面するのに利用者のアプローチのみ道路を利用し、管理者のアプローチは道路を利用しないような計画は、「道路の有効活用を図る」との観点から不可となる。

■駐車場へのアプローチ

　駐車場へのアプローチは、利用者の安全を図るため、歩行者路および自転車路と交差しないようにし、自動車の出入口は交差点や横断歩道から5m以上離すようにする。

> 試験では、歩道の付いていない道路を利用者のアプローチとすれば減点は大きい。

6.3 出題された環境条件の読みとりへの対応

■平成27年度「市街地に建つデイサービス付き高齢者向け集合住宅(基礎免震を採用した建築物である)」

　集合住宅の住戸と高齢者施設の主要な所要室は、南側公園に向けることが原則となる。これは、わが国の気象条件を考慮して一般的な建物の計画を行う場合、おのずと採光と通風を取り入れるために所要室を南側に配することが原則となるからである。また、レストランおよびギャラリーについては、商店街との連続性を配慮することを求めているため、東側歩行者専用道路に面して出入口を設けるようにする。したがって、利用者のアプローチは北側からとなり、管理ゾーンは西側にまとめることになる。

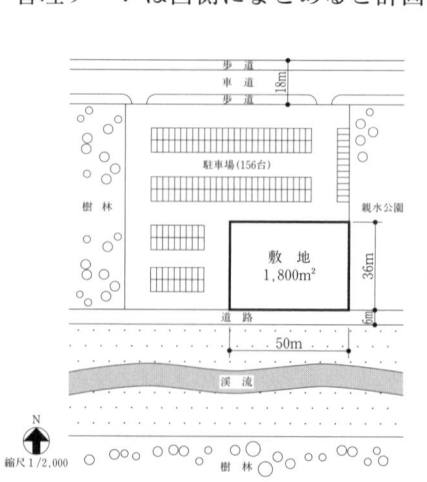

> この課題のように、利用者の主アプローチを北側から行う北入りの計画は、南入りや東入り(あるいは西入り)に比べて、所要室を南側に配することが比較的容易にできるため、多くの受験者が対象となる試験では採用されやすい。
> 試験における北入りの計画の敷地条件は、北側に道路を設定し、南側に環境条件の優れた公園、遊歩道、川、湖などを設定することが多い。

■平成26年度「温浴施設のある「道の駅」」

　この施設は、道の駅のみならず、東側にある親水公園の利用者のための施設ともなるとの判断をする必要がある。また、南側にある道路沿いの渓流は、絶好の環境条件であることは明らかなので、利用者の主な所要室の多くは南側に向け、残った所要室を東側や西側に向けるようにする。

　利用者のアプローチは、北側駐車場から敷地の中央付近に設けると計画のまとまりがよく、管理ゾーンは西側にまとめると計画はしやすくなる。

> 南側道路に歩道がないため、管理ゾーンを南側にまとめてしまうと、環境条件の最も優れた渓流を望むことができない計画となってしまう。このため、管理ゾーンで南側を埋めてしまうような計画はすべて不合格となった。

■平成26年度「温浴施設のある「道の駅」」［沖縄会場］

　この計画は、東側にある湖方向が環境条件1位であることは明らかなので、所要室の多くは東側に向けるようにする。また、利用者のアプローチは、建物の間口が広い西側の中央付近に設ける。

　このように、主アプローチを西側から行う西入りの計画であっても、北入りの計画と変わらない。つまり、北入りの計画を縦長にすることによって西入りの計画となるからである。

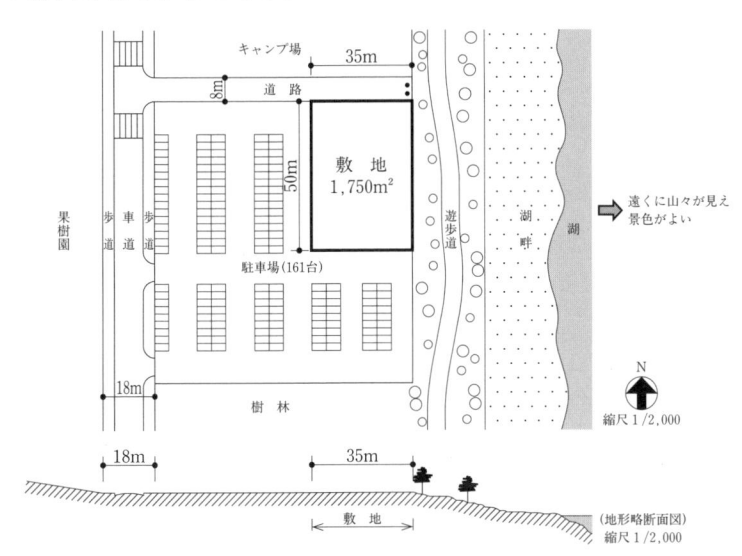

沖縄会場の試験は、台風の影響で延期されたため異なった問題文となったが、敷地条件は全国会場の試験と比べるとわかりやすい。

■平成25年度「大学のセミナーハウス」

　南側の湖方向が環境条件1位であるのは明らかなので、所要室の多くは南側に向け、利用者の所要室は西側には向けないように計画する。

　では、なぜ、西側には所要室を向けられないと判断するのか。

　西側には企業研修所の開口部（窓や出入口）が存在すると考えるべきであり、この方向に利用者の所要室を向けるようなことをすれば、互いのプライバシーを守ることは難しいからである。したがって、西側には管理ゾーンをまとめるようにするのである。

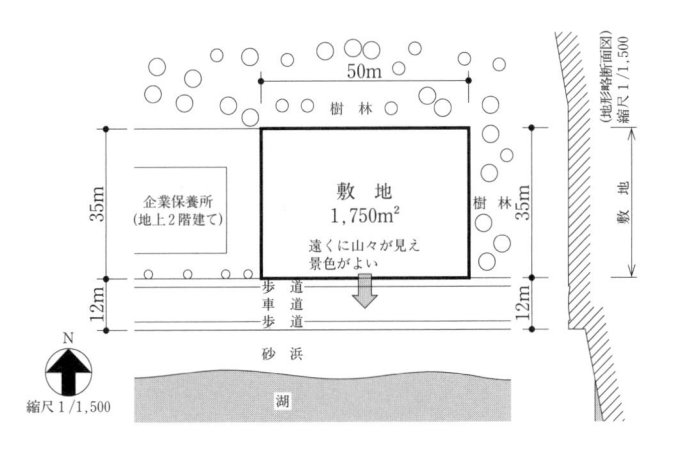

環境条件4位となる西側に所要室の多くを向けるような計画を行った場合、この時点で不合格となる。

第 6 章　エスキース法

■ 平成 24 年度「地域図書館（段床形式の小ホールのある施設である）」
　環境条件に順位をつけると、北側の公園方向が 1 位となる。なぜなら、日照条件は明らかに南側がよいが、この建物は「図書館」であることから、優れた読書環境を求める閲覧スペースに直射光が入ることは避けなければならないためである。
　利用者のアプローチは、敷地の中央付近に設定し、管理のアプローチは東側道路に設定することにより、互いの動線は明確に分離できることになる。

図書館のみならず、「執務空間」や「アトリエ」などは、直射光が入らない北側がよいとするのは、建築設計の基本事項でもある。

この計画のように、利用者の主アプローチを南側から行う南入りの計画は、敷地の中央付近の間口が主アプローチのスペースにとられるため、1 階において計画が難しくなる。

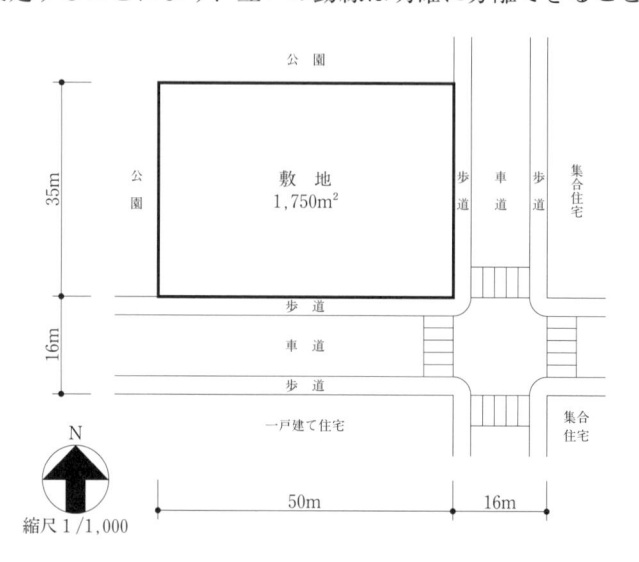

（敷地図：1,750 m²、縮尺 1/1,000）

■ 平成 23 年度「介護老人保健施設（通所リハビリテーションのある 5 階建ての施設である）」
　南側公園方向に主要な所要室を配し、療養室は東側と西側に向ける。
　北側の病院方向に療養室を向ける場合は、互いのプライバシーを守るために、敷地境界より一定の距離を離して計画しなければならない。
　利用者のアプローチは歩道の付いている西側道路からとし、管理者のアプローチは東側道路からとする。

北側病院側へ一定の距離を離さずに直接所要室を向けるような計画は不合格となった。

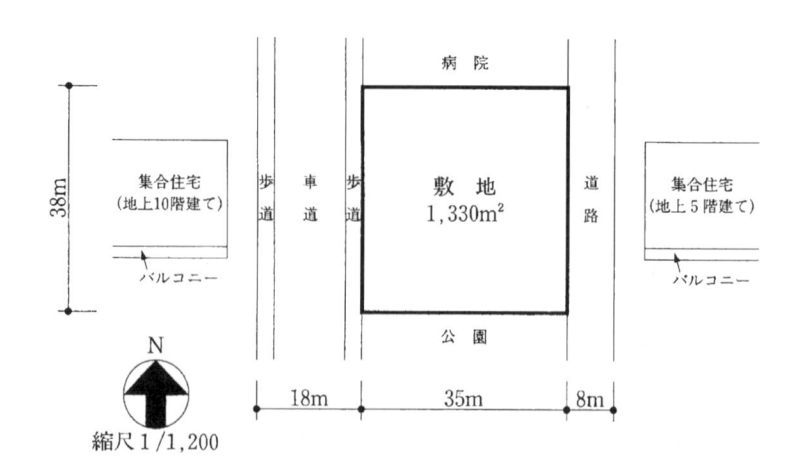

（敷地図：1,330 m²、縮尺 1/1,200）

80

■平成 22 年度「小都市に建つ美術館」

　南側の川の方向を環境条件 1 位と判断し、できるだけ主要な所要室の多くを向けるように計画する。

　東側は公園駐車場であるので、仮に建築物を建てる場合であっても、周辺に対して一定の配慮は行われるため、環境条件は悪くはないが、東側道路側には管理ゾーンをまとめることになる。

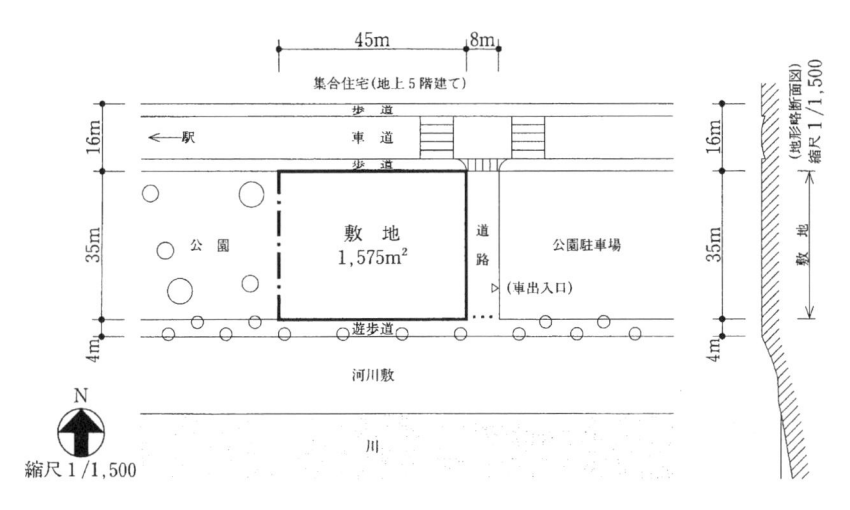

東側道路側は搬出入のアプローチとなるため、後方部門をまとめることになる。

■平成 21 年度「貸事務所ビル(1階に展示用の貸しスペース、基準階に一般事務室の貸しスペースを計画する)」

　北側を環境条件 1 位と判断し、事務所ビルのファサード（正面）は大通りに向けるようにする。

　北側を環境条件 1 位としたのは、1 階ショールームの商業建築としての街との活性化を図ることを考慮したものである。つまり、北側道路は広く歩道付きであることや、道路の反対側には商店街があることから、ショールームの顔を向けるにふさわしい方向である、と判断すべきだからである。

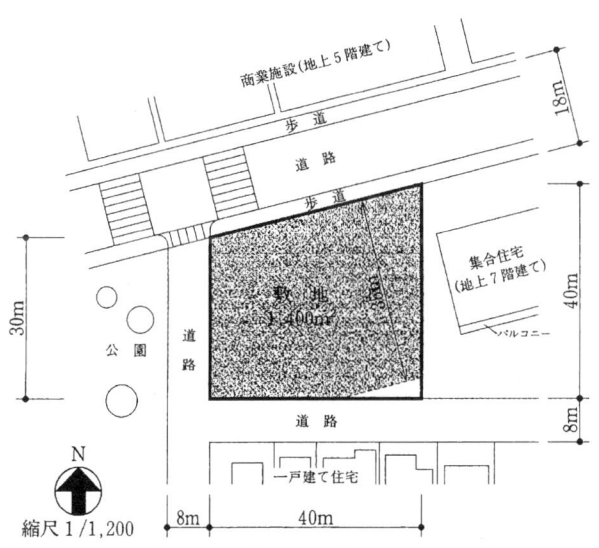

南側の一戸建て住宅地側に所要室を向ける場合は、空地（オープンスペース）を設け、一定の距離を確保する。

（注）敷地内の░部分は、道路高さ制限において、前面道路を幅員18mの道路とみなす区域を示す。

6.4　配置計画

　配置計画は、「公共建築物」と「民間建築物」の相違を見極める必要がある。つまり、建物の用途が「コミュニティセンター」、「図書館」、「美術館」のような「公共建築物」であれば、敷地と建物の離れはゆとりをもった配置計画とする。

　しかし、「集合住宅」や「事務所ビル」のような「民間建築物」では、「実際の建築計画に近い解決」に準じ、建設可能限度の配置計画とする。

　なぜなら、試験においては、実際の「公共建築物」と「民間建築物」と同様の配置計画を行うことを前提にして出題するからである。

　つまり、「公共建築物」と「民間建築物」の相違を認識せずに配置計画を行うと、すでにこの段階でまったく違った方向の配置計画を行ったことになってしまうからである。

■公共建築物の配置計画

　「公共建築物」の場合は、ゆとりをもった配置計画を原則とするが、「市街地型の敷地」と「郊外型の敷地」では異なる。

　「市街地型の敷地」の場合は、柱心から敷地境界までの最小寸法は2m程度確保し、「郊外型の敷地」の場合は、柱心から敷地境界までの最小寸法は2〜3m程度確保する。

　いずれの場合も、敷地周囲に通路ができることによって避難計画上有効となり、メンテナンス通路も確保できることになる。

■民間建築物の配置計画

　「民間建築物」の場合は、「実際の建築計画に近い解決」に準じ、敷地を有効に活用するために建設可能な限定した配置計画とする。

　「集合住宅」や「事務所ビル」のような「市街地型の敷地」の場合は、柱心から敷地境界まで最小寸法は1m程度確保し、「大学のセミナーハウス」、「研修所」、「道の駅」のような「郊外型の敷地」の場合は、柱心から敷地境界までの最小寸法は2m程度確保する。

■建ぺい率によって異なる配置計画

　建ぺい率の限度が80%程度であれば、前述の配置計画の原則に基づいて計画を進める。しかし、建ぺい率の限度が60〜70%となると、柱心から敷地境界までの最小寸法は、建ぺい率によって決まることが多いので注意する。

■免震構造建築物の配置計画

　免震構造建築物の配置計画は、「公共建築物」、「民間建築物」とも、免震構造によって決まる。したがって、柱心から敷地境界まで最小寸法は3m程度確保する必要がある。

「壁面後退距離の設定」
環境保全の観点から、壁面後退距離を指定する場合がある。壁面後退距離は、建物の最も突出した位置で指定の後退距離を確保する。つまり、建物は、壁面後退距離に当たってはならないのである。

■配置計画注意事項

　近年の試験における配置計画は、敷地と建物との離れにゆとりを与えず、きびしい敷地条件となることがほとんどである。

　敷地と建物の離れの最小寸法は、出題される建物の用途と敷地条件により決めることになるが、エントランス周りはポーチの設置とともに、車いす用の駐車場をできるだけ近くに配する必要がある。また、敷地が公園や遊歩道などに面した場合、施設の副出口を求められることが多いが、ポーチの設定ができる寸法を確保する。

　管理用出入口のある位置は、サービス用の駐車場を設ける場合は3〜4m程度とする。また、屋外階段やドライエリアを設ける場合は、屋外階段やドライエリアと敷地境界の離れは1mを最小寸法として計画する（**図6.2**）。

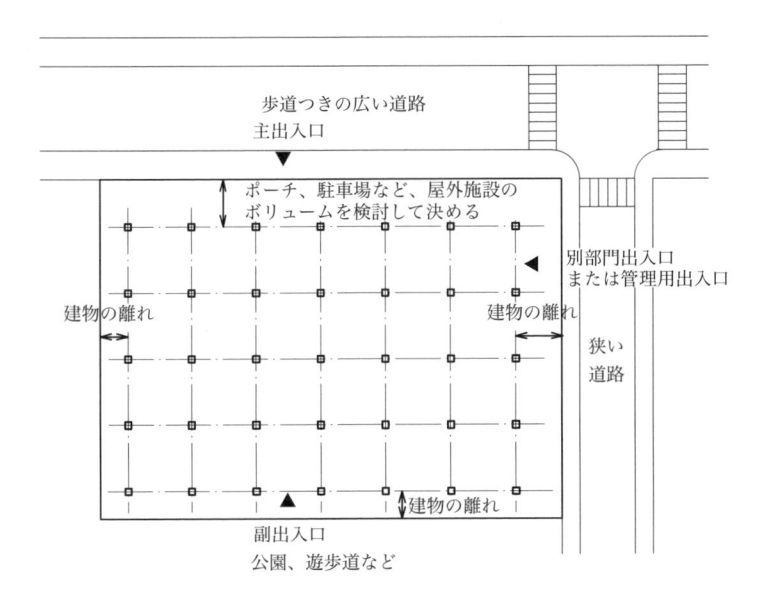

図6.2　配置計画注意事項

6.5　屋外施設の設置

　屋外施設の設置には、試験向きの原則といえる一定の方法があり、この方法を守ることによって優れた計画に結びつくものとなる（**図6.3**）。

■**主出入口と副出入口の設置**

　主出入口は、歩道の付いた広い道路とし、敷地の中央付近に配すると計画しやすくなる。

　副出入口は、公園や遊歩道などからのサブアプローチとなるが、やはり敷地の中央付近に配すると計画しやすくなる。

　主出入口と副出入口のポーチは、バリアフリーに配慮する必要があるため、G.Lよりの高さは10cm程度とする。

■**広場、テラス、屋上庭園などの設置**

　広場、テラス、屋上庭園などは、環境条件のよい方向に設け、日照条件について要求を確認することが大切である。たとえば、「明るく開放的な空間とする」とあれば、おのずと日照条件を考慮して計画する必要がある。

　また、屋上庭園は「どの階に設置を要求しているのか」課題文との整合を図ることを忘れてはならない。

■**駐車場（車いす用とサービス用）の設置**

　車いす用駐車場は、歩行者の安全を考慮し、歩行者と車の動線が交差することがないようにする。また、交差点付近には駐車場の出入口を設けないようにし、設ける場合は、駐車場の出入口を交差点や横断歩道から5m以上離し、駐車場への歩道の切り開きは6m以内とする。

　なお、サービス用駐車場は、管理用出入口の近くが望ましいが、車いす用駐車場と同じ位置に設けても可となる。

■**駐輪場の設置**

　駐輪台数が多い場合は、2か所に分散して設置してもよいが、道路から駐輪場へ入って自転車を置き、再び道路へ出てエントランスへアプローチするような計画は避けるようにする。

■**ドライエリアの位置**

　ドライエリアは、地階における避難や機械室への機器の搬出入に利用するため、道路に面しているほうが望ましい。しかし、必ずしも道路に面していなくてもレッカー車などの寄りつきができる一定の空地が確保され、避難や機器の搬出入ができれば可となる。

> 屋上庭園の設置階を誤るケースが多々あるので注意する。

「車いす用駐車場」
・歩道の切り開きは6mまでとし、エントランスの近くに配する。

「主出入口」
・歩道の付いた広い道路とし、敷地の中央付近に配すると計画がしやすくなる。
　ポーチの高さはG.L＋10cm程度とする。

「駐輪場」
・エントランスの近くに設けるが台数が多い場合は2カ所に分散してもよい。

「ドライエリア」
・道路側が望ましいが、必ずしも道路側としなくても可となる。

「サービス用駐車場」
・管理用出入口の近くが望ましいが、車いす用駐車場と同じ位置に設けても可となる。

「副出入口」
・公園や遊歩道からのサブアプローチとなる。

「広場、テラス、屋上庭園」
・環境条件のよい方向に向け日照条件と設置階を確認する。

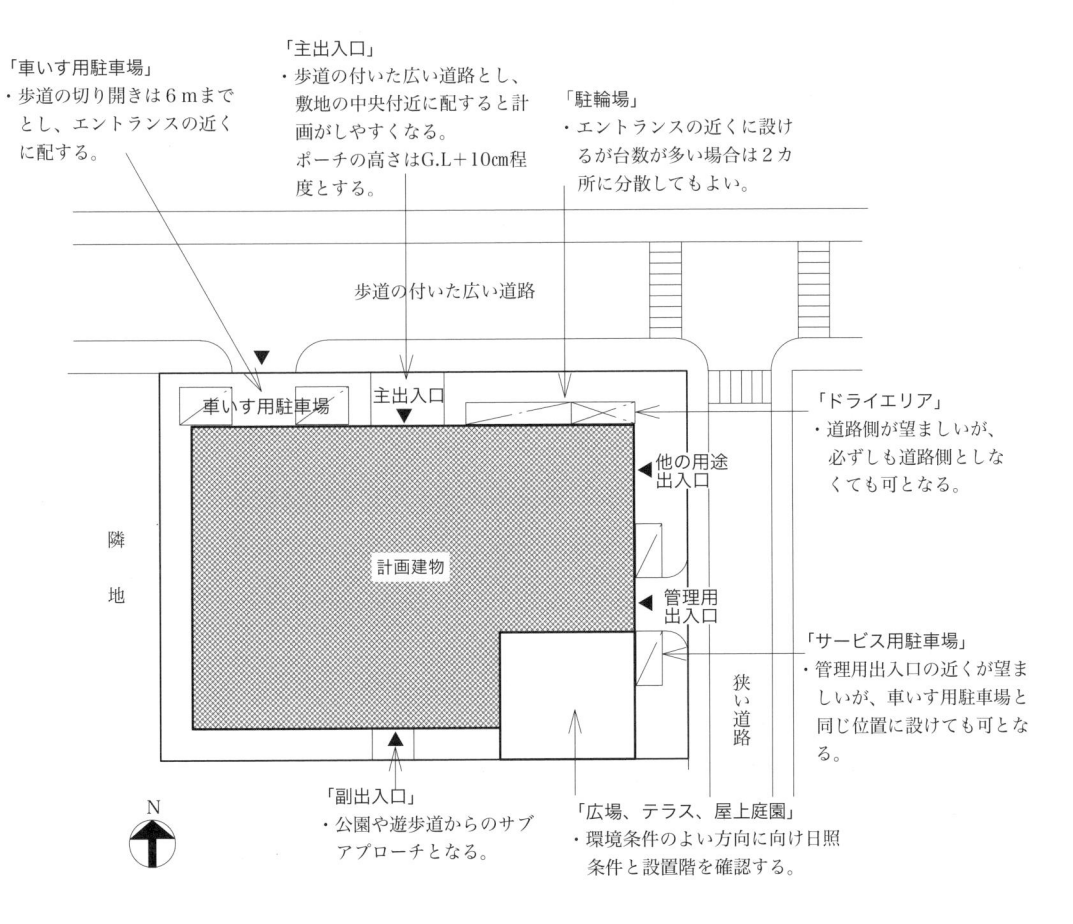

図 6.3　屋外施設の設置

6.6　柱スパンを決める

　試験では、エスキースの初めの段階から柱スパンを決める必要がある。柱スパンを決めずにエスキースを進めると時間がかかりすぎるからである。

　柱スパンを決める手がかりは、敷地の形状、全体の面積計画、所要室の面積、バリアフリー法など多くの要素があるが、この項では、試験向きの柱スパンを決める方法を分かりやすく解説する。

■**実際の建物における柱スパンの採用**

　実務における建築設計では、試験の規模の建物の柱スパンは「均等柱スパン」でまとめ、「異なった柱スパンを混ぜる」ことは行わないことが一般的である。

　なぜなら、建物の平面計画はそのまま立面形態に反映するため、「均等柱スパン」による合理的な立面形態を追求するからであり、「異なった柱スパンを混ぜる」ことによって「秩序をもたない立面形態」となるのを避けるためである。

　さらには、構造計画や設備計画においても、「均等柱スパン」の採用による合理性と安全性、および経済性の追求がしやすいためである。

■**近年の試験は均等柱スパンの採用**

　以前の試験では、「異なった柱スパンを混ぜる」ことを行って計画を進めないと、時間内でのエスキースの完成は難しい課題となっていた。これは、意図的に難易度を高めるために、「異なった柱スパンを混ぜる」ことをしなければ解決しないようにしたものと考えられる。

　しかし、新試験制度となり、試験の基本方針が変わったことに伴い、出題が「実際の建築設計に準じた内容」となると、「均等柱スパンの採用」によって解決するようになったのである。

　しかし、すべてが「均等柱スパンの採用」によって解決すると断言はできないため、柱スパンの採用は柔軟な対応を図るようにする。

　では、試験向きの「均等柱スパンの採用」にはどのようなものがあるのか。

■**2階建て施設の場合**

　6×7mと7×7mの柱スパンは、階段とエレベーター、室と廊下の関係などが計画しやすく、近年の試験の多くに対応できたので、いわば試験向きの柱スパンといえる。

■**基準階のある5～7階建ての施設の場合**

　6×7mと7×7mの柱スパンで解決できることが多いが、コア周りは別の柱スパンを採用し、建物全体は均等柱スパンで構成することによって解決しやすくなる。

※「均等柱スパン」とは、X、Y方向それぞれ均等のスパン割りで構成することを示す。
「異なった柱スパンを混ぜる」とは、X、Y方向それぞれに異なったスパン割りを混ぜることで構成することを示す（例、X方向を6×7mと7×7mで組み合わせるなど）。

■出題された課題別による柱スパンの採用例

■平成27年度「市街地に建つデイサービス付き高齢者向け集合住宅(基礎免震を採用した建築物である)」

基準階のある地上5階建てだが、6×7m、または7×7mの均等柱スパンの採用によって解決した(標準解答例では7×8mの均等柱スパン採用)。

■平成26年度「温浴施設のある「道の駅」」

地上2階建てであるため、6×7m、または7×7mの均等柱スパンの採用によって解決した。

しかし、6×7mの均等柱スパンの採用の場合は、比較的容易にプランニングできたが、7×7mの均等柱スパンを採用すると、一部をピロティにして面積調整するなどの工夫が必要となった。

■平成26年度「温浴施設のある「道の駅」」[沖縄会場の試験]

標準解答例(第8章参照)には、7×7mの均等柱スパンの採用によって解決していることが分かる。

■平成25年度「大学のセミナーハウス」

地上2階建てであるため、ほとんどの受験者は6×7mまたは7×7mの均等柱スパンの採用によって解決した。

しかし、標準解答例ではX方向を6mとし、Y方向を7m、8m、9m、10mなどの異なった柱スパンを採用しているが、このような柱スパンを採用した受験者は少ないと思われる。

■平成24年度「地域図書館(段床形式の小ホールのある施設である)」

地上2階建て、地下1階であるため、ほとんどの受験者は6×7mまたは7×7mの均等柱スパンの採用によって解決した。

したがって、標準解答例(第8章参照)においても6×7mまたは7×7mの均等柱スパンを採用している。

■平成23年度「介護老人保健施設(通所リハビリテーションのある5階建ての施設である)」

基準階のある地上5階建ての施設であるため、Y方向は6mまたは7mの均等柱スパンとし、X方向は6mまたは7mの均等柱スパンにするか、X方向の中央部に10mスパンを挿入することで解決した。

■平成22年度「小都市に建つ美術館」

地上2階建てであるため、ほとんどの受験者は6×7mまたは7×7mの均等柱スパンの採用によって解決した。

■平成21年度「貸事務所ビル(1階に展示用の貸しスペース、基準階に一般事務室の貸しスペースを計画する)」

基準階のある地上7階建て地下1階の建物であるため、鉄骨鉄筋コンクリート造を採用することによって長大スパンを可能とする。したがって、6×15m、または7×14mなどによって執務空間を構成し、コア周りは6×7mまたは7×7mの均等柱スパンを採用することで解決した。

試験元による標準解答例の一部には、「異なった柱スパンを混ぜる」ことによって解決する例が見られるが、ほとんどは「均等柱スパンの採用」によって解決する。

6.7　建物のボリュームをつかむ

　建物のボリュームは、敷地に屋外施設（アプローチ周り、広場、テラス、駐車場、駐輪場など）のボリュームを設定することによって決ってくる。

　つまり、敷地に屋外施設を設定した残りが建物の1階における最大のボリュームとなるのである。

　このため、配置計画を行った後に、敷地に柱スパンが何スパン（コマ）入るかかき込むが、屋外施設の設定は、必ず、それぞれの寸法を克明に計測しながら行うようにする。

　これは、試験で出題される敷地の大きさは限られ、要求された屋外施設をおおまかに設定できるゆとりはないため、計測せずに設定すると、建物のボリューム、つまり敷地に収まる柱スパンが多すぎたり、少なすぎたりして、初めの段階でつまずいたことになってしまうからである（**図6.4**）。

建物の形は矩形（正方形や長方形）にし、変形させてもL形程度とした方が全体的なまとまりがよくなるので、初めの段階から矩形あるいはL形程度にまとめるのがエスキースのコツでもある。

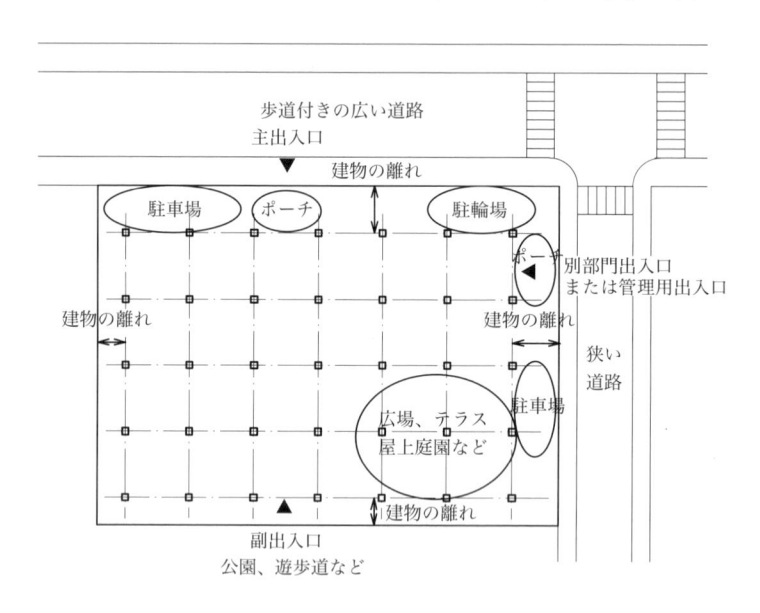

図6.4　建物のボリューム

6.8 面積計画

1階の最大床面積の目安が分かったら、次に各階の面積配分を行い、各階のボリュームの目安をつける。

試験では、延べ床面積の範囲を限定せず余裕を持たせているので、延べ床面積の目安は、要求された延べ床面積から 100 m^2 程度少なめの面積を目安とすると、建物全体にゆとりが生まれる。

しかし、要求された延べ床面積の下限ぎりぎりにして計画を進めると、施設全体がゆとりを失なうことになるので注意する。

こうして各階に振り分ける面積を算定したら、面積調整は、最上階からしだいに1階に至り、ピロティ、屋根、バルコニー、または吹抜けとして処理する（図 6.5）。

また、要求された所要室の面積の範囲は、上限を 15 ～ 20％程度とし、下限は 10％程度として計画し、要求面積にとらわれて使いにくい室をつくることだけは避ける。

では、なぜ上限の面積の範囲は 15 ～ 20％程度にゆとりを持ってもよいのか。これは、下限は 10％程度を割ると窮屈な所要室になり、上限を 15 ～ 20％程度にするとゆとりが生まれるからである。

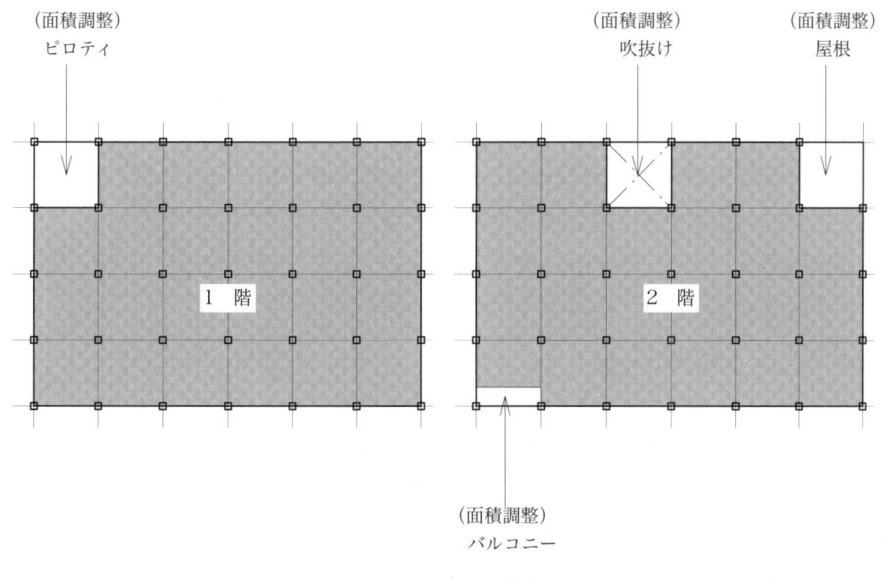

図 6.5　面積計画

要求された延べ床面積下限ぎりぎりの計画は、随所にゆとりを失い、優れた計画とはならない。

6.9 利用人数による所要室の計画

　試験では、所要室の面積を指定せず、利用人数によって所要室の面積を求める場合が多い。これは、ひとえに受験者に計画の自由度を与え、適切な面積による計画力を推し量るためである。

　利用人数によって計画を求める所要室には、レストラン、食堂、ホワイエ、セミナー室、会議室、浴室、休憩室などがあるが、適切な面積はそれぞれの所要室の特色によって異なる。

　たとえば、レストラン、食堂、ホワイエ、浴室などのように人々が憩い楽しみのスペースは広めにするが、セミナー室、会議室などは、無駄のないスペースとするのである。

　次に示す利用人数による所要室の計画は、近年の試験で出題された内容を分析したものであるが、いずれもゆとりのある所要室となっていることが特徴となる。

■出題された利用人数による所要室の計画

■平成27年度「市街地に建つデイサービス付き高齢者向け集合住宅（基礎免震を採用した建築物である）」

- レストラン「60人程度が利用できるようにする（厨房を含む）」
  標準解答例① 170 m²（約2.8 m²/1人）、標準解答例② 190 m²（約3.2 m²/1人）
- スタッフルーム「介護スタッフと事務員の計9人が使用する（休憩スペース、男女別更衣スペース含む）」
  標準解答例① 125.6 m²（約14 m²/1人）、標準解答例② 105.5 m²（約11.7 m²/1人）

■平成26年度「温浴施設のある「道の駅」」

- レストラン「50人程度が利用できるようにする（厨房を含む）」
  標準解答例① 192 m²（約3.8 m²/1人）、標準解答例② 252 m²（約5 m²/1人）
- 浴室「15人程度が利用できるようにする（例、男性用、脱衣室を含む）」
  標準解答例① 133.5 m²（8.9 m²/1人）、標準解答例② 120.5 m²（約8 m²/1人）
- 休憩室（和室）「30人程度が利用できるようにする」
  標準解答例① 99 m²（約3.3 m²/1人）、標準解答例② 98 m²（約3.3 m²/1人）

■平成26年度「温浴施設のある「道の駅」」［沖縄会場の試験］

- フードコート「80人程度が利用できるようにする（厨房含む）」
  標準解答例① 317 m²（約4 m²/1人）
- 浴室「15人程度が利用できるようにする（例、男性用、脱衣室を含む）」
  標準解答例① 147 m²（9.8 m²/1人）
- 休憩室（洋室）「20人程度が利用できるようにし、リクライニングチェアを設ける」
  標準解答例① 94.5 m²（約4.7 m²/1人）

> 所要室を計画する場合は、できるだけゆったりと広くする。窮屈で狭い所要室では合格は望めない。

■平成25年度「大学のセミナーハウス」
- セミナー室A「教室型とし、50人程度が利用できるようにする」
  標準解答例① 84 m²（約 1.7 m²/1人）、標準解答例② 90 m²（1.8 m²/1人）
- セミナー室B「15人程度が利用できるようにする」
  標準解答例① 42 m²（2.8 m²/1人）、標準解答例② 45 m²（3 m²/1人）
- セミナー室C「2室に分割して、それぞれ8人程度が利用できるようにする」
  標準解答例①計 42 m²（約 2.6 m²/1人）、標準解答例②計 45 m²（約 2.8 m²/1人）
- 食堂「30人程度が利用できるようにする（厨房含む）」
  標準解答例① 84 m²（2.8 m²/1人）、標準解答例② 104 m²（約 3.5 m²/1人）

■平成24年度「地域図書館（段床形式の小ホールのある施設である）」
- 会議室「会議、セミナー、ワークショップ等に利用する。2室に分割して、それぞれの会議室で20人程度が利用できるようにする」
  標準解答例①計 98 m²（約 2.5 m²/1人）、標準解答例② 84 m²（2.1 m²/1人）

■平成23年度「介護老人保健施設（通所リハビリテーションのある5階建ての施設である）」
- 談話室「入所者同士や入所者とその家族が利用する（各階に設ける）」
  標準解答例①計 24 m²、標準解答例② 19.5 m²
- 会議室「20人程度が利用できるようにする。職員の会議、介護教室、施設の見学会等に利用する」
  標準解答例① 63 m²（約 3.2 m²/1人）、標準解答例② 58.5 m²（約 2.9 m²/1人）

■平成22年度「小都市に建つ美術館」
- ホワイエ「休憩等に利用できるスペースとし、ソファー等を設ける」
  標準解答例①計 114 m²、標準解答例② 126 m²
- レストラン「30人程度が利用できるようにする（厨房を含む）」
  標準解答例① 96 m²（3.2 m²/1人）、標準解答例② 84 m²（2.8 m²/1人）

■平成21年度「貸事務所ビル（1階に展示用の貸しスペース、基準階に一般事務室の貸しスペースを計画する）」
- ショールーム「自動車が2台展示できるスペースとする。受付を設ける。商談ができるスペースを設ける」
  標準解答例①計 202.5 m²、標準解答例② 165 m²
- 喫茶室「20人程度が利用できるようにする（厨房を含む）」
  標準解答例① 108 m²（5.4 m²/1人）、標準解答例② 58.5 m²（約 2.9 m²/1人）
- 会議室「10人用」
  標準解答例① 42 m²（4.2 m²/1人）、標準解答例② 40.5 m²（約 4 m²/1人）

6.10　設置階を決める

　試験では、設置階の指定をしないことが多い。したがって、設置階の指定がない場合は、所要室をどの階に配するか、エスキースの初めの段階で目安をつけなければならないが、設置階を決めるには試験向きの方法がある。

■所要室の位置
　所要室をどの階に配したら適切かどうかは、要求事項や特記事項などから判断し、ゾーニングを行って決める。

■宿泊室の位置
　宿泊室、療養室、ホテルの客室などは、建物の最上階または基準階に設置する。

■集合住宅の住戸の位置
　建物の最上階または基準階に設置する。

■大空間居室の位置
　大空間居室を無柱空間とする場合は、平屋として設置するか、最上階に設置するのが一般的である。
　しかし、所要室の上に載せたり、大空間居室の上部に所要室を載せる場合は、PC梁架構とすることで可能となる（**図6.6**）。

■管理部門の位置
　管理部門の所要室は、事務室、館長室、職員控え室、設備機械室などであるが、事務室は、受付業務を行わなければ2階に配することができる。
　また、建物が2階建ての場合、館長室、職員控え室などは1階または2階に置き、設備機械室は、機器の搬出入を考慮すると1階が望ましい。

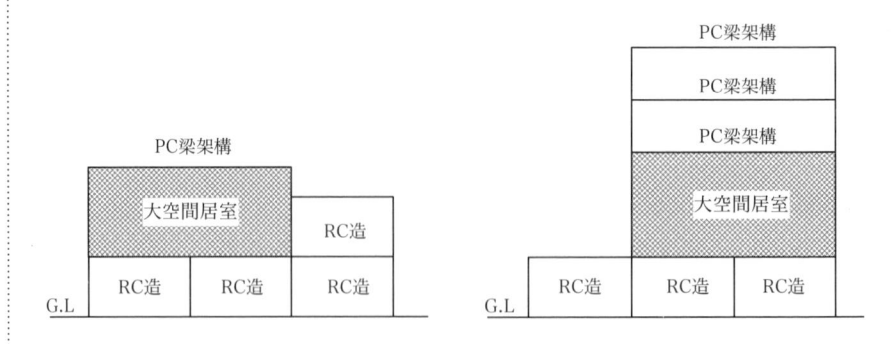

図6.6　大空間居室の設置階

6.11 ゾーニング

ゾーニングは、どのような計画であっても、利用者ゾーン、共用ゾーン、管理ゾーンの3つに分けられる。計画上、各ゾーンが明確に分離され、動線が分かりやすく処理されている施設は、利用者にとって使いやすい建物となる。また、管理と運営を考慮すると、利用者ゾーンと管理ゾーンとの明確な分離を図らなければならない。

■ゾーニング注意事項

課題文には部門別に要求所要室が分類されている場合と、分類されていない場合がある。分類されていない場合は、所要室が利用者ゾーン、共用ゾーン、管理ゾーンのどのゾーンに属するものなのか、要求事項や特記事項などから判断して決め、各ゾーンの動線が交差や錯綜を起こさないように計画することが大切である。

> 試験で致命的となるゾーニングの失敗は、所要室を要求通りのゾーンにまとめることができず、なおかつ、各ゾーンが入り混じり、そのため動線交差と錯綜を起こし、施設の使い方に大きな支障を起こしている場合である。

6.12 動線計画

動線計画を大きく分けると、「屋外の動線計画」と「屋内の動線計画」とになる。「屋外の動線計画」は、歩行者と車の分離を原則とし、利用者のアプローチと管理者のアプローチを離して設定する。なぜなら、互いに近接させてしまうと、屋内で動線の交差が起きやすくなるためである。

また、「屋内の動線計画」は、「利用者ゾーン」、「共用ゾーン」、「管理ゾーン」それぞれの動線が交差や錯綜しないように明確に分離する。

動線計画は、常に人のスムーズな流れを考慮し、分かりやすく単純化することが重要である。また、動線計画は、行き止まり廊下やほかの室を通ることがないよう安全に避難できるようにする。

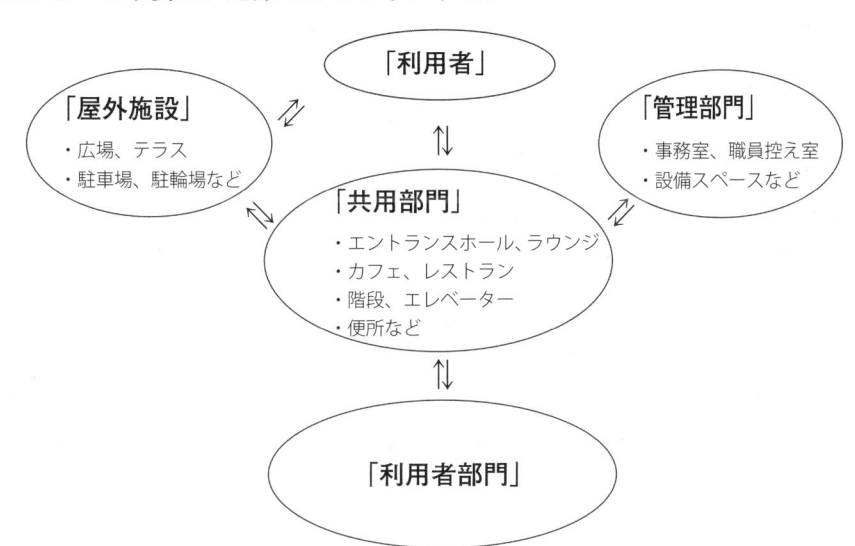

「利用者」
　↕
「屋外施設」 ⇄ 「共用部門」 ⇄ 「管理部門」
・広場、テラス　　・エントランスホール、ラウンジ　　・事務室、職員控え室
・駐車場、駐輪場など　・カフェ、レストラン　　　　　・設備スペースなど
　　　　　　　　・階段、エレベーター
　　　　　　　　・便所など
　　　　　　　　　↕
　　　　　　　「利用者部門」

6.13　平面計画

■1階と2階または基準階を同時にプランニングする

　どのような課題であっても、平面計画は、1階と2階、または基準階を同時並行でプランニングすることが重要である。

　これは、1階を決めてから2階、あるいは基準階を検討するような方法では、まとまらずに再び戻ることが多くなり、時間を無駄に費やすことになるからである。

■コアを配置する

　計画に際しては、まず、階段とエレベーターを組み込んだコアを、どこに配置したら適切かどうかを検討する。

　利用者用のコアとなるメイン階段とエレベーターを組み込んだコアは、エントランスホールに近い分かりやすい位置に配する。

　コアの配置は、検討を繰り返しながら決めるが、行き詰まった場合は、コアの位置やコアの方向を変えてみると、プランニングのみならず計画全体がよくなることも多い。

■コアは2か所以上必要となる

　「公共建築物」、「民間建築物」にかかわらず、すべての建物はコアを2か所以上必要とする。また、コアは「利用者ゾーンに置くコア」と「管理ゾーンに置くコア」とに分けられ、これらのコアをできるだけ離して計画することで、利用者ゾーンと管理ゾーンとの動線の交差は起きにくくなる。

■廊下と所要室の配置

　廊下は、コアとコアを結び、多人数の利用者や管理者の通行の用となるものであるが、できるだけ分かりやすく単純化することによって使い易くなり、避難上も有効となる。

　また、廊下の幅員は、建築基準法やバリアフリー法の規定よりゆったりと広めにすることも忘れてはならない。

　所要室の配置は、要求された面積の大きな所要室から配置を始め、しだいに面積の小さな所要室の配置を行うようにする。

　面積の大きな所要室は、できるだけ柱から柱へと割りつけるようにし、面積の小さな所要室の間仕切りは、柱からはずれてもよいが、使い易い室をつくるようにする。

　また、面積調整を気にするあまり、変形した室をつくる受験者は多いが、あくまでも使いやすさを優先して室の形は矩形（正方形や長方形）にまとめ、間違っても室の中に柱が鎮座することのないようにすることが大切である。

6.14 コアの配置とプランニング

「中廊下バリエーション型」

メインとサブの2つのコアを結ぶ「中廊下形式のプランニング」は、多くの課題に対応するプランニング法となる。

「中廊下バリエーション型」は、主に「公共建築物」に最適なプランニングであり、中廊下の両側に所要室を配するものである。

しかし、中廊下は、コアからコアまで直線で結ぶだけで成立するような簡単な方法ではまとまることは少なく、途中で折れ曲がったり、一部で外部に顔をのぞかせたりするものなのである（図6.7-1）。

「中廊下ツイン型」

「中廊下ツイン型」は、中廊下だからといって必ずしも1本の廊下だけではなく2本の廊下によって構成することもあり、主に宿泊施設のある建物に対応する方法である（図6.7-2）。

「中廊下リニア型」

「中廊下リニア型」は、中廊下の両側に居室を配するもので、ホテルなど個室の多い宿泊施設に対応する方法である（図6.7-3）。

「片廊下形式」

主に「民間建築物」の集合住宅に採用される形式であり、廊下をツインコリダーにするバリエーションタイプもある（図6.7-4）。

「片寄せコア型」

「片寄せコア型」は、事務所ビルなどに採用され、メインコアの中に2つの階段と給湯室、便所、設備機械室などを組み込む（図6.7-5）。

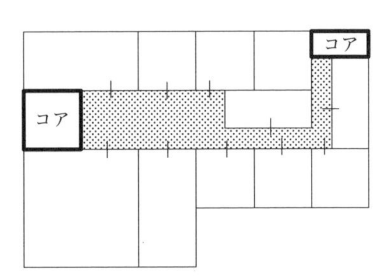

図6.7-1 「中廊下バリエーション型」

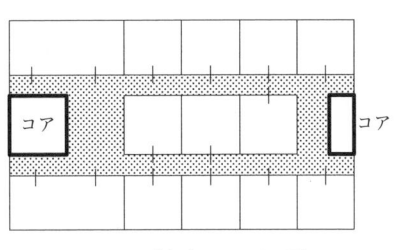

図6.7-2 「中廊下ツイン型」

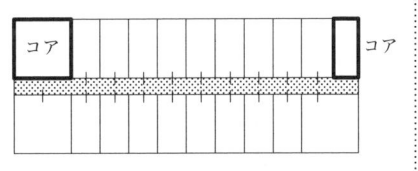

図6.7-3 「中廊下リニア型」

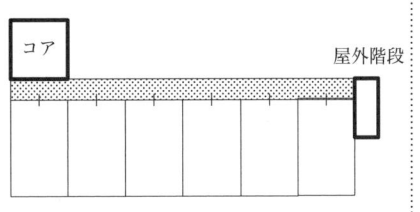

図6.7-4 「片廊下形式」

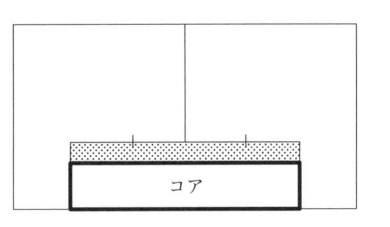

図6.7-5 「片寄せコア型」

6.15 宿泊施設のプランニング

　宿泊室がある施設の場合、宿泊室は建物の最上階に設けることが原則となる。また、宿泊室を基準階に設ける場合は、エスキースの最初の段階で宿泊室パターンの目安をつけ、1階あるいは2階と同時並行でプランニングを進める。

　このプランニングの方法は、2階建ての建物で2階に宿泊室を設ける場合も同様である。なぜなら、1階を決めてから宿泊室のプランニングを進める方法では、エスキースははかどらずに後戻りをすることになるからである。

　したがって、その作業は環境条件の読みとりをしているときに始まっている、といっても過言ではなく、重要なプランニングの方法となる。

■宿泊室の基準階平面形

　宿泊室の基準階平面形は、まず、「中廊下ツイン型」がある。「中廊下ツイン型」は、一般の宿泊室のある施設のみならず、高齢者施設の療養室の配置など、多くの施設に対応できる。

　また、「中廊下リニア型」は、中廊下を挟んで宿泊室を並べるもので、ホテルなど客室が並ぶ施設に対応できる（**図**6.8-1）。

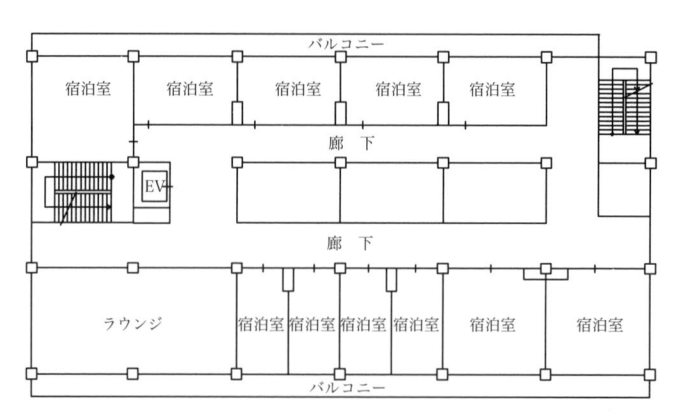

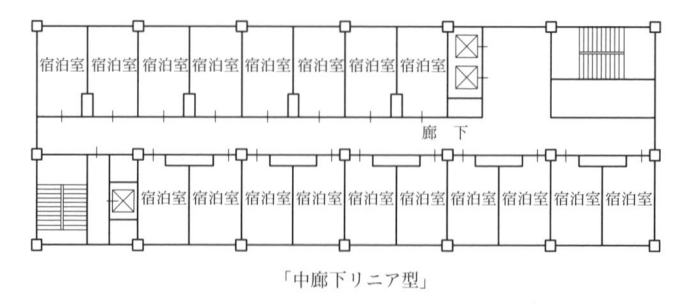

図 6.8-1　宿泊室基準階基本型

■宿泊室プラン

宿泊室には、洋室と和室があるが、試験では、洋室と和室の両方を出題することが多い。

「洋　室」

一般施設の場合は、個室と4人部屋程度の出題が多く、ホテルの場合は、シングルルームとツインルームが基本となる。

宿泊室の洗面所、浴室、便所などの要求に対しては、一般施設の個室やホテルのシングルルーム、ツインルームなどはユニットバスを設けるようにする。

また、4人以上の部屋は、洗面所と浴室はユニットバスとし、便所は別に設けるようにする（**図** 6.8-2）。

「和　室」

和室は、出入口に踏込みを設け、畳の配列はグリッドを活用（1 × 2 m）して記入し、余ったスペースは板敷きとする。

また、和室は、4人以上の宿泊となるため、浴室はユニットバスとし、便所は別に設けるようにする（**図** 6.8-3）。

踏込みとは、部屋と出入口を障子やフスマで仕切り履物を脱ぐスペースのこと

図 6.8-2 の個室は 24.5 m² であるため、2人用としても可となる。

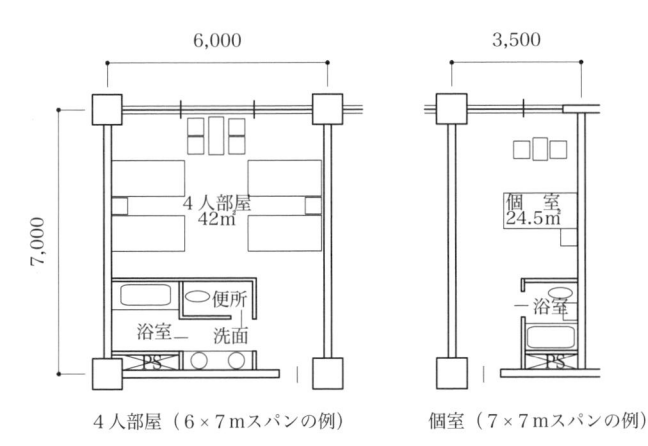

図 6.8-2　洋室プラン

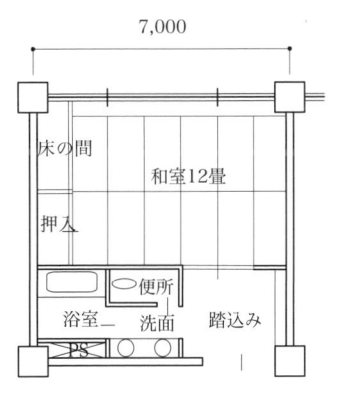

図 6.8-3　和室プラン

6.16　集合住宅のプランニング

　集合住宅の出題は、3階建て以上となり、基準階に住戸を設けるが、エスキースの最初の段階で住戸形式の目安をつけ、1階あるいは2階と同時並行で検討を進めることがプランニングの原則となる。

■住戸形式

　集合住宅に求められる「独立性」、「プライバシーの確保と快適性」、「有効採光」、「避難計画」などを満足させた住戸形式には、最も基本型となる「I型」がある。

「I型」

　環境条件のよい方向に住戸を向けて一列に並べるもので、多くの試験に対応するタイプである（**図6.9-1**）。

「ツインコリダー型」

　住戸は環境条件のよい方向に向け、中央に吹抜けを設け、それに面して平行する二列の廊下に住戸を配置する構成である（**図6.9-2**）。

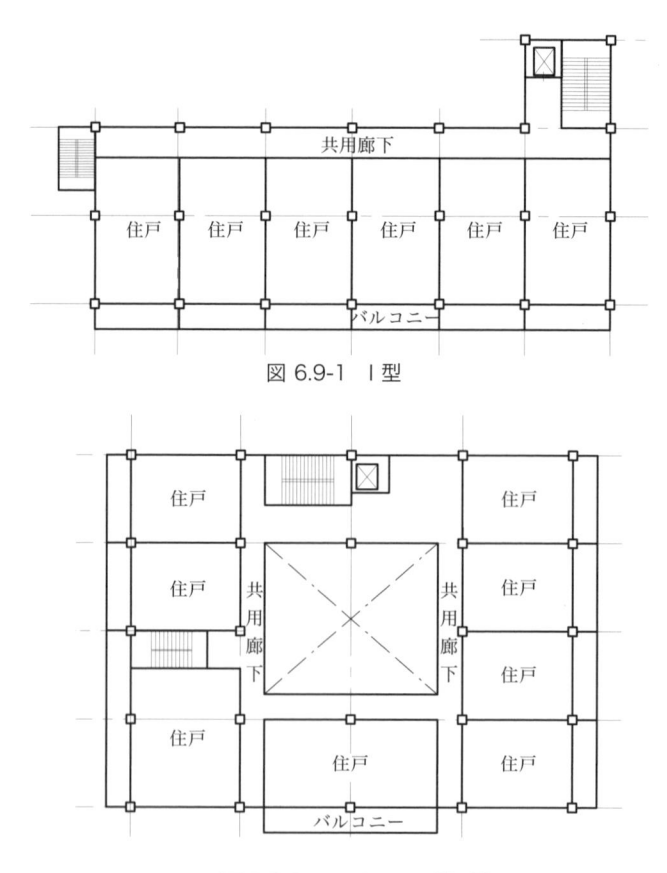

図 6.9-1　I型

図 6.9-2　ツインコリダー型

■ 住戸プラン

　住戸プランは、出題ごとに異なるが、フラット住戸が出題される傾向にある。これは、フラット住戸はバリアフリー化を図ることができるためである。

　住戸のプランニングは、詳細な寸法は避けて図面用紙のグリッドを活用して進める。図 6.9-3 は、近年に出題された住戸プランの対応例であるが、計画のポイントは次のようになる。

- 共用廊下は、心～心 2.0 ～ 2.5 m 程度とし、各住戸に PS と MB を設ける。
- 住戸の居室は、主にバルコニー側から有効採光（居室面積× 1/7）を採るが、共用廊下を解放廊下とすることにより、共用廊下からも有効採光を採ることができる。

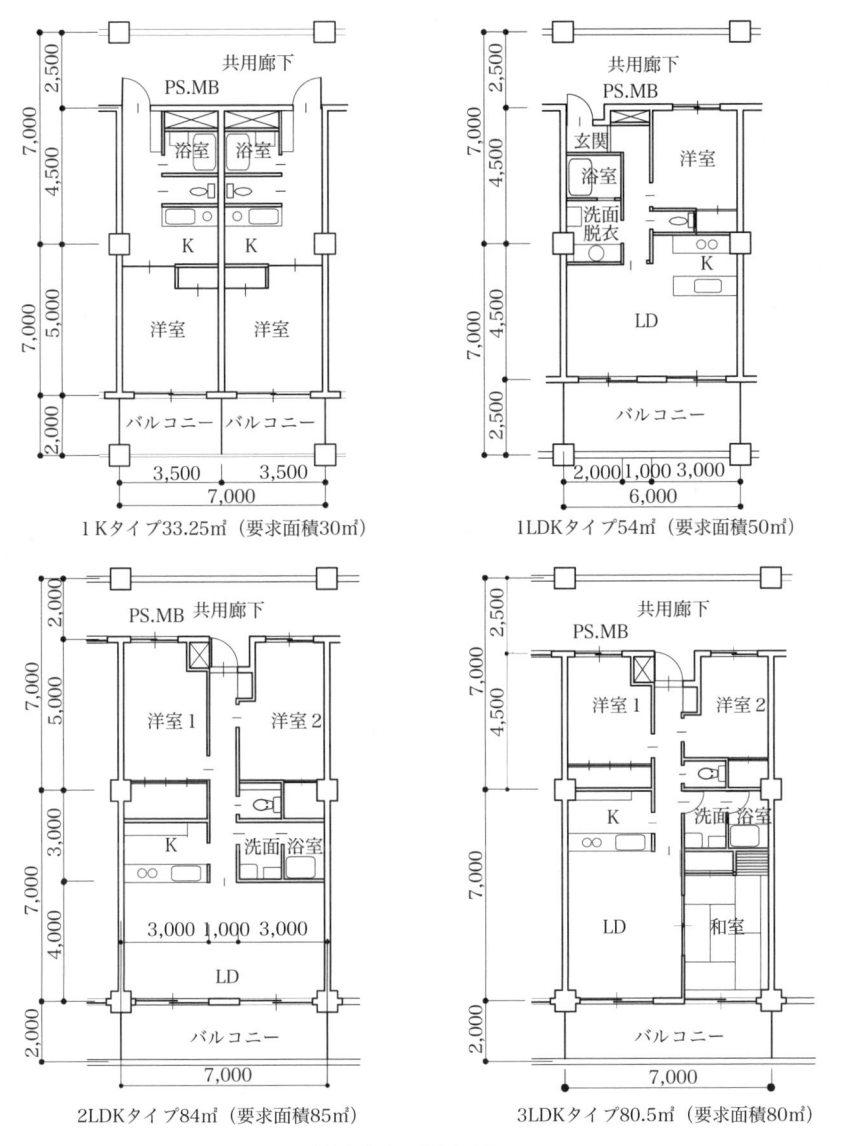

1Kタイプ 33.25㎡（要求面積30㎡）

1LDKタイプ 54㎡（要求面積50㎡）

2LDKタイプ 84㎡（要求面積85㎡）

3LDKタイプ 80.5㎡（要求面積80㎡）

図 6.9-3　住戸プラン

メゾネット住戸は、住戸を2層で構成するため、1層部分ではバリアフリー化を図ることができるが、2層部分の連絡は階段によって行うためバリアフリー化を図ることはできない。したがって、近年では出題されなくなっている。

6.17 断面計画

建物の最高高さ、階高、床高、天井高、基礎の深さなどは、建物の種類によって異なるが、試験向きの各高さや基礎の深さなどは次のようになる。

■公共建築物地上2階建ての場合

1階階高は、1階天井高を考慮して決めるが、利用者部門の天井高は2.7 m程度とするため、1階階高4〜4.5 m、2階階高4 mが標準となる。

また、建物を勾配屋根にする場合は、所要室の天井は勾配天井とし、建物の外部形態と内部空間との連続性を図ることが優れた方法となる。したがって、2階の軒高は3.6〜3.8 m程度とする。

「標準階高」

1階階高4〜4.5 m、2階階高4 m程度とし、1階の床の高さはG.Lから10 cm程度としてバリアフリー化を図る（基礎底盤までの深さ2 m程度）。

■民間建築物地上5階建て（1階店舗、基準階宿泊室または住戸）の場合

1階店舗の天井高は2.7 m程度とし、大梁が天井下から出てこないようにするため、1階階高は4〜4.5 mとする。

基準階に宿泊室や住戸を設ける場合は、階高は3.2〜3.5 m程度とし、最上階は断熱や配管などのために20 cm程度高くし、宿泊室や住戸の天井高さは2.5 m程度とする。

「標準階高」

1階階高4〜4.5 m、基準階階高3.2〜3.5 m程度とし、1階の床の高さはG.Lから10 cm程度とする（基礎底盤までの深さ2.5 m程度）。

■民間建築物地上7階建ての事務所ビル（1階店舗、基準階事務室）の場合

1階店舗の天井高は2.7 m程度とし、大梁が天井から出てこないようにする。基準階はフリーアクセスフロアを設置するため4 mとし、執務室の天井高さは2.6 m程度とする。

「標準階高」

1階階高4〜5 m、基準階階高4 m、1階の床の高さはG.Lから10 cm程度（基礎底盤までの深さ3 m程度）。

■民間建築物地上7階建て（1階店舗、2〜7階ホテル客室）の場合

1階店舗の天井高は2.7 m程度とし、大梁が天井から出てこないようにする。基準階の客室の天井高さは2.5 m程度とし、大梁が天井下から出てこないようにするため、階高は3.5 mとする。

「標準階高」

1階階高4〜4.5 m、基準階階高3.5 m、1階の床の高さはG.Lから10 cm程度とする（基礎底盤までの深さ3 m程度）。

> フリーアクセスフロアとは、スラブと床の間にネットワーク配線などのための一定の高さの空間をとり、二重化したもの。一般の事務所ビルの場合は100 mm程度が多い。

■出題された課題別による断面計画

■平成27年度「市街地に建つデイサービス付き高齢者向け集合住宅(基礎免震を採用した建築物である)」

地上5階建てであり、1階にはレストランやギャラリーがあるため、1階階高4mまたは4.5m、2階階高4mまたは4.5mとし、基準階は住戸であるため3～3.2mとし、1階の床の高さはG.Lから10～20cmとしている(基礎底盤下端までの深さ2～2.2m)。

■平成26年度「温浴施設のある「道の駅」」

地上2階建てであり、1階には店舗があるため、1階階高4mまたは4.5mとし、2階は勾配屋根であることから3.8mまたは4mとし、1階の床の高さはG.Lから10～20cmとしている(基礎底盤下端までの深さ約1.5m)。

■平成26年度「温浴施設のある「道の駅」」[沖縄会場の試験]

地上2階建てであり、1階には店舗があるため1階階高4.5m、2階階高4mとし、1階の床の高さはG.Lから20cmとしている(基礎底盤下端までの深さ2.5m)。

■平成25年度「大学のセミナーハウス」

地上2階建てであるため、1階階高4mとし、2階は勾配屋根であることから3.5mまたは3.6mとし、1階の床の高さはG.Lから15cmとしている(基礎底盤下までの深さ約1.5m)。

■平成24年度「地域図書館(段床形式の小ホールのある施設である)」

地上2階建て、地下1階であるが、小ホール部分は小ホールの構造によって決まるため、その他の部分は1階階高3.8mまたは4mとし、2階階高は4mとしている。地下1階階高は、4mまたは4.5mとし、1階の床の高さはG.Lから10cmとしている(基礎底盤下端までの深さ2.5m)。

■平成23年度「介護老人保健施設(通所リハビリテーションのある5階建ての施設である)」

基準階のある地上5階建ての施設であるため、1階階高4mまたは4.5m、2階階高は4m、基準階は3.5mとし、1階の床の高さはG.Lから10cmとしている(基礎底盤下端までの深さ2mまたは2.5m)。

■平成22年度「小都市に建つ美術館」

地上2階建てであるが、2階には展示室や市民ギャラリーがあることから、1階階高4mまたは5mとし、2階階高は6.5mまたは7mとし、1階の床の高さはG.Lから10cmとしている(基礎底盤下端までの深さ2m)。

■平成21年度「貸事務所ビル(1階に展示用の貸スペース、基準階に一般事務室の貸スペースを計画する)」

基準階のある地上7階建て地下1階の建物である。1階には自動車のショールームがあるため階高4.5mまたは5mとし、基準階は階高3.5mまたは4mとして、1階の床の高さはG.Lから10cmとしている(地階および基礎表示なし)。

第7章
実践設計製図

第7章　実践設計製図

本章では、試験向きの演習課題によって設計製図を実践するものである。

演習課題は、「宿泊機能をもつ青少年センター」としたが、この演習課題が試験向きであることは、次のような特徴をもっているからである。

■地域住民との交流の場を併せもつ施設であること

試験では「公共建築物」と「民間建築物」を概ね交互に出題することが特徴である。また、「民間建築物」であっても、より公共的な要素を盛り込み、利用する人々にとって「地域住民との交流の場を併せもつ施設」を求める傾向にある。

■宿泊機能をもつこと

「宿泊機能をもつ」ことによって、詳細なプランニングを求められるため出題は多い。

■吹抜け空間をもつこと

「吹抜け空間をもつ」ことによって、計画の難易度は高まるため、必ずといってよいほどに出題される。

■大空間居室をもつこと

「大空間居室をもつ」ことによって、構造計画や設備計画について受験者の基本的な能力を推し量ることができ、計画の難易度は高まる。

■浴室をもつこと

「浴室をもつこと」で、設備的要素をまとめる能力を推し量ることができる。

■勾配屋根の要求

屋根の形状を「陸屋根」にするだけだと構造的な工夫はさほど難しくなく、おのずと天井もフラットになる。しかし、「勾配屋根」にすることによって、構造的な工夫を必要とし、勾配天井とするなど、内部空間との連続性を図ることを求めることができる。

> 陸屋根（ろくやね）とは、フラットな屋根を示す。

7.1　宿泊機能をもつ青少年センターの構成

「宿泊機能をもつ青少年センター」は、青少年の育成を目的にし、講演、討論、講義などを行い、講師と青少年とのふれあいや交流を図ることを目的とした郊外型の施設である。

また、地域住民との交流の場ともなる施設であり、子供、青年、大人、老人など、さまざまな人々によって利用されるだけに、親しみやすく、また、高齢者や身障者に対し十分に配慮した施設としなければならない。

したがって、宿泊機能をもつ青少年センターの部門別構成は、「交流部門」、「宿泊部門」、「共用・管理部門」になる。

■概念図

『宿泊機能をもつ青少年センター』

「交流部門」
・交流ホール（準備室）
・研修室A、研修室B、研修室C
・和室

「宿泊部門」
・宿泊室A（和室）、宿泊室B（洋室）
・談話スペース
・浴室、リネン室

「共用・管理部門」
・エントランスホール、便所
・食堂（厨房）
・事務室、職員控え室
・設備スペース、倉庫

> 計画に際しては、各部門の動線を明確に分離し、利用者部門と管理部門との動線の交差を起こさないようにすることが大切である。

7.2 主な所要室の特徴

■エントランスホール
展示やイベント、休憩など、さまざまに使われるためゆったりと広くする。

> エントランスホールの「吹抜空間」には、梁を設けない構造とする。

■交流ホール
平土間とし、天井高は 5 m 以上とするため、1 階に設ける場合は上部は吹抜けとする。

> 平土間とは、段床をもたないフラットな床のこと。

■準備室
交流ホールに隣接させることが望ましいが、近接させても可となる。

■研修室（2～3 m² 程度/1人）
研修室は、天井高さは 2.7 m 程度とし、机、椅子などを配置する。

■食　堂（3 m² 程度（厨房を含む）/1人）
食堂は、宿泊者だけの利用ではなく、日帰り者の利用もあるため、環境条件のよい位置に配し、ゆったりとしたスペースを確保する。

厨房面積は、食堂全体面積の 1/3～1/4 程度とする。また、厨房を 1 階に設ける場合、食材の搬入が屋外からできる場合は、管理部門の内部から連絡できなくても可となる。

> 食堂を2階に設けて厨房を併設する場合は、厨房へ管理部門から直接連絡できることが望ましい。

■浴　室（8 m² 程度/1人（脱衣室含む））
浴室の配置は、眺望に配慮して計画することが大切である。しかし、「眺望に配慮して計画する」とあった場合でも、必ずしも環境条件1位の方向に向けなくても可となる（平面計画・2階のプランニングの項参照）。

■宿泊室（和室と洋室）
和室は、出入口には踏込みを設け、洗面所と便所を設ける。
洋室は、1人当たり 10～15 m² 程度を目安とし、便所と洗面付きとする。

■談話スペース（3～4 m² 程度/1人）
各宿泊室から分かりやすく、建物の中心的位置に設けるようにする。

第7章　実践設計製図

設計課題　宿泊機能をもつ青少年センター

Ⅰ．設計条件

この課題は、ある地方都市の豊かな自然の中に青少年センターを計画するものである。本施設は、青少年のふれあいや実習の場となるとともに、地域住民との交流を図ることを目的とする施設である。

1. 敷地及び周辺条件

(1) 敷地の形状、接道条件、周辺状況等は、右図のとおりである。
(2) 敷地は平坦で、道路、隣地との高低差はないものとする。また歩道の切り開きは、1箇所当り6mまでできるものとする。
(3) 敷地は、都市計画及び準都市計画地域以外にあるが、景観保全のため建築物に関して次の制限がある。
　① 建ぺい率の限度は70%、容積率の限度は200%である。
　② 主要な屋根は、勾配屋根とする。
(4) 電気、ガス、上下水道は、完備している。
(5) 地盤は良好であり、杭打ちの必要はない。
(6) 気候は温暖で、積雪についての特別の配慮はしなくてよいものとする。

2. 建築物

(1) 構造種別は自由とし、地上2階建ての1棟の建築物とする。
(2) 床面積の合計
　床面積の合計は、1,800 m² 以上、2,200 m² 以下とする。この課題の床面積の算定においては、ピロティ、塔屋、バルコニー、屋外階段等は、床面積に算入しないものとする。
(3) 要求室
　右表の室はすべて計画する。

3. その他の施設等

(1) 屋外テラス（食事やパーティ等多目的に利用する。）を、次のとおり計画する。
　① 地上又は1階の屋上に設けるものとし、まとまったスペースで100 m²（ピロティ、上部に屋根等がある部分を含めてもよい。）を確保する。
　② 食堂と一体的に利用できるようにする。
　③ テーブル、椅子等を設ける。
(2) 駐車場は、地上に平面駐車とし、車いす用として2台分、サービス用として2台分設ける。なお、施設利用者用及び職員用の駐車場については、近隣の駐車場を利用するものとし、考慮しなくてよい。
(3) 駐輪場は、施設利用者用として30台分設ける。
(4) (1)～(3)の「その他の施設等」は、床面積に算入しないものとする。

部門	室名	特記事項	床面積
交流部門	交流ホール	・無柱空間とし、天井高は、5m以上とする。 ・間口及び奥行きは、心々10m以上とする。	約150 m²
	準備室	・交流ホール用とする。	適宜
	研修室A	・30人程度が利用できるようにする。	
	研修室B	・20人程度が利用できるようにする。	
	研修室C	・15人程度が利用できるようにする。	
	和室	・12畳とし、床の間及び押入を設ける。	
宿泊部門	宿泊室A（和室15畳）	・4室計画する。 ・バルコニーを設ける。 ・洗面台、便所及び押入を設ける。	適宜
	宿泊室B（洋室・2人室）	・2室計画する。 ・バルコニーを設ける。 ・シングルベッド及びテーブル椅子を設ける。 ・洗面、便所を設ける。	
	談話スペース	・20人程度が利用できるようにする。 ・ソファー等を設ける。	
	浴室	・男性用、女性用として、それぞれ5人程度が入浴できるようにし、各浴室に脱衣室を設ける。 ・眺望に配慮する。	
	リネン室		
共用・管理部門	エントランスホール	・1階と2階の連続性を考慮した吹抜けを設け、その吹抜け部分は梁を設けない構造計画とする。 ・明るく開放的な空間とし、コミュニケーションの場やラウンジとしても利用する。 ・青少年や地域住民が制作した作品等を展示を行う展示パネル等を設ける。 ・風除室を設ける。	適宜
	食堂	・屋内で50人程度が利用できるようにする。 ・厨房を設ける。 ・テーブル、椅子等を設ける。	
	事務室	・2人分の事務スペースを確保する。 ・受付カウンターを設ける。	
	職員控え室	・男子用、女子用として、それぞれ各1室設ける。	
	設備スペース	・採用した設備計画に応じて、設備機械室（空調、給排水、消火等）、屋外機器置場等を計画する。	

・便所、倉庫等については、適切に計画する。
・その他必要と思われる室等は、適宜計画するものとする。

4. 計画に当たっての留意事項

(1) 建築計画については、次の点に留意して計画する。
　① 交流部門、宿泊部門及び共用・管理部門の異なる機能を適切にゾーニングした計画とするとともに、各部門の動線に配慮した計画とする。
　② バリアフリー及び快適性に配慮する。
　③ 勾配屋根の形状を活かした室内空間となるようにする。
　④ 敷地の周辺環境に配慮した計画とする。

(2) 構造計画については、次の点に留意して計画する。
　① 建築物全体が、構造耐力上、安全であるように計画するとともに、経済性にも配慮する。
　② 構造種別、架構形式、スパン割を適切に計画する。
　③ 耐震性に配慮し、必要に応じて、耐力壁等を設ける。
　④ 部材の断面寸法を適切に計画する。

(3) 設備計画については、次の点に留意して計画する。
　① 空調設備、給排水衛生設備、電気設備等を適切に設け、環境負荷低減に配慮する。
　② エレベーターを適切に設ける。

Ⅱ. 要求図書

答案用紙の定められた枠内（寸法線については枠外でもよい。）に、黒鉛筆を用いて記入する。

1. 要求図面

右表により、所定の図面を作成し（フリーハンドでもよい）、必要な事項を記入する。

2. 面積表（答案用紙Ⅰに記入）

(1) 地上1、2階の床面積及びその合計を記入する。なお、各階の床面積については、その算定式も記入する。

3. 計画の要点等（答案用紙Ⅱに記入）

(1) 建築計画について、次の①～③の要点等を具体的に記述する。なお、要求図面では表せない部分についても記述する。
　① 研修室の配置について、その配置とした理由及び動線計画において工夫したこと
　② エントランスホールの計画について工夫したこと
　③ 勾配屋根の形状を活かした空間とするために工夫したこと

(2) 構造計画について、次の①及び②の要点等を具体的に記述する。なお、要求図面では表せない部分についても記述する。

図面及び縮尺	特 記 事 項
(1) 1階平面図兼配置図 1/200	① 1階平面図兼配置図及び2階平面図には、次のものを図示又は記入する。 イ、建築物の主要寸法（柱割り及び床面積計算に必要な程度） ロ、室名等 ハ、要求室の床面積 ニ、採用した構造種別、架構形式及びスパン割りに応じて必要となる構造要素（必要により、凡例の空欄に名称・記号を記入し、図示する） ホ、設備シャフト〔パイプシャフト（PS）、ダクトスペース（DS）、電気シャフト（EPS）〕の位置 ヘ、設備計画に応じた設備スペース ト、断面図の切断位置 チ、屋外テラス リ、宿泊室A（和室15畳）の室名（A1、A2、A3、A4と表示する。） ヌ、宿泊室B（洋室・2人室）の室名（B1、B2と表示する。） ル、代表的な宿泊室A及び宿泊室Bの室内プラン ヲ、要求室（宿泊室を除く。）の特記事項に記載されている什器等 ② 1階平面図兼配置図には、次のものを図示又は記入する。 イ、建築物の出入口 ロ、駐車場、駐輪場 ハ、通路、植栽等 ③ 2階平面図には、次のものを図示又は記入する。 イ、居室の最も遠い位置から避難階段一に至る歩行距離及び経路 ロ、1階の屋根、ひさし等となる部分 ハ、2階の屋根の形状（軒先、棟等を一点鎖線で図示する）
(2) 2階平面図 1/200	
(3) 断面図 1/200	① 切断位置は、エントランスホールを含み、建築物の全体の立体構成が分かる断面とする。なお、水平方向、鉛直方向の省略は行わないものとする。 ② 塔屋を除く建築物の高さ、階高、天井高、1階床高及び主要な室名を記入する。 ③ 基礎、梁及びスラブの断面を図示する。
(4) 2階梁伏図 1/200	① 2階からの見下げ図とし、主要な柱、大梁、小梁及びスラブは構造部材表の符号を記入する。 ② 構造部材表に主要な柱、大梁、小梁及びスラブの断面 寸法を記入し、主要な部材が複数となる場合は空欄に符号・部材・断面寸法を追加記入する。

　① 構造上の特徴及び構造計画上特に配慮したこと
　② 勾配屋根の架構計画について、その特徴及び特に配慮したこと

(3) 設備計画について、次の①～②の要点等を具体的に記述する。なお、要求図面では表せない部分についても記述する。
　① 建築物に採用した空調方式と採用した理由
　② 浴室の給湯設備において、採用した熱源方式と採用した理由及び熱源機器の設置場所について配慮したこと

(4) 建築物の特徴（勾配屋根、吹抜け等）に対応した環境負荷低減について、配慮したことを具体的に記述する。

7.3 課題文を読みとる

I．設計条件

設計条件は、この施設のコンセプトを示すもので、最も重要な要求となる。

ここで要求する「地域住民との交流を図ることを目的とする施設である」とは、解放的で親しみやすい建築を求めるもので、開口部が少なく、所要室は扉と壁で仕切り、階段など最小の大きさの避難口のみとするような、閉鎖的な建物とならないように計画する。

1．敷地および周辺条件

「建ぺい率」が70％ともなると、庇やバルコニー、屋外階段などの設置に際し「建築面積」を考慮せずに設定すると、「建ぺい率」をオーバーすることがあるので注意する。したがって「主要な屋根は、勾配屋根とする。」とあるため、必要以上に軒を出さないようにすることも大切である。

2．建築物

「構造種別は自由」とあるため、RC造とし、無柱空間とする「大空間居室」があるため、PC梁架構を併用する。

延べ面積は、1,800〜2,200 m^{2}以内であるから、2,100 m^{2}を計画の目安とする。

2-(3)．要求室

宿泊部門は、セオリー通り2階に設置する。交流ホールは、「天井高は、5m以上とする」とあることから、おのずとの設置階は1階とし、上部は「吹抜け」とする。

なぜなら、2階には宿泊部門を設けるため、交流ホールを2階に配すると、宿泊部門の一部を1階に分散しなければならないためである。

こうして、交流ホールは1階に配するが、「吹抜け空間」となるため、位置の決定はエスキースの行方を左右することになる。

また、エントランスホールはラウンジや展示スペースとして利用するため、建物間口の中央付近に設けるとまとまりがよくなる。

「設備スペースの位置」

設備機械室は、機器の搬出入を考慮して1階の屋外に面する位置とする。また、設備スペースの位置は、各設備システムによって決まってくるが、勾配屋根であることから、屋根の上に設備機器を載せられないため、地上に設備機器を設置することになる。

しかし、「主要な屋根は、勾配屋根とする。」とは、すべての屋根を勾配屋根としなければならないのではなく、屋根の一部を「陸屋根」にして設備機器を設置することでも可となる。

課題文に記載のある項目は、その項目だけで完結するものではなく、計画のすべてに関連をもっていることを認識し、詳細に読みとることが大切である。

3. その他の施設等

屋外テラスは、「食堂と一体的に利用できるようにする」とあることから、環境条件の最も優れた南側に設置することをイメージする。

車いす用駐車場は、エントランスに近くに設定し、サービス用駐車場は管理部門の近くに設置する。

駐輪場は、エントランスより離れてもよいので、駐車場との動線の交差を起こさないように注意する。

4. 計画に当たっての留意事項

「勾配屋根の形状を活かした室内空間とする。」とは、利用者ゾーンの所要室やエントランスホール、廊下などはできるだけ「勾配天井」とし、建物の外部形態と内部空間の連続性を意図して計画することを求めていることになる。

「敷地の周辺環境に配慮した計画とする。」とは、環境条件の読みとりをしっかり行わなければならない、との要求である。

エレベーターは、利用者用と管理者用とになるが、管理者用エレベーターはリネンサービスにも利用するため、できるだけ設置する。

Ⅱ. 要求図書

作図は、「フリーハンドでもよい。」とあるため、フリーハンド図とすると、定規による作図よりもスピードアップを図ることができると同時に、エスキースに時間を掛けることができる。

「居室の最も遠い位置から避難階段一に至る歩行距離および経路」は、2つ以上の階段の設置を求め、それぞれの階段が避難に際し有効に活用できる計画かどうかを判断するためのものである。したがって、「歩行距離重複区間距離」が30m以上になる場合や、居室から階段までが遠い場合は、屋外階段の設置を考慮する。

断面図の切断位置を確認し、「基礎、梁およびスラブの断面を図示」の有無を確認する。この課題では勾配屋根とすることから勾配屋根を表現しやすい切断方向とすることが大切である。

2. 面積表

延べ床面積や建ぺい率がオーバーしないように十分に注意する。

3. 計画の要点等

計画の要点等の記述は、試験場で課題文を読んでから考えるようでは、時間内での記述は間に合うものではない。したがって、本書を読破して基本知識をつけ、トレーニングして試験に臨むことが大切である。

作図位置は印刷されているが、作図位置を間違える受験者は意外に多いので注意する。

2階屋根の形状（軒先、棟等を一点鎖線で図示する）ことによって、勾配屋根の形状が明確に分かるため、断面図との整合性が判断しやすくなる。

7.4 環境条件を読みとる

　敷地は、樹林に囲まれ、南の方向は「遠くに山々が見え景色がよい」とあり、まさに「青少年センター」を建設するにふさわしい絶好の環境条件となっている。したがって、南の方向は日照条件もよいため、環境条件1位と判断する。

　北側は遊歩道があるため、環境条件2位とし、西側の樹林方向も北側同様に環境条件2位と判断できる（図7.1）。

　こうして、施設の主要な所要室は、環境条件1位や2位方向に向けることを念頭に置き、東側には利用者の所要室を向けないように計画する。

　では、なぜ東側には利用者の所要室は向けられないのか。

　東側には他の研修所の各室の窓が存在すると考えるべきであり、施設との互いのプライバシーを守ることができないからである。したがって、東側には管理部門をまとめるようにするのである。

> 環境条件の読みとりこそ、最も重要である。もし、環境条件の読みとりを行わずにやみくもに計画を進め、東側に所要室の多くを向けるような計画を行った場合は、その時点で不合格となる。

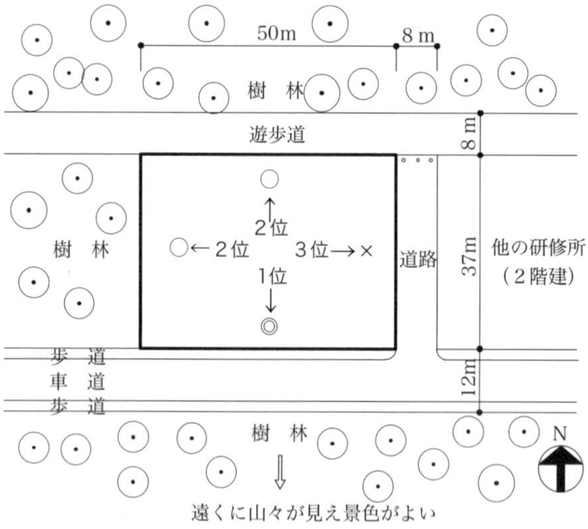

図7.1　環境条件の読みとり

■アプローチの目安をつける

　利用者のアプローチは、歩道付きの広い南側道路に設定し、管理用のアプローチは歩道のない東側道路に設定する。また、北側には遊歩道があるため、おのずと副出入口を設けることになる。

　しかし、この段階ではアプローチの位置を決め込むことはせず、あくまでも目安をつける程度とし、すべての出入口の位置は、平面計画を行って決めるようにする。

> 課題文に要求がなくても遊歩道側からの出入口は必然である。

7.5　配置計画

　南側に設置する屋外施設のボリュームは、エントランスへのアプローチ、屋外テラス、車いす用駐車場、駐輪場などである。

　屋外施設は、克明に計測しながらスペースの目安をつけることが大切である。

　こうして、屋外施設を計測すると、南側の道路境界線から5mの空地が必要となることが分かる。

　また、屋外テラスは100 m^2 と広いスペースを要求していることから、1階の一部に設定することになる。

　東側道路には、管理部門の出入口を設定し、サービス用駐車場を確保するために、道路境界線から建物の離れを4mとし、北側は遊歩道への出入口を設けるため、最小寸法2mを確保する。また、駐輪場は西側に設けることにして、隣地境界と建物の離れは4mとする（**図7.2**）。

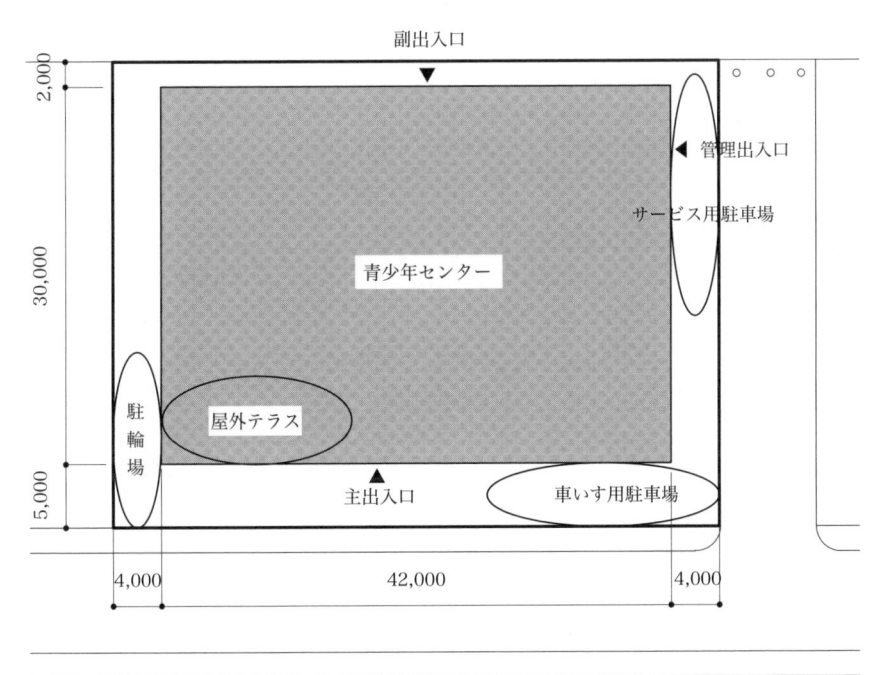

図 7.2　配置計画

7.6　柱スパンの目安をつける

　配置計画によって建物のボリュームの目安をつかんだら、そのスペースに試験向きの7mの柱スパンを割りつけてみる。

　すると、東西方向には7mの柱スパンが6スパン入ることが分かる。しかし、南北方向は7mの柱スパンでは、スパン数が少なすぎたり、スパン数を増やすと敷地からはみ出してしまう。

　したがって、ここで、南北方向は6mの柱スパンを挿入しなければならないことが分かる。

　こうして、東西方向は7mの柱スパンとし、南北方向は6mの柱スパンで構成するのである（**図7.3**）。

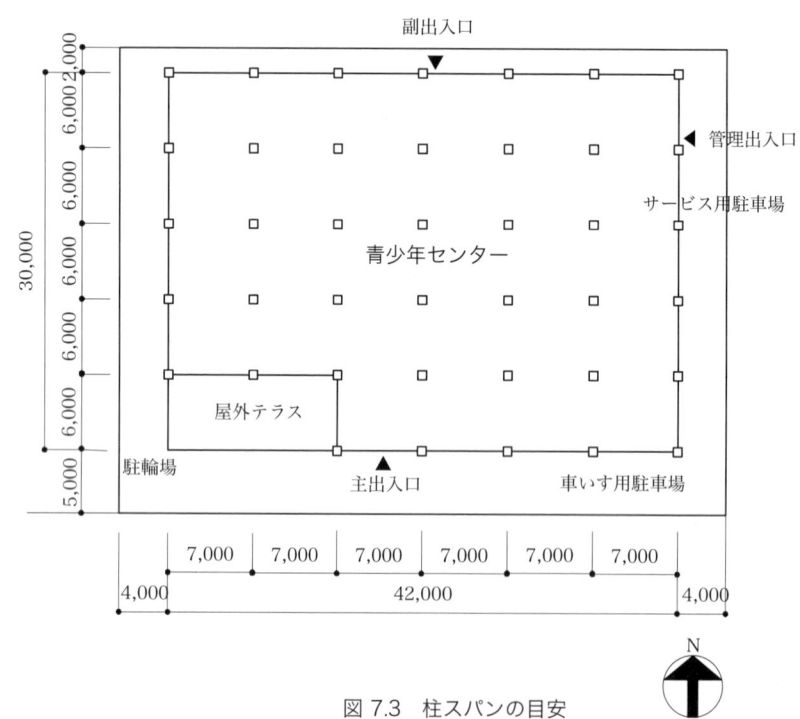

図7.3　柱スパンの目安

7.7 建物のボリュームと面積計画

　敷地に柱スパンが何スパン（コマ）入るかをかき込んだら、1階における建物の最大のボリュームの目安をつけるが、屋外テラスの面積を差し引いて残った面積（1,176 m²）が1階の最大ボリュームとなるのである。

　2階は、1階のボリュームからエントランスホールの吹抜けと交流ホールの吹抜け分とを差し引いて、残った22コマ分（924 m²）となる（**図7.4**）。

「延べ床面積の確認」
計画の目安とした延べ床面積 2,100 m² 程度におさまっているかどうかを確認する。
1階床面積 1,176 m²
＋2階床面積 924 m²
＝ 2,100 m²
2階宿泊室のバルコニー分を差し引くため 2,100 m² 以下となるのでこれで可となる。

「屋外テラス」はどこに設定するのがよいか。
課題文には、「食堂と一体的に利用できるようにする」とある。したがって、屋外テラスの位置は1階南側がよいことが分かるのである。

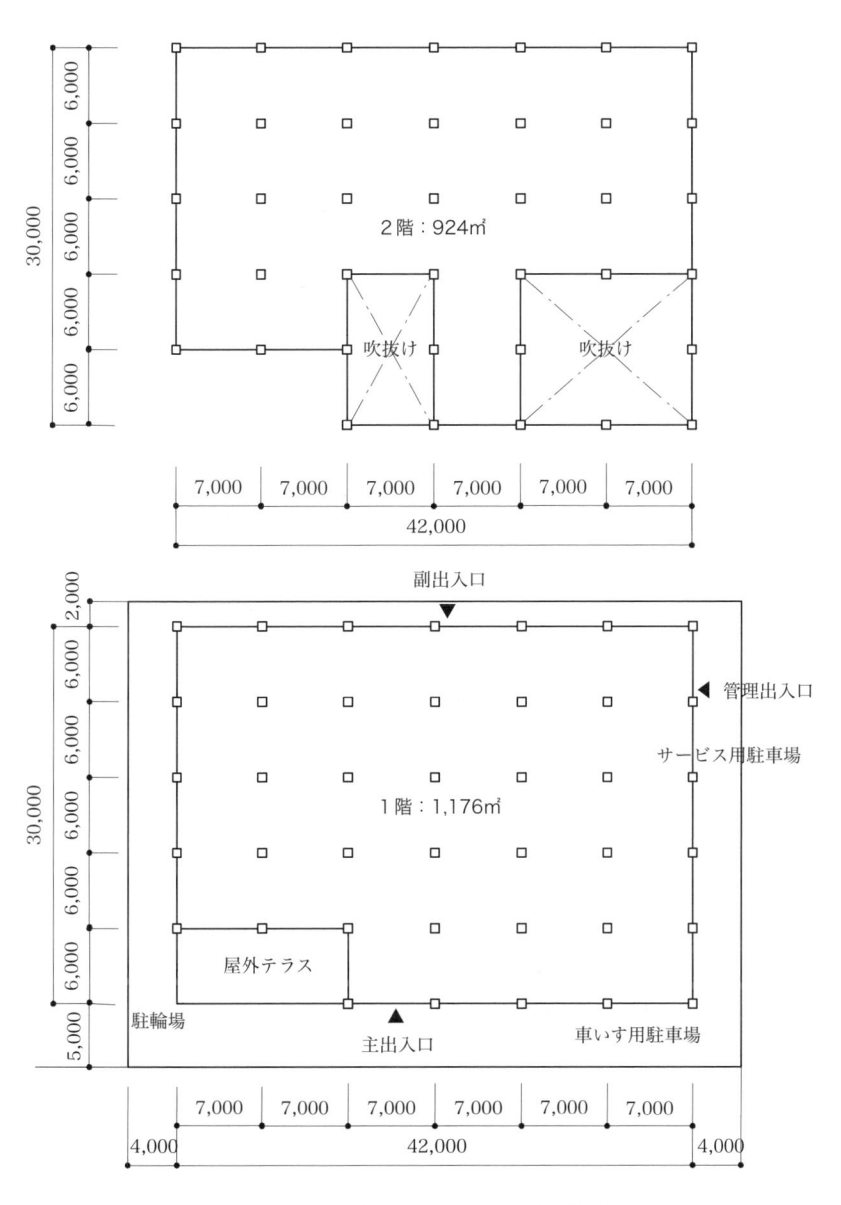

図7.4　建物のボリュームと面積計画

7.8 コアの配置

利用者ゾーンに置くメインコアは、エントランスに入ったら目視できる分かりやすい位置とすることが原則となる。

サブのコアは、管理ゾーンに置くが、利用者の避難にも利用するためメインコアとはできるだけ離して設置する。

つまり、こうすることによって利用者と管理者の動線が交差することがなくなるのである（**図7.5**）。

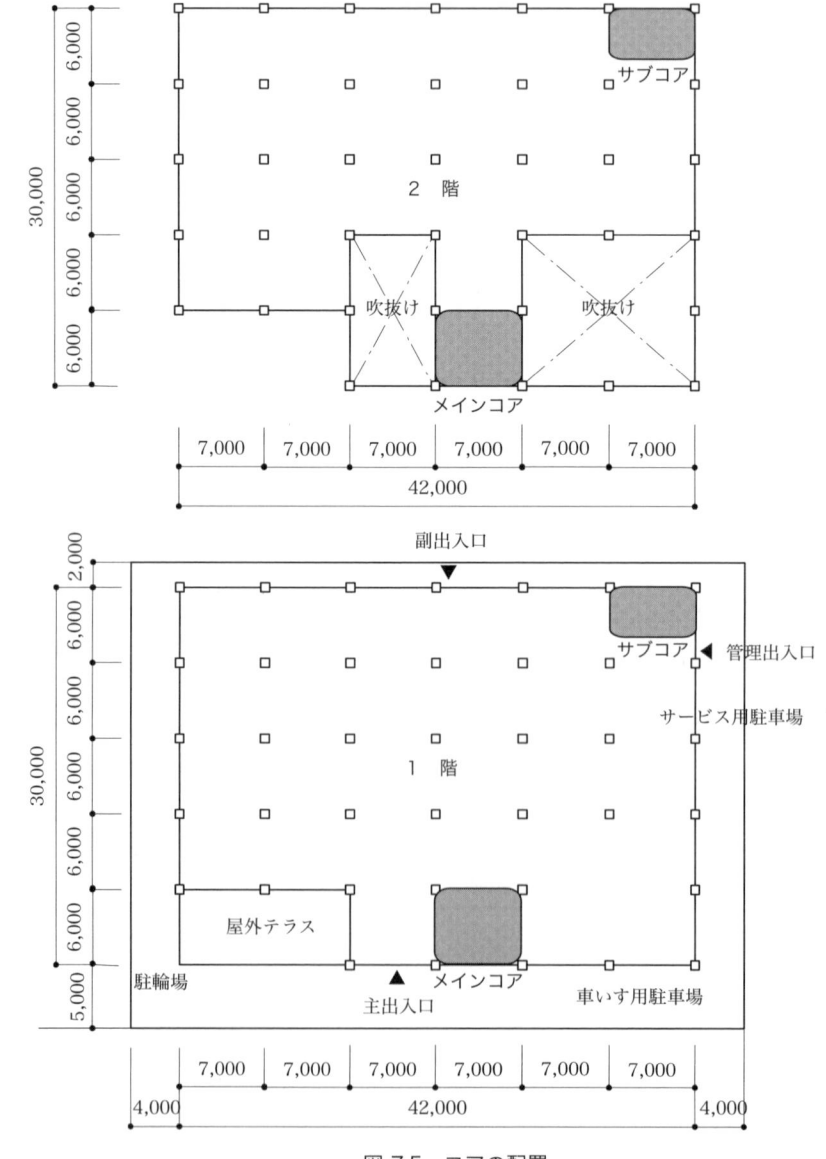

図 7.5　コアの配置

7.9　動線計画

　利用者ゾーンの所要室への動線計画は、分かりやすく単純化を図り、安全な二方向避難を考慮した計画とする。したがって、宿泊室や浴室からの避難経路が歩行距離重複区間距離が 30 m を超える場合は、屋外階段を設置することにする。

　管理ゾーンについては、事務室は 1 階に設けることを原則とし、1 階に入りきらない室があれば 2 階に配する。また、利用者と管理者の動線の交差を起こさないように計画することが大切である。

　具体的には、管理者は「利用者ゾーン」のどこまでも自由に立ち入ることができるが、利用者は無用に「管理ゾーン」には立ち入らないように計画するのである。

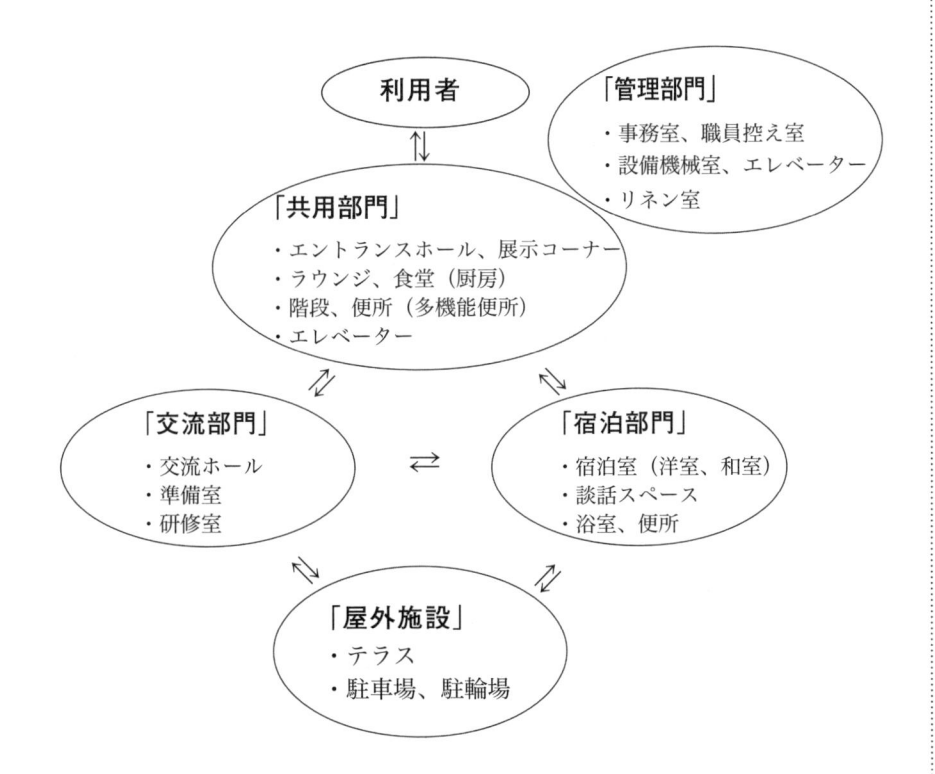

```
            利用者              「管理部門」
              ⇅                ・事務室、職員控え室
                               ・設備機械室、エレベーター
          「共用部門」            ・リネン室
          ・エントランスホール、展示コーナー
          ・ラウンジ、食堂（厨房）
          ・階段、便所（多機能便所）
          ・エレベーター
              ⇅          ⇅
     「交流部門」    ⇄     「宿泊部門」
     ・交流ホール           ・宿泊室（洋室、和室）
     ・準備室              ・談話スペース
     ・研修室              ・浴室、便所
              ⇅          ⇅
              「屋外施設」
              ・テラス
              ・駐車場、駐輪場
```

7.10 平面計画

■1階のプランニング

　大勢の人が利用する交流ホールは、エントランスから最も分かりやすい東側に配することにする。

　食堂は、エントランスに面して西側に置き、研修室は北側にそれぞれ並べることにする。

　エントランスホールは、1階と2階とが視覚的につながる豊かな広がりある吹抜け空間とし、ラウンジや展示コーナーを配する。

　1階からはみ出してしまう和室は2階の談話スペースの前に置くことにする。

　管理部門は、東側にまとめるが、エントランスホールから分かりやすい位置に受付をもつ事務室を設ける。

　1階に入りきらない職員控え室などは、2階に設けても支障は起きないので利用者部門に顔を出さないように配し、設備機械室や電気室は、機器の搬出入を考慮して屋外に面する位置とする（図7.6-1）。

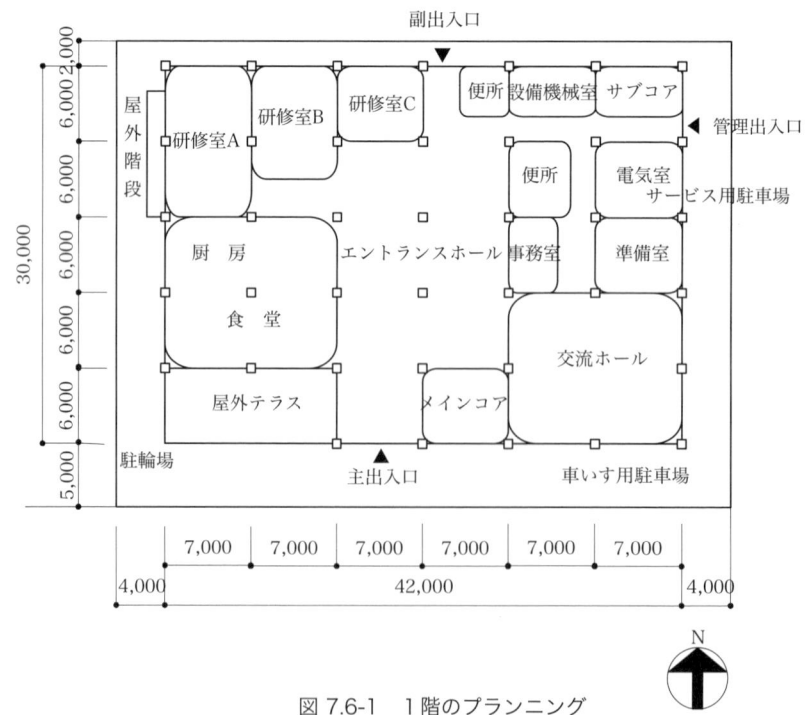

図 7.6-1　1階のプランニング

■2階のプランニング

　2階のプランニングは、メインとサブの2つのコアを中廊下で結び、両側に所要室を配する「中廊下形式のプランニング」とし、南側には浴室や和室を置き、北側には各宿泊室を並べる（**図7.6-2**）。

　浴室は、「眺望に配慮する」との出題は多い。この課題の場合は南側方向が眺望がよいため、浴室をこの方向に向けるようにする。しかし、「眺望に配慮する」とは、環境条件のきびしい東側にさえ向けなければ、西側や北側の方向に向けることでも可となるのである。

　これは、実際の出題を検証してみると、『平成26年度温浴施設のある「道の駅」』や『平成25年度「大学のセミナーハウス」』では、浴室は「眺望に配慮する」との要求はあるが、標準解答例をみると必ずしも環境条件1位の方向に浴室を向けてはおらず、環境条件2位や3位の方向に向けていることでもわかる（第8章、標準解答例参照）。

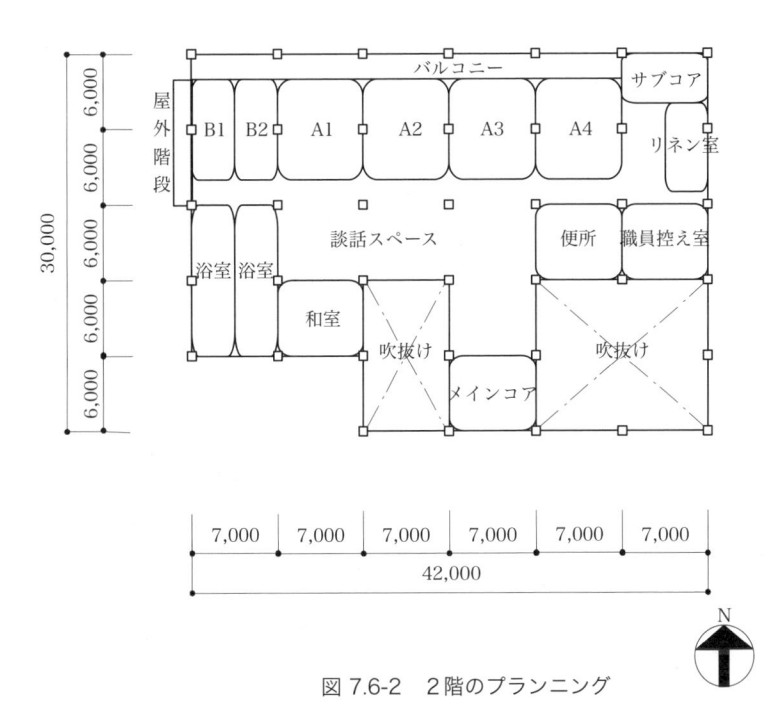

図7.6-2　2階のプランニング

浴室のみならず、所要室の要求が「眺望に配慮する」とあった場合、環境条件のきびしい方向にさえ向けなければ可となる。

7.11 エスキースの決定

■配置および平面計画

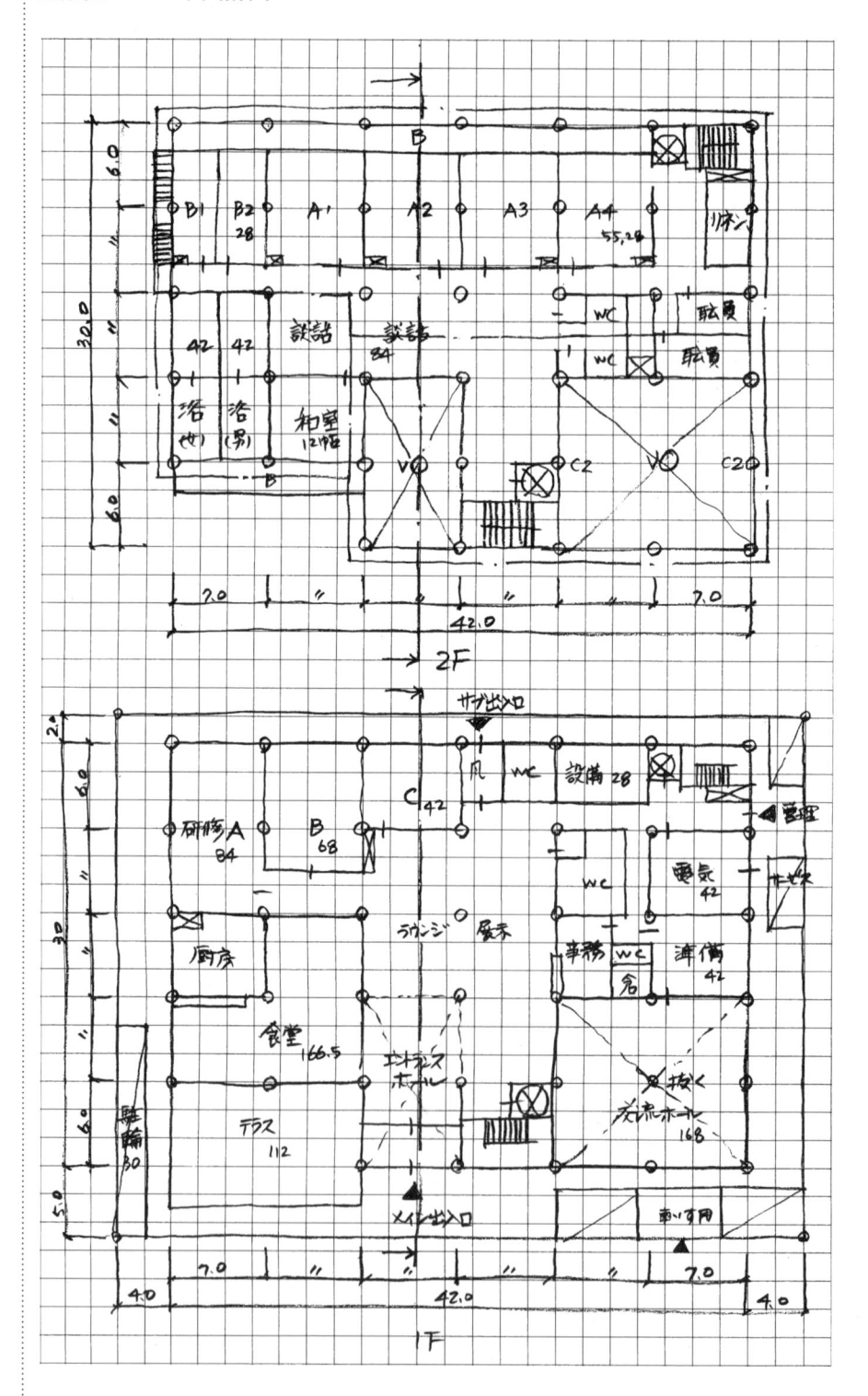

■断面計画

　断面計画は、1階階高を4.5mとし、2階軒高は勾配屋根であることから3.8mとし、吹抜け空間とする交流ホールは、5m以上の天井高を確保するために屋根部をそろえることにする。また、1階床高はバリアフリー化を意図し、G.L＋10cmとする。

　基礎は、ベタ基礎2重ピット方式とし、底盤までの深さは2mとする。

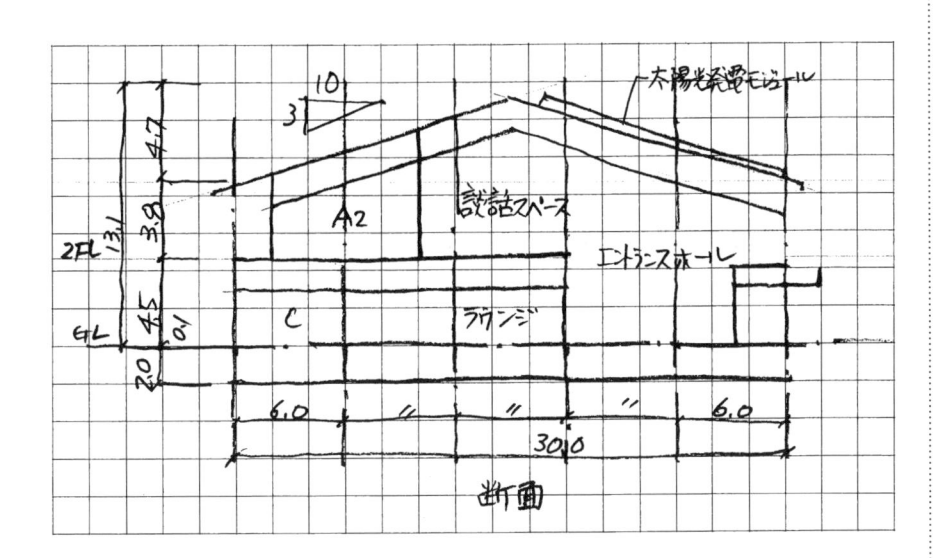

> 勾配屋根の場合は勾配天井とし、外部形態と内部空間との連続性を図ることが優れた計画となる。

■空調方式

　空調方式は、空冷ヒートポンプビルマルチ方式とし、一般所要室と宿泊室は「空冷ヒートポンプ天井いんぺいダクト方式」とする。

　交流ホールは、「単一ダクト（定風量）方式」とし、1階設備機械室に空調機を設置してダクティングする。

　各空調室外機は、1階の屋外に設置する。

■給水方式

　2階建てであり、浴室の規模は小さいため、「水道直結直圧方式」とする。

■給湯方式

　自然媒体空冷ヒートポンプ給湯方式とし、貯湯槽は設備機械室に設け、給湯室外機は屋外に設置する。

■受変電設備

　キュービクルとキュービクル型発電機および蓄電池を電気室に設置する。

7.12 計画の要点等の記述

　計画の要点等の記述は、1項目でも記述できないと失格となる。したがって、エスキースが決定した時点で記述することが大切である。
　なぜなら、作図を完成してからでは、時間内に間に合わなくなることが多いからである。

(1)　建築計画について、次の①〜③の要点等を具体的に記述する。なお、要求図面では表せない部分についても記述する。
① 研修室の配置について、その配置とした理由および動線計画において工夫したこと

> 研修室は、環境条件のよい北側に面して配し、来館者に樹林の緑を引き寄せ、落ち着いた空間の創出をめざした。動線計画は、エントランスホールから分かりやすく、利用者と管理部門との動線の交差を起こさないことを原則にして計画した。

② エントランスホールの計画について工夫したこと

> エントランスホールは、側面が屋外に面する建物の中心的位置にゆとりのあるスペースを確保し、1階と2階とが視覚的につながる自然光の入る明るい吹抜け空間とした。また、ラウンジのすぐ近くには展示パネルを設置し、親しみやすく解放的な一体空間の創出をめざした。

③ 勾配屋根の形状を活かした空間とするために工夫したこと

> アプローチから勾配屋根の形状が見えることを意図し、南側道路および北側遊歩道へ下る切妻屋根とし、勾配は3/10とした。エントランスホールの吹抜け部、交流ホール上部、および2階の所要室や廊下は勾配天井とし、内と外の形態の連続性をもつ豊かな空間の創出をめざした。

(2)　構造計画について、次の①および②の要点等を具体的に記述する。なお、要求図面では表せない部分についても記述する。
① 構造上の特徴および構造計画上特に配慮したこと

> 鉄筋コンクリート造は、耐震性、耐火性、耐久性が大であり、強度、剛性が高く、剛接合のため建物全体としての荷重による変形が非常に小さいため、鉄筋コンクリート造純ラーメン構造を採用し、柱スパンは6×7mとして安全性と経済性を高めた。また、交流ホールは無柱空間とするためプレストレストコンクリート梁架構とした。

② 勾配屋根の架構計画について、その特徴および特に配慮したこと

　　主体構造は鉄筋コンクリート造の切妻屋根とし、頂部に小梁を設け、コンクリートスラブ厚は200mmとして剛性と耐火性能を高め、安全性に配慮した。屋根仕上は、コンクリートスラブの上に軽量鉄骨造を組み、断熱材を挿入してアルミ合金板フッ素樹脂焼き付け塗装とし、省エネルギー化と耐候性を図った。

(3) 設備計画について、次の①〜②の要点等を具体的に記述する。なお、要求図面では表せない部分についても記述する。

① 建築物に採用した空調方式と採用した理由

　　空冷ヒートポンプビルマルチ方式とし、一般所要室と宿泊室は「空冷ヒートポンプ天井いんぺいダクト方式」とし、交流ホールは「単一ダクト（定風量）方式」とし、1階設備機械室に空調機を設置してダクティングを行うことにした。建物全体は、快適な空調計画と経済性および省エネルギー化をめざした。

② 浴室の給湯設備において、採用した熱源方式と採用した理由および熱源機器の設置場所について配慮したこと

　　給湯方式は、「自然媒体空冷ヒートポンプ給湯方式」を採用してCO_2の削減を行い、深夜電力を利用して環境への配慮と省エネルギー化を図った。貯湯槽の設置場所は設備機械室とし、給湯室外機は1階屋外の近くに設置して配管ロスを極力少なくするようにした。

(4) 建築物の特徴（勾配屋根、吹抜け等）に対応した環境負荷低減について、配慮したことを具体的に記述する。

　　勾配屋根には太陽光発電モジュールを設置し、電気室に蓄電池を設けて建物の電源に利用した。吹抜け部の空調は、天井面から吹出しを行い、吸込みは、ショートサーキットを防ぐため、給気口と還気口の位置を離して対角線に設置した。建物の開口部にはLOW-E複層ガラスを採用し、照明計画はベース照明としてLEDランプを採用して、省エネルギーと快適な建築の実現をめざした。

7.13 完成図

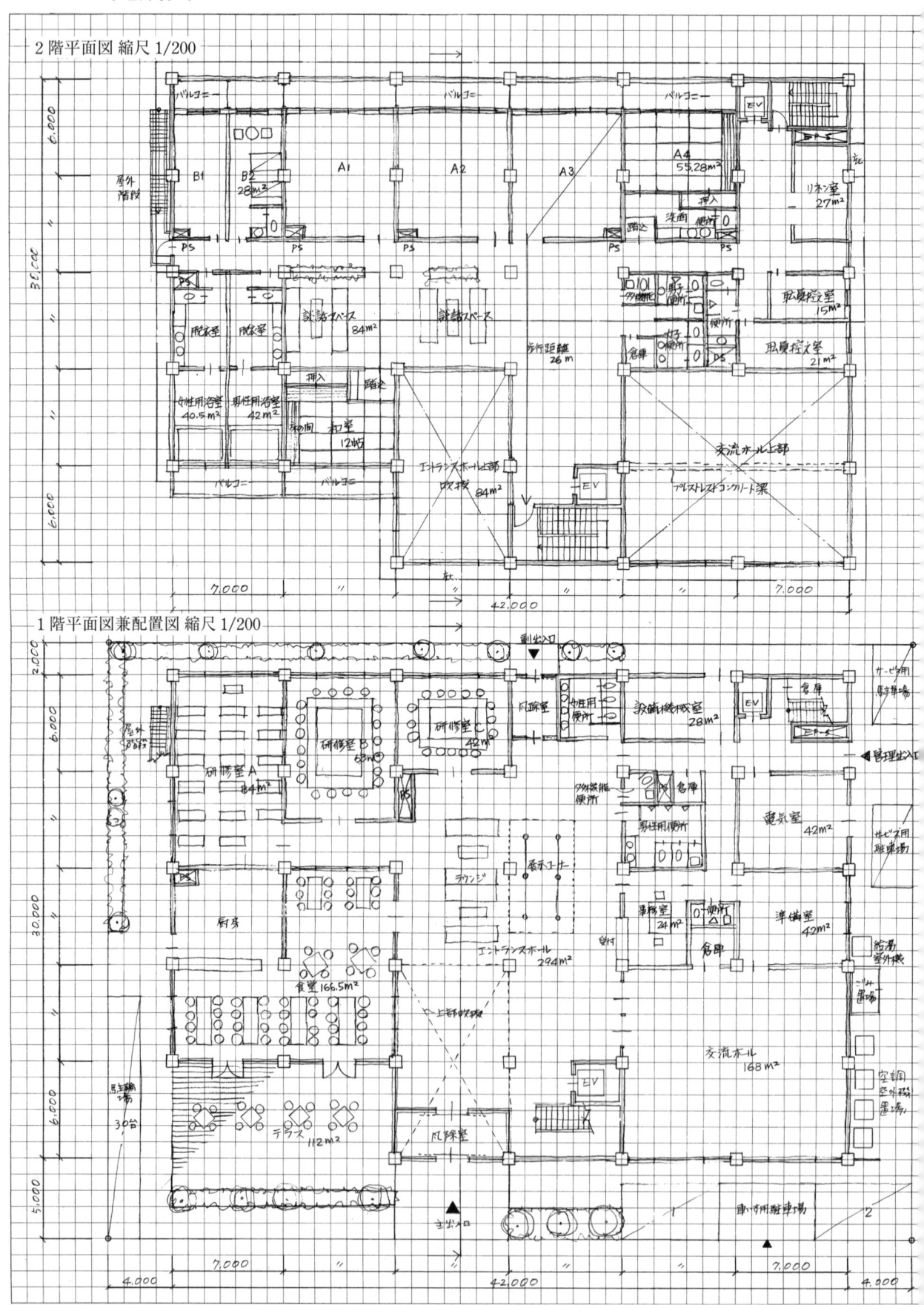

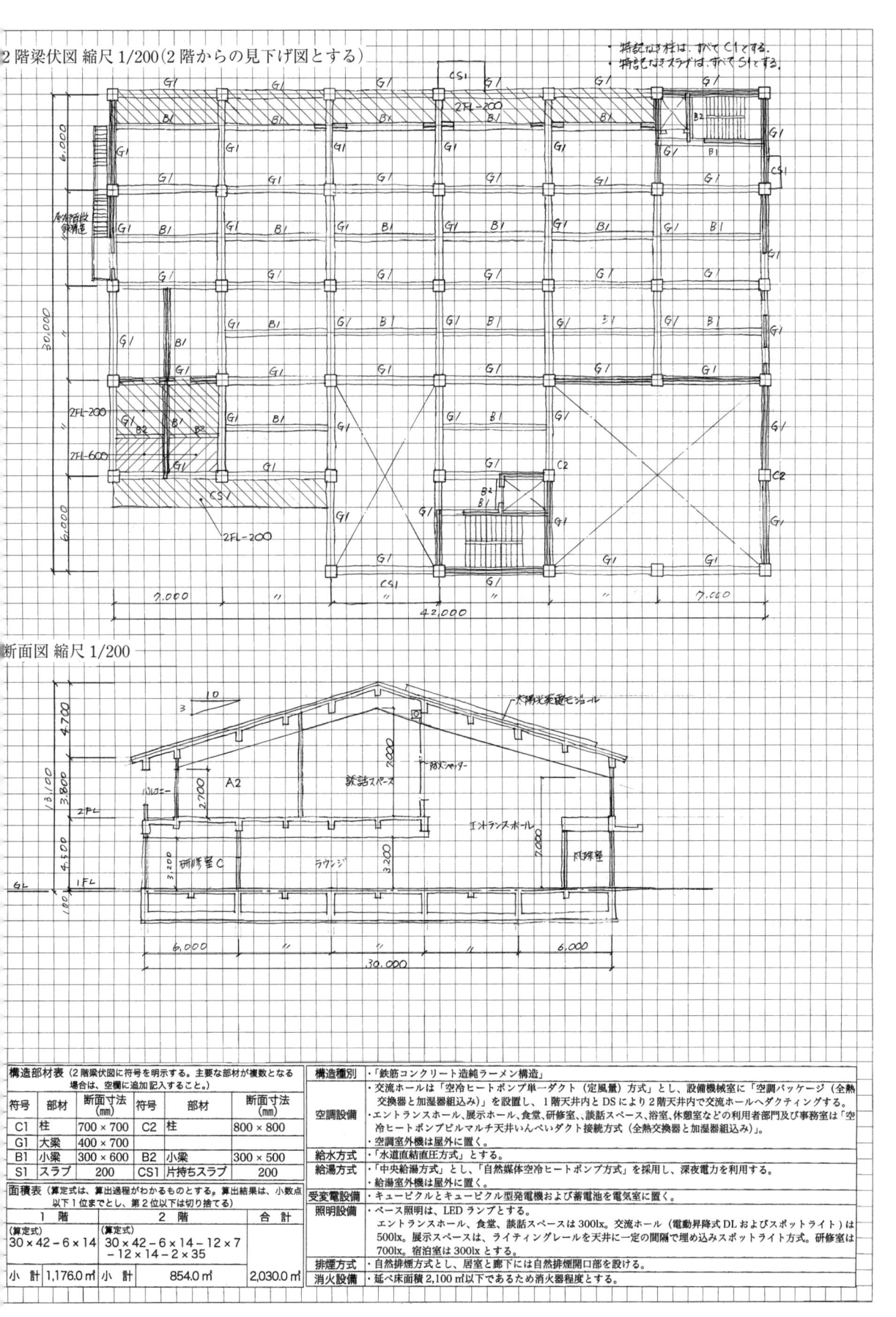

2階梁伏図 縮尺1/200(2階からの見下げ図とする)

・特記なき柱は、すべてC1とする。
・特記なきスラブは、すべてS1とする。

断面図 縮尺1/200

構造部材表 (2階梁伏図に符号を明示する。主要な部材が複数となる場合は、空欄に追加記入すること。)					構造種別	「鉄筋コンクリート造純ラーメン構造」
符号	部材	断面寸法(mm)	符号	部材	断面寸法(mm)	空調設備	・交流ホールは「空冷ヒートポンプ単一ダクト(定風量)方式」とし、設備機械室に「空調パッケージ(全熱交換器と加湿器組込み)」を設置し、1階天井内とDSにより2階天井内で交流ホールへダクティングする。 ・エントランスホール、展示ホール、食堂、研修室、談話スペース、浴室、休憩室などの利用者部門及び事務室は「空冷ヒートポンプビルマルチ天井いんべいダクト接続方式(全熱交換器と加湿器組込み)」。 ・空調室外機は屋外に置く。
C1	柱	700×700	C2	柱	800×800		
G1	大梁	400×700					
B1	小梁	300×600	B2	小梁	300×500	給水方式	「水道直結直圧方式」とする。
S1	スラブ	200	CS1	片持ちスラブ	200	給湯方式	「中央給湯方式」とし、「自然媒体空冷ヒートポンプ方式」を採用し、深夜電力を利用する。 給湯室外機は屋外に置く。
面積表(算定式は、算出過程がわかるものとする。算出結果は、小数点以下1位までとし、第2位以下は切り捨てる)						受変電設備	・キュービクルとキュービクル型発電機および蓄電池を電気室に置く。
	1階		2階		合計	照明設備	・ベース照明は、LEDランプとする。 エントランスホール、食堂、談話スペースは300lx。交流ホール(電動昇降式DLおよびスポットライト)は500lx。展示スペースは、ライティングレールを天井に一定の間隔で埋め込みスポットライト方式。研修室は700lx。宿泊室は300lxとする。
(算定式)	30×42-6×14		(算定式) 30×42-6×14-12×7 -12×14-2×35				排煙方式	自然排煙方式とし、居室と廊下には自然排煙開口部を設ける。
小計	1,176.0㎡		小計	854.0㎡	2,030.0㎡	消火設備	延べ床面積2,100㎡以下であるため消火器程度とする。

第8章
重要ポイントへの対応法

8.1 平成27年度課題の重要ポイント

■基礎免震構造の採用

「基礎免震構造」は、試験では初めての出題となるが、地震国であるわが国では「免震構造」の採用は増えている。したがって、今後の試験においても出題される可能性は高いと思われる。

■敷地と環境条件の読みとり

敷地は、近隣商業地域に指定された駅から約200mの街角にあり、公園と歩行者専用道路とに面するが、このような好条件の敷地に「デイサービス付き高齢者向け集合住宅」を建てることは、実際にはあり得ないほどである。

したがって、デイサービス部門の所要室や集合住宅の住戸は、南側の公園へ向けるようにする。また、レストランやギャラリーは、東側商店街との連続性を求めていることから、おのずと東側歩行者専用道路に面して配することになる。

■配置計画

敷地は限定されているため、「基礎免震構造」に必要な敷地と建物との離れを確保すると、屋外施設の克明な配置計画を必要とする。

敷地の北側には車寄せからのメインアプローチを設けるが、東側の歩行者専用道路にサービス用の駐車場の出入口を設けることはできないことなどから、管理ゾーンは西側にまとめることになる。

■柱スパンの採用

柱スパンは、標準解答例では7×8mの均等柱スパンを採用しているが、受験者の多くは6×7mか、7×7mのどちらかの均等柱スパンを採用して解決している。

■各階のプランニング

プランニングに際しては、まず、基準階の集合住宅の住戸プランから目安をつける。次に全体のプランニングを進めるが、「デイサービス部門」と「住宅部門」にエレベーターと階段が必要となるため計画の難易度は高くなる。

■計画の要点等の記述

「基礎免震構造」は、この課題の「メインテーマのひとつ」であるため、「基礎免震構造」を採用するに当たって「目標耐震性能」などの要点等の記述を求めることは当然である。つまり、「計画の要点等の記述」は、どのような課題であっても「メインテーマ」を出題することになるため、十分に学習しておかなければならないのである。

「基礎免震構造」にすると地震力が抑えられるため「設計の自由度」は向上し、「耐震構造」ではエキスパンション・ジョイントが必要となるような、変形した形態の建物も可能となる。

■平成27年度「市街地に建つデイサービス付き高齢者向け集合住宅（基礎免震を採用した建築物である）」

I．設計条件

　この課題は、中核都市の市街地にあるにぎやかな商店街と公園等の一角に建つデイサービス付き高齢者向け集合住宅を計画するものである。本施設は、高齢者向け集合住宅（賃貸）に加えて、居住者も利用できるデイサービス機能（機能訓練室、浴室等）のほか、地域住民も利用できるレストラン等を設け、地域住民と居住者とが交流できるようにする。

1．敷地及び周辺条件
(1) 敷地の形状、接道条件、周辺状況等は、下図のとおりである。なお、敷地は、駅から約200mのところに位置している。
(2) 敷地は、平坦で、道路及び隣地との高低差はないものとする。また、歩道の切り開きは、1箇所当たり6mまでできるものとする。
(3) 敷地は、近隣商業地域及び防火地域に指定されている。また、建ぺい率の限度は90％（特定行政庁が指定した角地における加算を含む。）、容積率の限度は400％である。
(4) 電気、ガス及び上下水道は、完備している。
(5) 地盤は良好であり、杭打ちの必要はない。
(6) 気候は温暖で、積雪についての特別の配慮はしなくてよい。

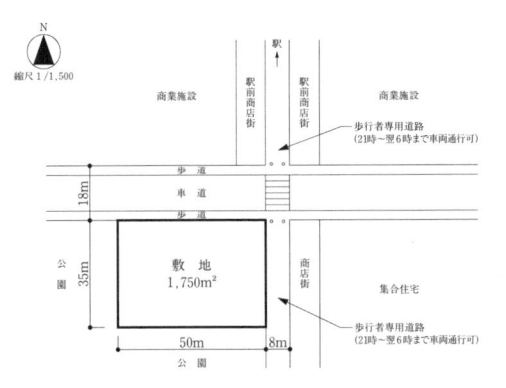

縮尺 1/1,500

[敷地図：N方位、敷地1,750m²、南北35m×東西50m、西側18m道路（歩道・車道・歩道）、北側駅前商店街・歩行者専用道路（21時〜翌6時まで車両通行可）、南側8m歩行者専用道路（21時〜翌6時まで車両通行可）、東側集合住宅・商店街、西側公園、商業施設等]

2．建築物
(1) 構造、階数等
　　構造種別は自由とし、地上5階建ての1棟の建築物とする。なお、建築物には、基礎免震構造を採用する。
(2) 床面積の合計
　　床面積の合計は、2,600m²以上、3,100m²以下とする。
　　この課題の床面積の算定においては、次のとおりとする。
　① ピロティ、塔屋、バルコニー、屋外階段及びエレベーターシャフトは、床面積に算入しないものとする。
　② 住宅部門（3〜5階）の共用の廊下、エレベーターホール及び階段は、床面積に算入しないものとする。
(3) 要求室
　　下表の室は、すべて計画する。

部門	室名	特記事項	床面積
	・デイサービス部門は、1日の利用者定員を20人とする。 ・レストラン及びギャラリーについては、商店街との連続性を配慮するとともに、エントランスホールからの動線を考慮した計画とする。		
住宅部門（3〜5階）	住戸（計36戸）	・各階に12戸計画する。 ・台所、浴室、便所及びバルコニーを設ける。	専用面積 約30m²/戸
	談話ラウンジ	・各階に設ける。	適宜
	洗濯室	・各階に設ける。	適宜
デイサービス部門（1階又は2階）	機能訓練室	・静養が可能なラウンジを設ける。 ・要介護者用食事スペースを設ける。 ・食事はレストランの厨房で調理する。 ・パントリー、小荷物専用昇降機を設けてもよい。	約180m²
	浴室（計3室）	・男性用、女性用及び機械浴用をそれぞれ1室設ける。 ・各浴室に脱衣室を設ける。	約90m²
	相談室	・介護指導等を行う介護者教室を兼ねる。	適宜
	医務室		適宜
	スタッフルーム	・介護スタッフと事務員の計9人が使用する。 ・受付カウンターを設ける。 ・休憩スペースを設ける。 ・男性用及び女性用の更衣スペースを設ける。	適宜
	洗濯室	・汚物処理室を兼ねる。	適宜
	多機能トイレ		適宜
共用部門（1階又は2階）	エントランスホール	・まとまったスペースの吹抜け（約100m²）を設けるとともに、自然採光を図る。 ・吹抜け部分には梁を設けない構造計画とする。 ・風除室を設ける。 ・住宅部門とデイサービス部門との共用とする。 また、夜間においては、デイサービス部門に入れないように計画する。 ・住宅部門の管理人室及びメールボックスを設ける。	適宜
	レストラン	・60人程度が利用できるようにする。 ・テーブル、椅子を設ける。 ・厨房を設ける。 ・地域住民も利用できるものとする。	適宜
	ギャラリー	・居住者や地域住民等の絵画、工芸等の作品の発表等に利用する。	約40m²
	施設管理室	・施設全体の管理を行う。	適宜
設備スペース（設置階は適宜）		・採用した設備計画に応じて、設備機械室（空調、給排水衛生、電気、消火等）、屋外機器置場等を計画する。	適宜
・便所、倉庫（リネン庫を含む。）及びゴミ置場については、適切に計画する。 ・その他必要と思われる室等は、適宜計画する。			

3．その他の施設等
(1) 屋上庭園を、次のとおり計画する。
　① 居住者が利用できるものとする。
　② 2階の屋上（3階床レベル）に設けるものとし、まとまったスペースで約100m²を確保する。
　③ 植栽を計画し、通路、ベンチ、テーブル等を設ける。
(2) 送迎用福祉車両等が利用できる「車寄せ」をデイサービス利用者の動線に考慮して適切に設ける。
(3) 敷地内の駐車場は、地上に平面駐車場で、送迎用福祉車両用、車椅子使用者用、サービス用としてそれぞれ1台分（計3台分）のスペースを設ける。なお、居住者・利用者・スタッフ等の駐車場は、近隣の駐車場を利用するものとし考慮しなくてもよい。
(4) 敷地内の駐輪場は、利用者用として10台分を設ける。
(5) (1)〜(4)の「その他の施設等」は、床面積に算入しないものとする。

4．計画に当たっての留意事項
(1) 建築計画については、次の点に留意して計画する。
　① 敷地の周辺環境に配慮する。
　② 建築物はバリアフリー、セキュリティ等に配慮する。
　③ 住宅部門、デイサービス部門及び共用部門を適切にゾーニングし、明快な動線計画とするとともに、災害時の避難等に配慮する。
　④ 自然採光及び自然通風を積極的に取り入れる計画とするとともに、日射の遮蔽に配慮する。
(2) 構造計画については、次の点に留意して計画する。
　① 建築物全体が、構造耐力上、安全であるように計画するとともに、経済性に配慮する。
　② 基礎免震構造を考慮した構造種別、架構形式及びスパン割りを適切に計画する。
　③ 部材の断面寸法を適切に計画する。
(3) 設備計画については、次の点に留意して計画する。
　① 空調設備、給排水衛生設備、電気設備、消火設備等を適切に設けるとともに、環境負荷低減に配慮する。
　② エレベーターを、住宅部門とデイサービス部門のそれぞれに1基以上適切に設ける。なお、デイサービス部門のエレベーターは、寝台用とする。

II．要求図書

　答案用紙I及び答案用紙IIの定められた枠内（寸法線については枠外でもよい。）に、黒鉛筆を用いて記入する。

1．要求図面（答案用紙Iに記入）
　下表により、所定の図面を作成し（フリーハンドでもよい。）、必要な事項を記入する。なお、各図面には、計画上留意した事項について、簡潔な文章や矢印等により補足して明示してもよい。

図面及び縮尺	特　記　事　項
(1) 1階平面図兼配置図 1/200	① 各平面図には、次のものを図示又は記入する。 イ．建築物の主要寸法（スパン割り及び床面積の計算に必要な程度） ロ．室名等（住戸の表示は、下記④ロ．による。） ハ．要求室の床面積（住戸については専用面積を記入する。） ニ．設備シャフト［パイプシャフト（PS）、ダクトスペース（DS）、電気シャフト（EPS）］の位置 ホ．設備計画に応じた設備スペース ヘ．断面図の切断位置 ト．要求室の特記事項に記載されている什器等 ② 1階平面図兼配置図には、次のものを図示又は記入する。 イ．建築物の出入口 ロ．免震層への点検用出入口等 ハ．車寄せ ニ．駐車場及び駐輪場（台数及び出入口を明示する。） ホ．通路、植栽等 ③ 2階平面図には、次のものを図示又は記入する。 イ．居室の最も遠い位置から直通階段の一に至る歩行距離及び経路 ロ．1階の屋根、ひさし等 ④ 基準階平面図には、次のものを図示又は記入する。なお、基準階平面図は3階を作成する。 イ．代表的な住戸の室内プラン ロ．住戸の表示（住戸1から住戸12まで各住戸の出入口） ハ．居室の最も遠い位置から直通階段の一に至る歩行距離及び経路 ニ．屋上庭園の面積、植栽、通路、ベンチ、テーブル等及び2階の屋根、ひさしとなる部分
(2) 2階平面図 1/200	
(3) 基準階平面図 1/200	
(4) 断面図 1/200	① 切断位置は、エントランスホールの吹抜けを含み、建築物の全体の立体構成がわかる断面とする。なお、水平方向、鉛直方向の省略は行わないものとする。 ② 屋上に設備スペースを設置した場合は図示する。 ③ 塔屋を除く建築物の高さ、階高、天井高並びに1階床高及び主要な室の名称を記入する。 ④ 基礎、免震層、梁及びスラブの断面を図示する。

2．面　積　表（答案用紙Iに記入）
　地上1〜5階の床面積及びその合計を記入する。なお、各階の床面積については、その算定式も記入する。

3．計画の要点等（答案用紙IIに記入）
(1) 建築計画について、次の①〜④の要点等を具体的に記述する。なお、要求図面では表せない部分についても記述する。
　① 居住者・利用者・スタッフ等のアプローチ及び駐車場、車寄せ等の配置について考慮したこと
　② 住宅部門のセキュリティ管理及び平面計画（3階）について考慮したこと
　③ デイサービス部門において、利用者・スタッフ等の動線及び要求室の配置について考慮したこと
　④ エントランスホールの計画において、その位置とした理由及び吹抜けを活かした空間構成について考慮したこと
(2) 構造計画について、基礎免震構造を採用するに当たって、次の①〜③の要点等を具体的に記述する。なお、要求図面では表せない部分についても記述する。
　① 建築物に設定した目標耐震性能（地震力の程度と建築物の状態）
　② 建築物に設定した目標耐震性能を達成するために、上部構造の構造種別、架構形式、スパン割り及び主要な部材の断面寸法について考慮したこと
　③ 建築物に設定した目標耐震性能を達成するために、免震層（免震材料の種類と配置の考え方）、外周部のクリアランス及びエキスパンションジョイント等について考慮したこと
(3) 設備計画について、次の①〜③の要点等を具体的に記述する。なお、要求図面では表せない部分についても記述する。
　① レストランの厨房の排気計画において、排気ファンの設置位置、その位置とした理由及び排気ダクトのルートの考え方について考慮したこと
　② 住宅部門の排水管の計画において、建築物の断面計画及びパイプシャフトの配置計画について考慮したこと
　③ 計画した免震構造の建築物において、大地震等の自然災害が発生した際に、当該建築物の機能が維持され、居住者が一定の期間継続して生活できるように、給排水衛生設備、電気設備について考慮したこと

平成27年一級建築士試験「設計製図の試験」答案用紙 I

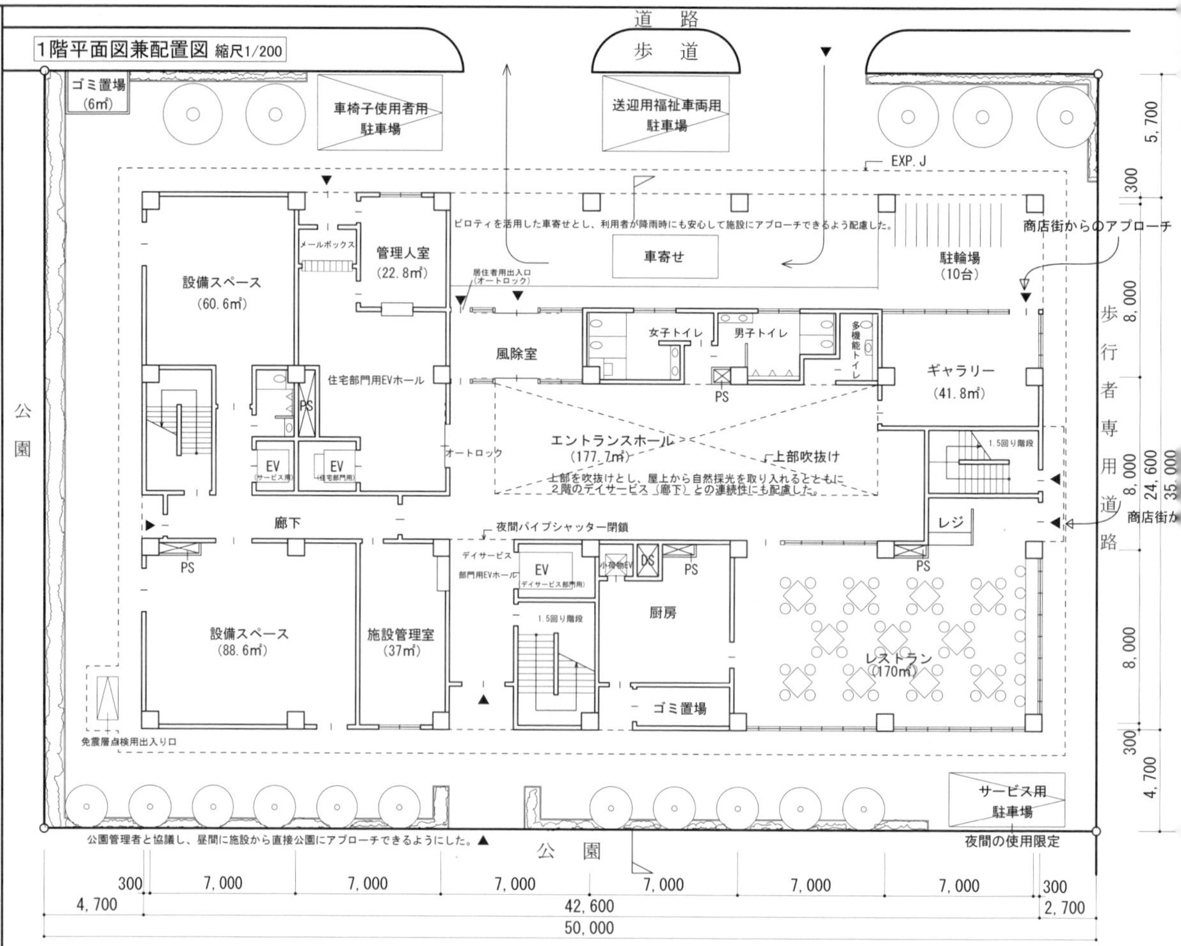

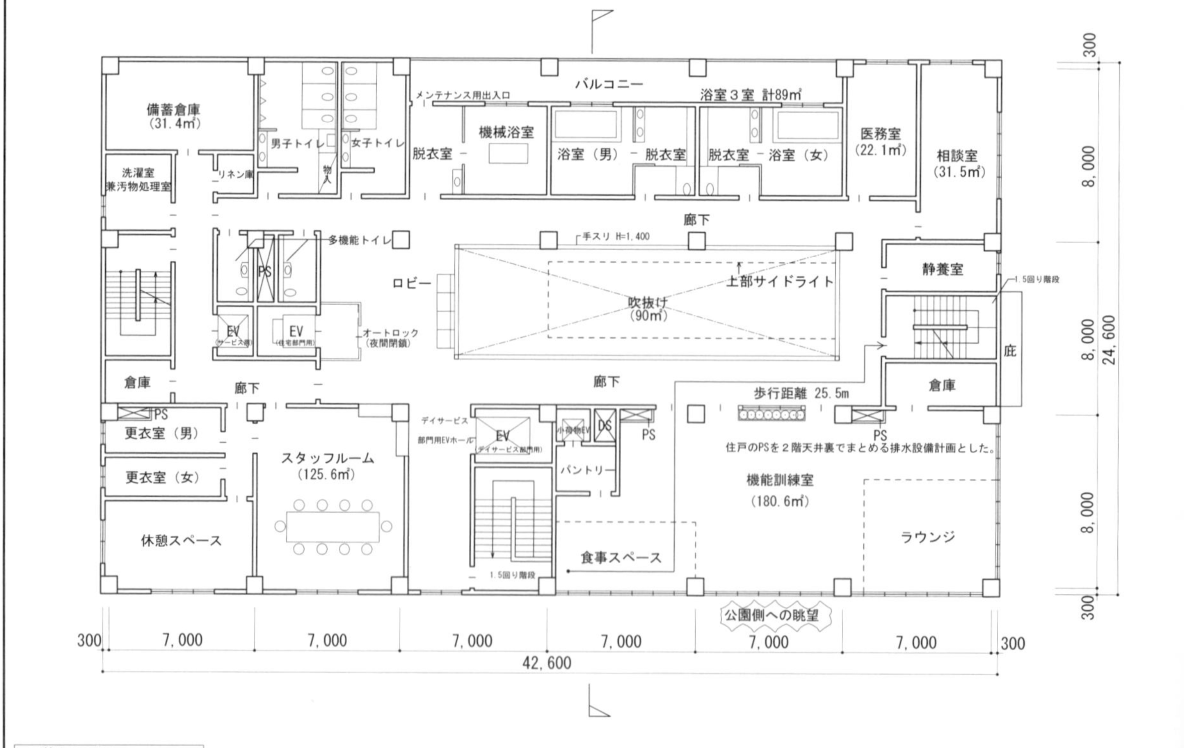

2階平面図 縮尺1/200

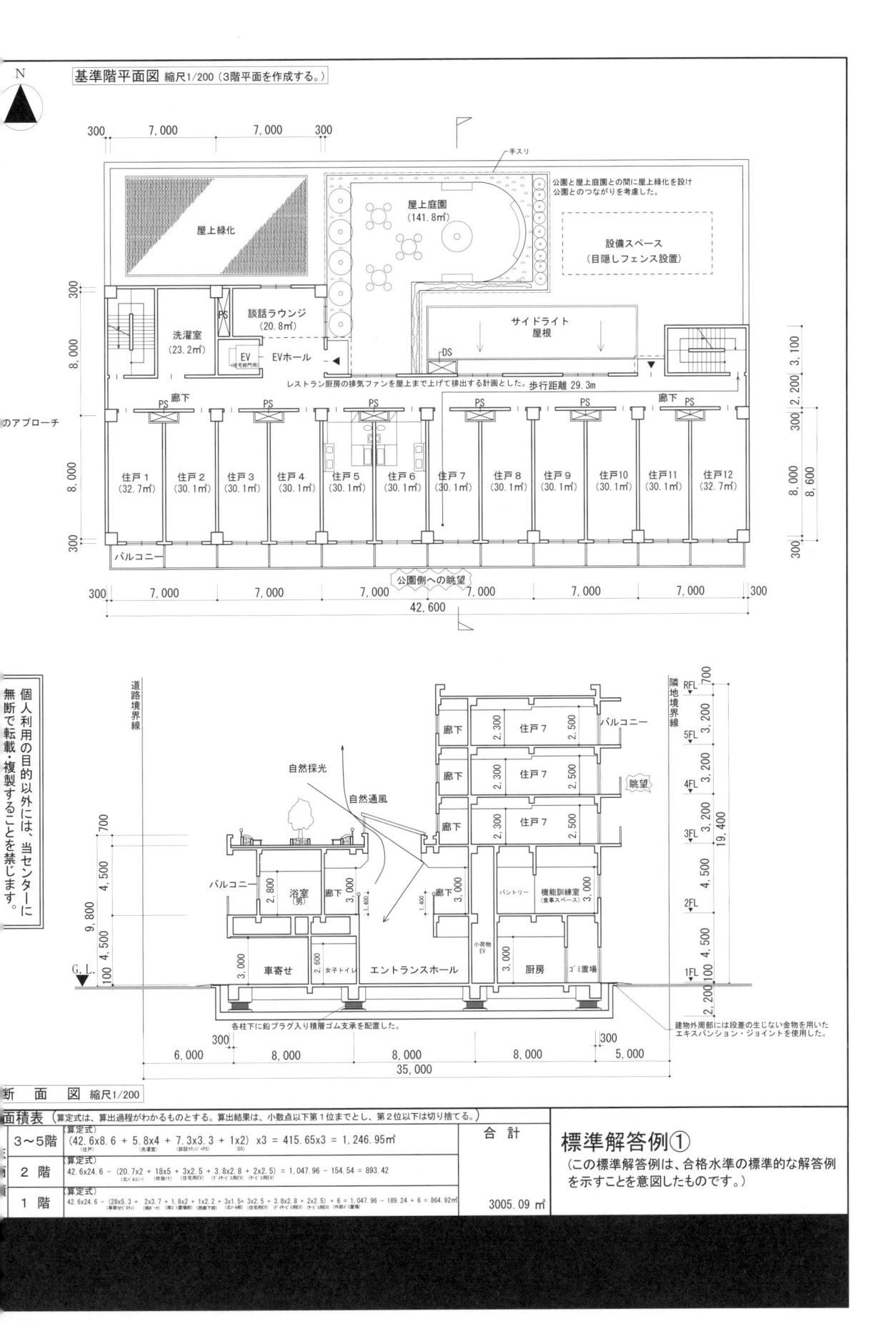

基準階平面図 縮尺1/200 (3階平面を作成する。)

- 屋上緑化
- 屋上庭園 (141.8㎡)
- 設備スペース (目隠しフェンス設置)
- 手スリ
- 公園と屋上庭園との間に屋上緑化を設け公園とのつながりを考慮した。
- 洗濯室 (23.2㎡)
- 談話ラウンジ (20.8㎡)
- PS
- EV (共同住宅用EV)
- EVホール
- サイドライト屋根
- DS
- レストラン厨房の排気ファンを屋上まで上げて排出する計画とした。 歩行距離 29.3m
- 廊下
- 住戸1 (32.7㎡)
- 住戸2 (30.1㎡)
- 住戸3 (30.1㎡)
- 住戸4 (30.1㎡)
- 住戸5 (30.1㎡)
- 住戸6 (30.1㎡)
- 住戸7 (30.1㎡)
- 住戸8 (30.1㎡)
- 住戸9 (30.1㎡)
- 住戸10 (30.1㎡)
- 住戸11 (30.1㎡)
- 住戸12 (32.7㎡)
- バルコニー
- 公園側への眺望

断面図 縮尺1/200

- 道路境界線
- 隣地境界線
- 自然採光
- 自然通風
- 眺望
- バルコニー / 浴室(男) / 廊下 / 住戸7 / パントリー / 機能訓練室(食事スペース) / 厨房 / 小荷物EV / ゴミ置場 / 車寄せ / 女子トイレ / エントランスホール
- 各柱下に鉛プラグ入り積層ゴム支承を配置した。
- 建物外周部には段差の生じない金物を用いたエキスパンション・ジョイントを使用した。

個人利用の目的以外には、当センターに無断で転載・複製することを禁じます。

面積表
(算定式は、算出過程がわかるものとする。算出結果は、小数点以下第1位までとし、第2位以下は切り捨てる。)

階	算定式	合計
3~5階	(42.6×8.6 + 5.8×4 + 7.3×3.3 + 1×2) ×3 = 415.65×3 = 1,246.95㎡	
2階	42.6×24.6 − (20.7×2 + 18×5 + 3×2.5 + 3.8×2.8 + 2×2.5) = 1,047.96 − 154.54 = 893.42	
1階	42.6×24.6 − (28×5.3 + 2×3.7 + 1.8×2 + 1×2 + 3×1.5 + 3×2.5 + 3.8×2.8 + 2×2.5) + 6 = 1,047.96 − 189.24 + 6 = 864.92㎡	3005.09 ㎡

標準解答例①
(この標準解答例は、合格水準の標準的な解答例を示すことを意図したものです。)

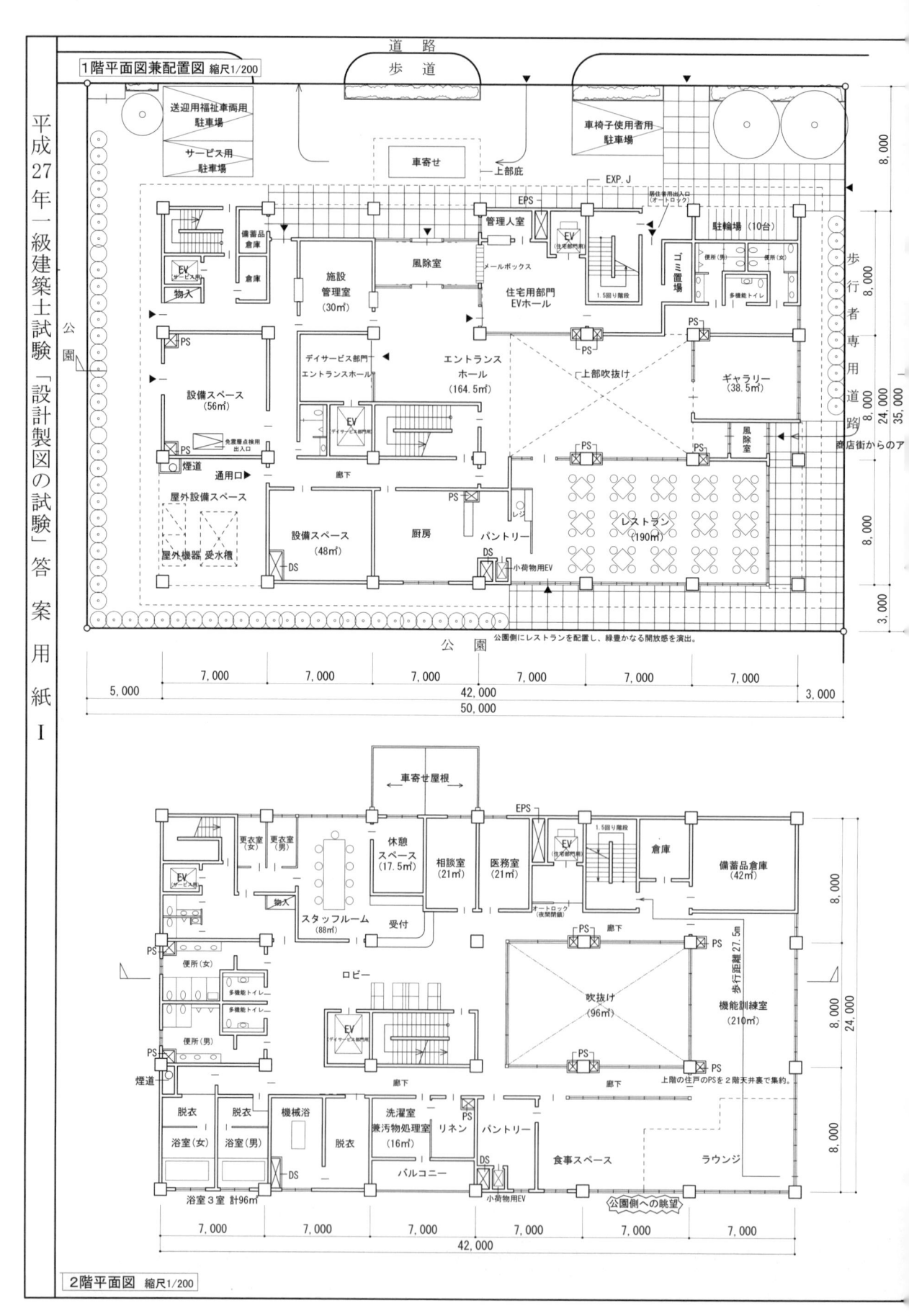

平成27年一級建築士試験「設計製図の試験」答案用紙 I

1階平面図兼配置図 縮尺1/200

- 道路／歩道
- 送迎用福祉車両用駐車場
- サービス用駐車場
- 車寄せ／上部庇
- 車椅子使用者用駐車場
- EXP. J
- EPS
- 居住者用出入口（オートロック）
- 管理人室
- 風除室
- 住宅用部門EVホール
- 1.5回り階段
- 駐輪場（10台）
- 便所（男）／便所（女）
- ゴミ置場
- 多機能トイレ
- 施設管理室（30㎡）
- メールボックス
- 備蓄品倉庫／倉庫／物入
- EV サービス用
- PS
- 設備スペース（56㎡）
- 免震層点検用出入口
- 煙道
- 通用口
- デイサービス部門 エントランスホール
- EV デイサービス部門
- エントランスホール（164.5㎡）
- 上部吹抜け
- ギャラリー（38.5㎡）
- 風除室
- 商店街からのア
- 歩行者専用道路
- 屋外設備スペース
- 屋外機器／受水槽
- 設備スペース（48㎡）
- 厨房／パントリー／レジ
- 小荷物用EV
- レストラン（190㎡）
- 廊下
- DS／PS
- 公園
- 公園側にレストランを配置し、緑豊かなる開放感を演出。

寸法: 5,000 / 7,000×6 / 3,000 = 50,000、42,000
8,000×3 + 3,000 = 24,000、35,000

2階平面図 縮尺1/200

- 車寄せ屋根
- EPS
- 1.5回り階段
- EV 住宅用部門
- 更衣室（女）／更衣室（男）
- 休憩スペース（17.5㎡）
- 相談室（21㎡）
- 医務室（21㎡）
- 倉庫
- 備蓄品倉庫（42㎡）
- EV サービス用
- 物入
- スタッフルーム（88㎡）
- 受付
- オートロック（夜間閉鎖）
- 歩行距離 27.5m
- PS／廊下
- 便所（女）／多機能トイレ／便所（男）
- 多機能トイレ
- 煙道
- ロビー
- EV デイサービス部門
- 吹抜け（96㎡）
- 機能訓練室（210㎡）
- 上階の住戸のPSを2階天井裏に集約。
- 脱衣／浴室（女）／脱衣／浴室（男）／機械浴／脱衣
- 洗濯室兼汚物処理室（16㎡）
- リネン／パントリー
- 小荷物用EV
- バルコニー
- 食事スペース
- ラウンジ
- 公園側への眺望
- 浴室3室 計96㎡
- 廊下／DS／PS

寸法: 7,000×6 = 42,000、8,000×3 = 24,000

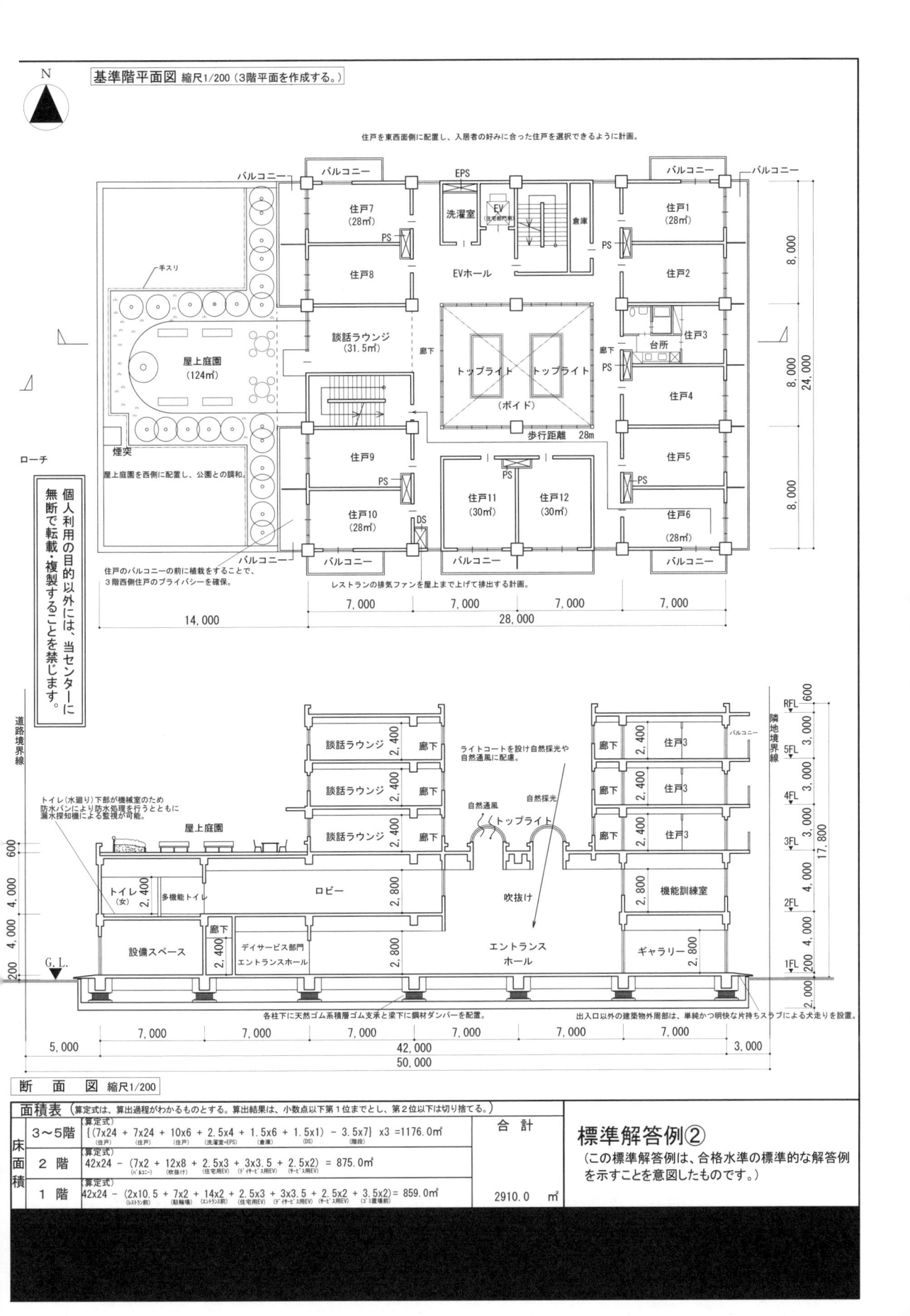

基準階平面図 縮尺1/200 （3階平面を作成する。）

住戸を東西面側に配置し、入居者の好みに合った住戸を選択できるように計画。

屋上庭園を西側に配置し、公園との調和。

住戸のバルコニーの前に植栽をすることで、3階西側住戸のプライバシーを確保。

レストランの排気ファンを屋上まで上げて排出する計画。

個人利用の目的以外には、無断で転載・複製することを、当センターに禁じます。

トイレ(水廻り)下部が機械室のため防水パンにより防水処理を行うとともに漏水探知機による監視が可能。

ライトコートを設け自然採光や自然通風に配慮。

各柱下に天然ゴム系積層ゴム支承と梁下に鋼材ダンパーを配置。

出入口以外の建築物外周部は、単純かつ明快な片持ちスラブによる犬走りを設置。

断 面 図 縮尺1/200

面積表（算定式は、算出過程がわかるものとする。算出結果は、小数点以下第1位までとし、第2位以下は切り捨てる。）

床面積	階	算定式	合計
	3～5階	{(7×24 + 7×24 + 10×6 + 2.5×4 + 1.5×6 + 1.5×1) − 3.5×7} ×3 =1176.0㎡ (住戸)(住戸)(住戸)(洗濯室・EPS)(倉庫)(DS)(階段)	
	2 階	42×24 − (7×2 + 12×8 + 2.5×3 + 3×3.5 + 2.5×2) = 875.0㎡ (バルコニー)(吹抜け)(住宅用EV)(デイサービス用EV)(サービス用EV)	2910.0 ㎡
	1 階	42×24 − (2×10.5 + 7×2 + 14×2 + 2.5×3 + 3×3.5 + 2.5×2 + 3.5×2) = 859.0㎡ (レストラン前)(駐輪場)(エントランス前)(住宅用EV)(デイサービス用EV)(サービス用EV)(ゴミ置場前)	

標準解答例②

（この標準解答例は、合格水準の標準的な解答例を示すことを意図したものです。）

8.2 平成26年度課題の重要ポイント

■建物の意味と環境条件の読みとり

平成26年度の試験は、「建物の意味と環境条件の読みとり」をしっかりとらえた計画が「合格」したといえる。

では、「建物の意味」とは何か。

設計条件には「敷地に隣接する駐車場は、本施設の利用者だけでなく、親水公園や渓流で水遊び・散策等をする者も利用することができるものとする。」とある。

つまり、この建物は「道の駅」であると同時に、「親水公園のための施設を併せもつ」ことを求めているのである。

だが、環境条件の最も優れている南側の道路に歩道は付いていない。しかし「……渓流で水遊び・散策等をする者も利用する」とあることから、この道路は、「交通量の少ない遊歩道的な道路」と判断し、「副出入口」を設けて南側道路を経て渓流へ行き来することをイメージすることが大切である。

こうした観点から環境条件を読みとると、親水公園側には「休憩・情報スペース」や「屋外休憩スペース」、あるいは「店舗・飲食部門」を配することになる。

また、「地域特産売場」の後方部分と「管理部門」との連絡は必要だが、「レストラン」や「温浴施設」への直接の連絡はなくても可となる。なぜなら、「レストラン」や「温浴施設」への物品や食材などの搬出入は、施設の閉館時に行うからである。したがって、「レストラン」と「温浴施設」の両方に「管理部門」との連絡をつけようとして、計画全体を難しくしてしまうことを避けるようにする。

■公共性と商業性を併せもつ

「温浴施設」、「物販店舗」、「レストラン」などは、「商業建築」としての「繁昌やにぎわい」が必要となる。つまり、「道の駅」は「公共性と商業性」とを的確にとらえて計画しなければならないのである。

■休憩・情報部門は一体感のある開放的な空間を求める

試験は、「現代社会が求める建築を指向」する傾向にある。したがって、従来の「道の駅」の「公衆便所的なあつかい」とは異なり、トイレのみならず、休憩・情報も含め「建物と一体的な計画」を求めたことが、これからの「道の駅」の方向性を示す適切な設問であったといえる。

■吹抜け空間には梁を設けてはならないこと

吹抜け空間の梁は、構造的には余り効果はなく、実際の建物では「吹抜け空間に梁は設けない」のが建築設計の基本であるが、ようやく課題文に明記されるようなったため今後も出題されよう。

> 南側の道路に歩道がついていないことから、南側全体を「管理部門」で埋めてしまうような計画では、以降どのように巧みに計画を進めようとも合格への道は歩めないことになる。これは、親水公園側全体を「管理部門」で埋めてしまうことも同様である。

■平成26年度「温浴施設のある「道の駅」」

I. 設 計 条 件

　この課題は、ある地方都市の郊外の渓流沿いに建つ「道の駅」を計画するものである。本施設は、休憩、情報発信等のサービス施設に加えて、地域振興や地域住民の交流の場となるように、地域特産品売場、レストランのほか、地域住民も利用できる温浴施設を計画するものとする。また、敷地に隣接している駐車場は、本施設の利用者だけでなく、親水公園や渓流で水遊び・散策等をする者も利用することができるものとする。

1．敷地及び周辺条件
(1) 敷地の形状、接道条件、周辺状況等は、下図のとおりである。
(2) 敷地は、平坦で、道路及び隣地との高低差はないものとする。
(3) 敷地は、都市計画区域及び準都市計画区域以外の区域内にあるが、景観保全のため建築物に関して次の制限がある。
　① 建ぺい率の限度は70％、容積率の限度は200％である。
　② 主要な屋根は、勾配屋根とする。
(4) 電気、ガス及び上下水道は、完備している。
(5) 地盤は良好であり、杭打ちの必要はない。
(6) 渓流の氾濫、地下水及び積雪についての特別の配慮はしなくてよい。

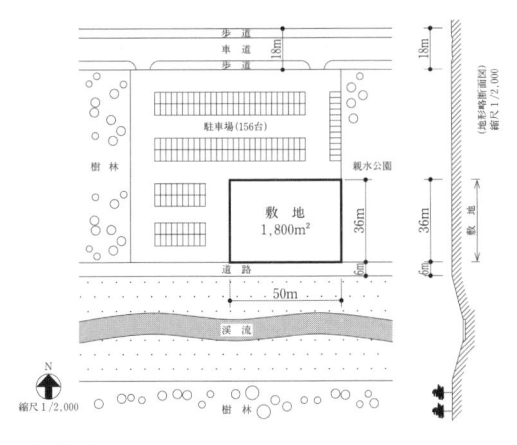

（敷地図：駐車場156台、敷地1,800m²、縮尺1/2,000）

2．建築物
(1) 構造、階数等
　構造種別は自由とし、地上2階建の1棟の建築物とする。
(2) 床面積の合計
　床面積の合計は、1,800m²以上、2,200m²以下とする。
　この課題の床面積の算定においては、ピロティ、塔屋、バルコニー、屋外階段等は、床面積に算入しないものとする。
(3) 要求室
　下表の室は、すべて計画する。

部門	室　名	特記事項	床面積
	・休憩・情報部門については、24時間利用できるように計画する。		
	・吹抜けを適切な場所にまとまったスペースで80m²以上設け、その吹抜け部分は梁を設けない構造計画とする。		
休憩・情報部門	休憩・情報スペース	・30人程度が利用できるようにする。 ・テーブル、椅子等を設ける。 ・授乳室及びキッズコーナーを設ける。 ・自動販売機を設ける。 ・公衆電話コーナーを設ける。 ・交通情報、観光情報等を提供する情報パネルを設ける。 ・観光案内のためのカウンターを設ける。	適宜
	男性用便所	・大便器を5器、小便器を10器設ける。	
	女性用便所	・大便器を13器設ける。	
	多機能トイレ	・2室、約6m²/1室設ける。	計約12m²
店舗・料飲部門	地域特産品売場	・陳列棚及びレジカウンターを設ける。	約200m²
	仕分け室	・地域特産品売場用として、冷蔵庫、食品加工室、倉庫を設ける。	約50m²
	レストラン	・屋内で50人程度が利用できるようにする。 ・屋外テラスと一体的に利用できるようにする。 ・テーブル、椅子等を設ける。 ・厨房を設ける。 ・眺望に配慮する。	適宜
温浴部門	ロビー	・受付カウンターを設ける。 ・下足箱を設ける。 ・自動販売機を設ける。	
	浴室	・男性用、女性用として、それぞれ15人程度が同時に利用できるようにする。 ・脱衣室には洗面コーナーを設ける。 ・自然採光及び自然通風に配慮する。	適宜
	休憩室	・和室とする。 ・30人程度が利用できるようにする。 ・眺望に配慮する。	
	リネン室		
共用・管理部門	エントランスホール	・風除室を設ける。	
	多目的室	・地域住民のイベント、会議、セミナー、ワークショップ等に利用する。 ・20人程度が利用できるようにする。	
	事務室	・4人分の事務スペースを確保する。	適宜
	設備スペース	・採用した設備計画に応じて、設備機械室（空調、給排水、電気、消火等）、屋外機器置場等を計画する。 ・非常用の自家発電設備を設ける。	
	従業員控室	・男性用、女性用として、それぞれ各1室設ける。 ・ロッカーを設ける。	
	防災備蓄倉庫	・外部からの利用にも配慮する。	約50m²
・休憩・情報部門以外の便所及び倉庫については、適宜計画する。			
・その他必要と思われる室等は、適宜計画するものとする。			

3．その他の施設等
(1) 屋外テラスを、次のとおり計画する。
　① 地上又は1階の屋上に、まとまったスペースで50m²以上設ける。
　② レストランと一体的に利用できるようにする。
　③ テーブル、椅子等を設ける。
(2) 敷地内の駐車場は、地上に平面駐車とし、車椅子使用者用として2台分、サービス用として2台分を設ける。
(3) 地上に、屋外休憩スペースを50m²以上設ける。
(4) (1)～(3)の「その他の施設等」は、床面積に算入しないものとする。

4．計画に当たっての留意事項
(1) 建築計画については、次の点に留意して計画する。
　① 敷地の周辺環境に配慮する。
　② 建築物はバリアフリー、セキュリティ等に配慮する。
　③ 休憩・情報部門、店舗・料飲部門、温浴部門及び共用・管理部門を適切にゾーニングし、明快な動線計画とするとともに、避難等に配慮する。
　④ 24時間利用可能なエリアとそれ以外のエリアを明確にゾーニングし、夜間利用に配慮する。
　⑤ 勾配屋根の形状を活かした室内空間となるように計画する。
　⑥ 自然採光及び自然通風を積極的に取り入れる計画とするとともに、日射の遮蔽にも配慮する。
(2) 構造計画については、次の点に留意して計画する。
　① 建築物全体が、構造耐力上、安全であるように計画するとともに、経済性にも配慮する。
　② 構造種別、架構形式及びスパン割りを適切に計画する。
　③ 耐震性に配慮し、必要に応じて、耐力壁等を設ける。
　④ 部材の断面寸法を適切に計画する。
(3) 設備計画については、次の点に留意して計画する。
　① 空調設備、給排水衛生設備、電気設備、消火設備等を適切に設け、環境負荷低減にも配慮する。
　② 浴室の給湯設備は、熱源機器と貯湯槽からなる中央給湯方式とする。
　③ エレベーターを適切に設ける。

II. 要 求 図 書

　答案用紙Ⅰ及び答案用紙Ⅱの定められた枠内（寸法線については枠外でもよい。）に、黒鉛筆を用いて記入する。

1．要求図面（答案用紙Ⅰに記入）
　下表により、所定の図面を作成し（フリーハンドでもよい。）、必要な事項を記入する。

図面及び縮尺	特　記　事　項
(1) 1階平面図兼配置図 1/200	① 1階平面図兼配置図及び2階平面図には、次のものを図示又は記入する。 イ．建築物の主要寸法（柱割り及び床面積の計算に必要な程度） ロ．室名等 ハ．要求室の床面積
(2) 2階平面図 1/200	ニ．24時間利用可能なエリアとそれ以外のエリアとの区分（破線で図示する。） ホ．採用した構造種別、架構形式及びスパン割りに応じて必要となる構造要素（必要により、凡例の空欄に名称・記号を記入し、図示する。） ヘ．設備シャフト（パイプシャフト（PS）、ダクトスペース（DS）、電気シャフト（EPS））の位置 ト．設備計画に応じた設備スペース チ．断面図の切断位置 リ．屋外テラス ヌ．要求室の特記事項に記載されている什器等 ② 1階平面図兼配置図には、次のものを図示又は記入する。 イ．建築物の出入口 ロ．敷地内の駐車場 ハ．屋外休憩スペース ニ．通路、植栽等 ③ 2階平面図には、次のものを図示又は記入する。 イ．居室の最も遠い位置から直通階段の一に至る歩行距離及び経路 ロ．1階の屋根、ひさしとなる部分 ハ．2階の屋根の形状（軒先、棟等を一点鎖線で図示する。）
(3) 断面図 1/200	切断位置は、建築物の全体の立体構成及び勾配屋根の形状を活かした空間構成がわかる断面とする。なお、水平方向、鉛直方向の省略は行わないものとする。 ・塔屋を除く建築物の高さ、階高、天井高、1階床高、主要な室名及び屋根の勾配を記入する。 ・基礎、梁及びスラブの断面寸法を記入する。
(4) 2階梁伏図 1/200	① 2階からの見下げ図とし、主要な柱、大梁、小梁及びスラブは構造部材表の符号を記入する。 ② 構造部材に主要な柱、大梁、小梁及びスラブの断面寸法を記入し、主要な部材が複数となる場合は空欄に符号・部材・断面寸法を追加記入する。

2．面積表（答案用紙Ⅰに記入）
　地上1、2階の床面積及びその合計を記入する。なお、各階の床面積については、その算定式も記入する。

3．計画の要点等（答案用紙Ⅱに記入）
(1) 建築計画について、次の①～③の要点等を具体的に記述する。なお、要求図面では表せない部分についても記述する。
　① ゾーニング計画について工夫したこと
　② 休憩・情報スペース、レストラン及び浴室の計画について、その位置とした理由及び動線計画において工夫したこと
　③ 勾配屋根の形状を活かした室内空間とするために工夫したこと
(2) 構造計画について、次の①及び②の要点等を具体的に記述する。なお、要求図面では表せない部分についても記述する。
　① 構造上の特徴及び構造計画上特に配慮したこと
　② 勾配屋根の架構計画について、その特徴及び特に配慮したこと（図等により補足してもよい。）
(3) 設備計画について、次の①及び②の要点等を具体的に記述する。なお、要求図面では表せない部分についても記述する。
　① 浴室の給湯設備において、採用した熱源方式と採用した理由及び熱源機器の設置場所について配慮したこと
　② 「浴槽ろ過機」、「非常用発電機」及び「地域特産品売場の空調機」について、その設置場所を明記するとともに、維持管理及び環境負荷低減のために配慮したこと
(4) 建築物の特徴（勾配屋根、吹抜け等）に対応した環境負荷低減について、配慮したことを具体的に記述する。なお、断面図等において補足してもよい。

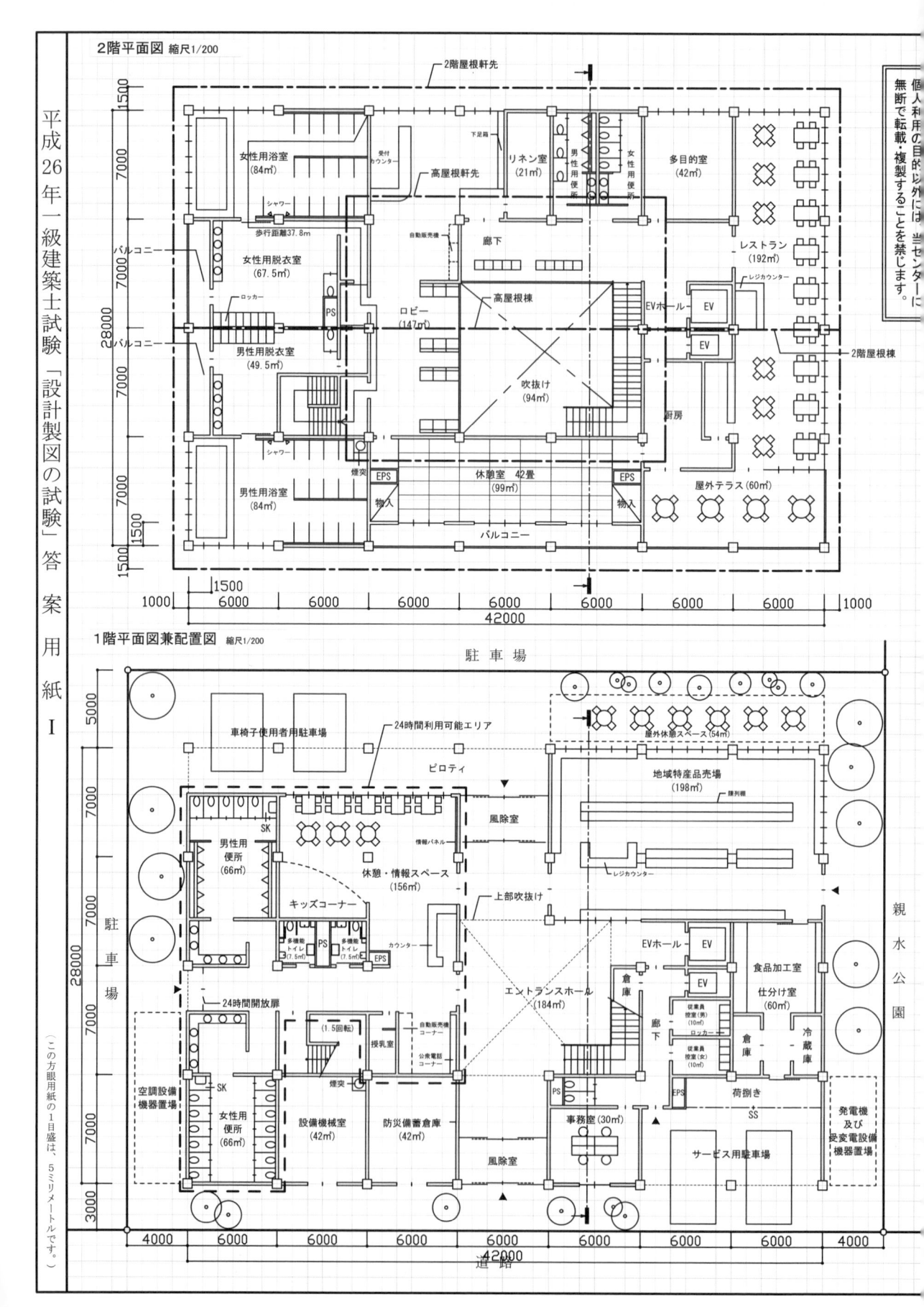

平成26年一級建築士試験「設計製図の試験」答案用紙Ⅰ

2階平面図 縮尺1/200

- 2階屋根軒先
- 女性用浴室 (84㎡)
- 受付カウンター
- 高屋根軒先
- リネン室 (21㎡)
- 男性用便所
- 女性用便所
- 下足箱
- 多目的室 (42㎡)
- シャワー
- 歩行距離37.8m
- 自動販売機
- 廊下
- レストラン (192㎡)
- バルコニー
- 女性用脱衣室 (67.5㎡)
- ロッカー
- PS
- ロビー (147㎡)
- 高屋根棟
- レジカウンター
- EVホール
- EV
- バルコニー
- 男性用脱衣室 (49.5㎡)
- 吹抜け (94㎡)
- 厨房
- 2階屋根棟
- シャワー
- 煙突
- EPS
- 休憩室 42畳 (99㎡)
- EPS
- 物入
- 物入
- 屋外テラス (60㎡)
- 男性用浴室 (84㎡)
- バルコニー

寸法: 1500, 7000, 7000, 7000, 7000, 1500 (計28000)
1000, 1500, 6000, 6000, 6000, 6000, 6000, 6000, 6000, 1000 (計42000)

1階平面図兼配置図 縮尺1/200

駐車場

- 車椅子使用者用駐車場
- 24時間利用可能エリア
- 屋外休憩スペース (54㎡)
- ピロティ
- 地域特産品売場 (198㎡)
- 男性用便所 (66㎡)
- SK
- 風除室
- 情報パネル
- 陳列棚
- 休憩・情報スペース (156㎡)
- キッズコーナー
- レジカウンター
- 多機能トイレ (7.5㎡)
- 多機能トイレ (7.5㎡)
- PS
- EPS
- カウンター
- 上部吹抜け
- EVホール
- EV
- EV
- 食品加工室
- 倉庫
- 仕分け室 (60㎡)
- 駐車場
- 24時間開放扉
- (1.5回転)
- 授乳室
- 自販機コーナー
- 公衆電話コーナー
- エントランスホール (184㎡)
- 廊下
- 従業員控室(男) (10㎡)
- 従業員控室(女) (10㎡)
- ロッカー
- 倉庫
- 冷蔵庫
- 空調設備機器置場
- SK
- 女性用便所 (66㎡)
- 設備機械室 (42㎡)
- 煙突
- 防災備蓄倉庫 (42㎡)
- PS
- EPS
- 事務所 (30㎡)
- 荷捌き
- SS
- 発電機及び受変電設備機器置場
- 風除室
- サービス用駐車場

親水公園

道路

寸法: 5000, 7000, 7000, 7000, 7000, 3000 (計28000)
4000, 6000, 6000, 6000, 6000, 6000, 6000, 6000, 4000 (計42000)

(この方眼用紙の1目盛は、5ミリメートルです。)

個人利用の目的以外には、当センターに無断で転載・複製することを禁じます。

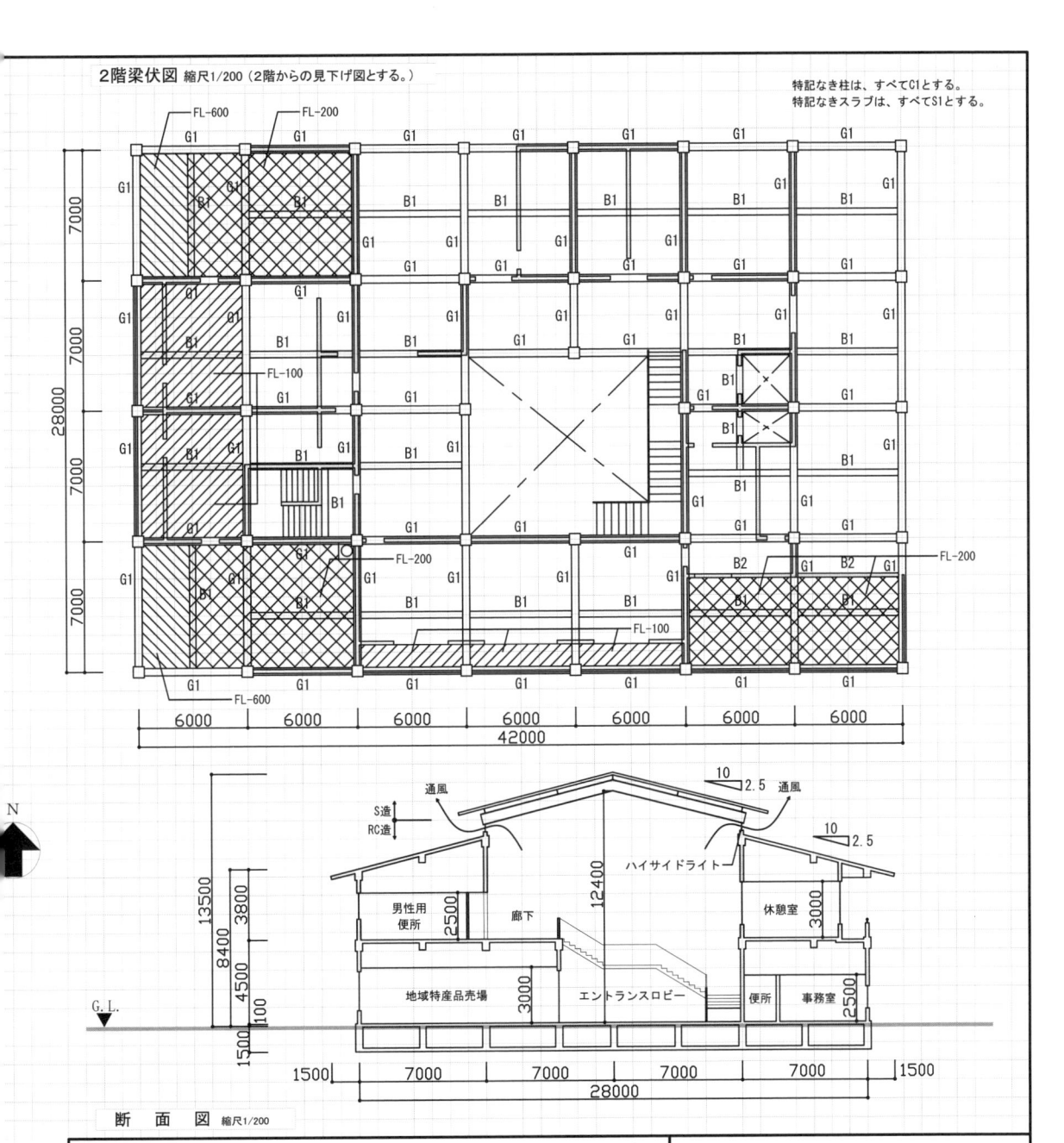

2階梁伏図 縮尺1/200（2階からの見下げ図とする。）

特記なき柱は、すべてC1とする。
特記なきスラブは、すべてS1とする。

断面図 縮尺1/200

構造要素の凡例
（必要により、空欄に記入し、図示すること。）

名　称	記　号

構造部材表
（2階梁伏図に符号を明示する。主要な部材が複数となる場合は空欄に追加記入すること。）

符号	部材	断面寸法(mm)	符号	部材	断面寸法(mm)
C1	柱①	600×600	B2	小梁②	200×350
G1	大梁①	400×600			
B1	小梁①	350×550			
S1	スラブ①	180			

計画の要点等の概要

建築計画：
- 24時間利用可能なエリアは、利用者が駐車場からアクセスしやすいように、1階西側に配置
- エントランスホールは、切妻の屋根形状を活かした吹抜けを設け、開放的な空間になるよう計画
- 温浴部門の休憩室は、眺望のよい2階南側に配置し、軒を深くし、バルコニーを設けることで、日射遮蔽に配慮した計画
- ハイサイドライト（開閉式）を設け、自然採光及び自然通風に配慮

構造種別：
- 鉄筋コンクリート造（一部鉄骨造）

設備計画：
- 浴室の給湯設備の熱源方式は、ガスボイラー
- 地域特産品売場の空調方式は、空冷ヒートポンプマルチ方式、室内機は天井カセット型

面積表
（算定式は、算出過程がわかるものとする。算出結果は、小数点以下第1位までとし、第2位以下は切り捨てる。）

建築物の床面積		合計
1階	2階	
（算定式） 42×28－(5×12)－(3×24) （サービス用駐車場）（ピロティ） －(1×3) （西側出入り口）	（算定式） 42×28－(1.5×18+1.5×14) （バルコニー） －(5×12)－(10×10－2×3) （屋外テラス）（吹抜け）	
小計　1041.0 ㎡	小計　974.0 ㎡	2015.0 ㎡

標準解答例①
（この標準解答例は、合格水準の標準的な解答例を示すことを意図したものです。）

平成26年一級建築士試験「設計製図の試験」答案用紙Ⅰ

2階平面図 縮尺1/200

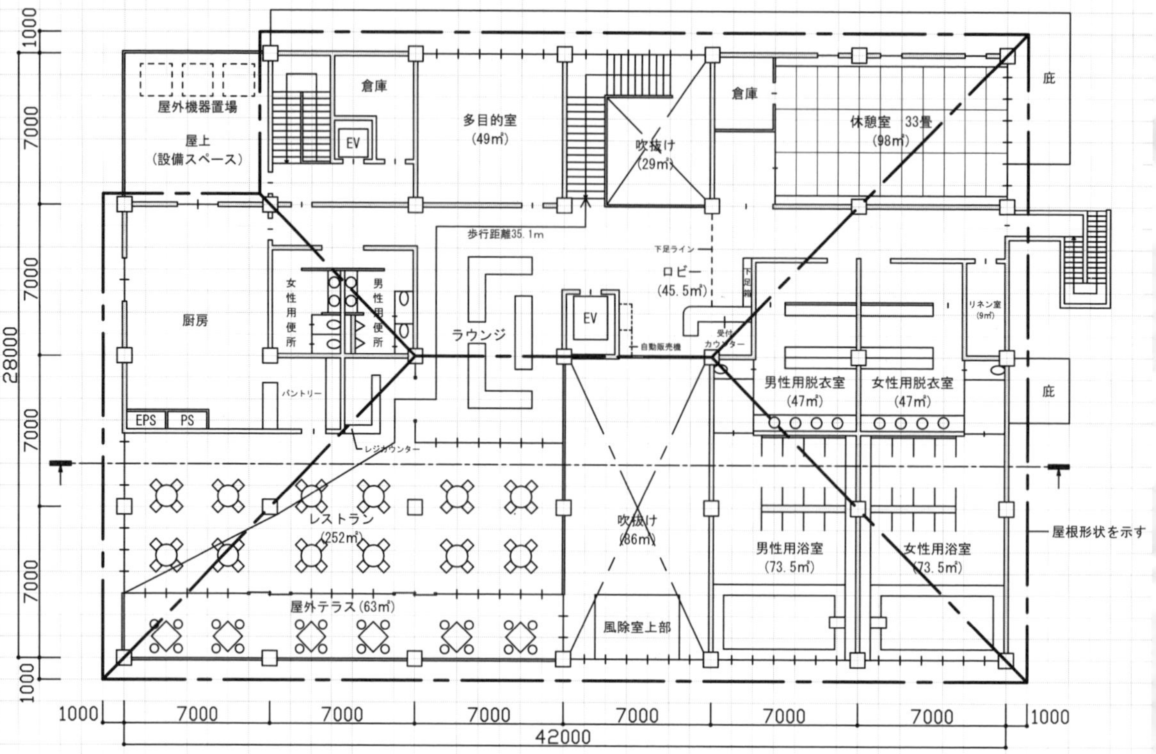

1階平面図兼配置図 縮尺1/200

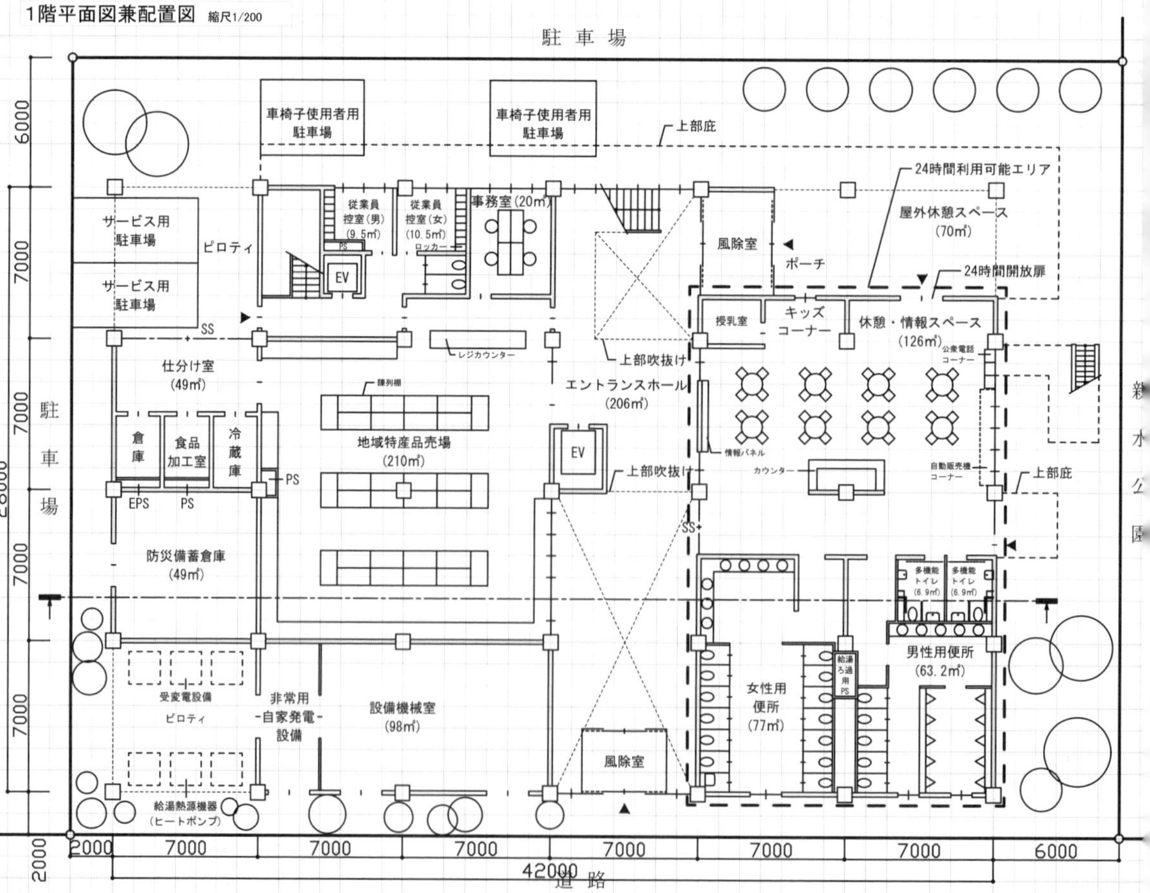

（この方眼用紙の1目盛は、5ミリメートルです。）

2階梁伏図 縮尺1/200（2階からの見下げ図とする。）

特記なき柱は、すべてC1とする。
特記なきスラブは、すべてS1とする。

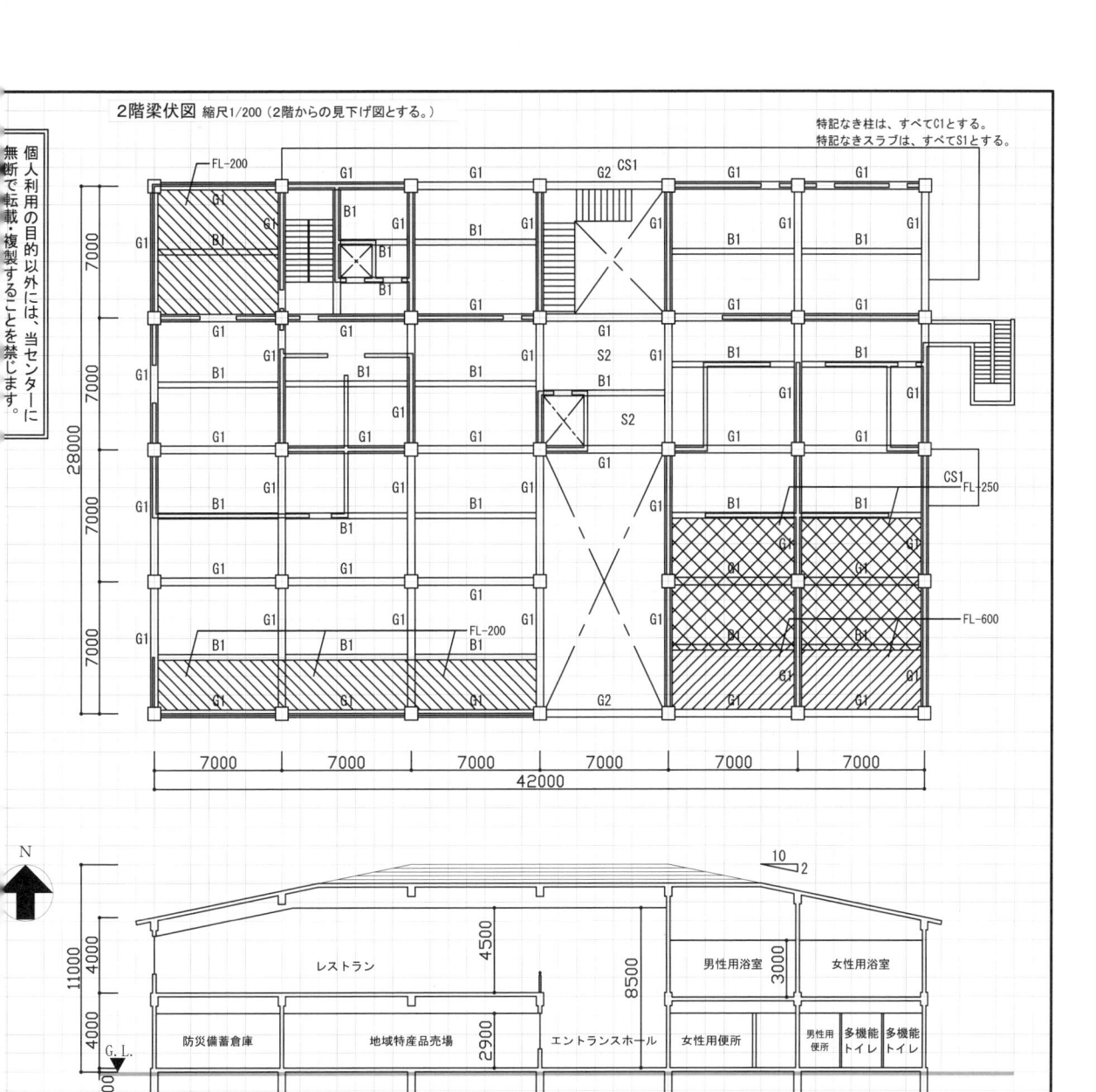

断面図 縮尺1/200

構造要素の凡例（必要により、空欄に記入し、図示すること。）

名称	記号

構造部材表（2階梁伏図に符号を明示する。主要な部材が複数となる場合は空欄に追加記入すること。）

符号	部材	断面寸法 (mm)	符号	部材	断面寸法 (mm)
C1	柱①	700×700	G2	大梁②	500×700
G1	大梁①	400×700	S2	スラブ②	300
B1	小梁①	300×600	CS1	スラブ③	300
S1	スラブ①	200			

面積表（算定式は、算出過程がわかるものとする。算出結果は、小数点以下第1位までとし、第2位以下は切り捨てる。）

建築物の床面積		合計
1階	2階	
（算定式） 42×28−(3.5×5)−(7×5) （屋外休憩スペース）（ポーチ） −(7×7)−(7×7) （屋外機器置場）（ピロティ）	（算定式） 42×28−(7×14)−(5×5+4) （吹抜け1）（吹抜け2） −(7×7)−(3×21) （屋外機器置場）（屋外テラス）	
小計 1025.5 ㎡	小計 937.0 ㎡	1962.5 ㎡

計画の要点等の概要

建築計画
- レストランを2階に設け、天井を寄棟の屋根形状を活かし、空間に広がりをもたせ、快適に過ごせるよう計画
- レストランは渓流側、温浴部門の休憩室は親水公園側に計画し、眺望に配慮
- メインエントランス側に小さい吹抜け、サブエントランス側にまとまったスペースで吹抜けを設けた計画

構造種別
- 鉄筋コンクリート造

設備計画
- 浴室の給湯設備の熱源方式は、電動ヒートポンプ
- 地域特産品売場の空調方式は、空冷パッケージによる単一ダクト方式

標準解答例②
（この標準解答例は、合格水準の標準的な解答例を示すことを意図したものです。）

8.3　平成26年度［沖縄会場］課題の重要ポイント

　敷地条件は、「縦長の敷地」であり、西に「18m道路」、東に「湖と遊歩道」、北側は「8m道路」、南は「樹林」となっている。

　「縦長の敷地」とはいえ、これは、単に横長の敷地を90度回転させたものである。したがって、「全国規模の試験」の敷地との類似が見られる。

■環境条件の読みとりと計画性

　「全国規模の試験」では、「親水公園との関連」、「渓流沿いの道路のあつかい」等々について、受験者には多くの戸惑いが生じたが、「沖縄会場の試験」の環境条件の読みとりは分かりやすく、「メインアプローチとサブアプローチの位置」や「管理ゾーンの位置」は、比較的容易に決めることができる。

　さらには、「勾配屋根」ではなく「陸屋根」であるため、「構造計画と作図の容易さ」や「設備機器は屋上利用ができること」などもあり、「全国規模の試験」のほうが難易度は高いといえよう。

■メイン階段のあり方

　2階建て程度の建物のメイン階段は、「明るくオープンな階段」をイメージして計画する必要がある。なぜなら、建物にとってメイン階段の機能性とデザイン性は重要な要素であるからだ。

　これは、標準解答例を見ても、メイン階段は「吹抜の中のオープンな階段」になっているなど、「閉鎖的な階段」ではないことからも顕著である。

■耐力壁付きラーメン構造について

　耐力壁の記入を求めるようになったのは、平成21年度の試験からであるが、「耐力壁付きラーメン構造」とする場合は、「建物が5階建て以上で基準階のある」平成21年度「貸事務所ビル（1階に展示用の貸しスペース、基準階に一般事務室の貸しスペースを計画する）」や、平成23年度「介護老人保健施設（通所リハビリテーションのある5階建ての施設である）」の場合であった。

　「耐力壁付きラーメン構造」を採用すると「経済設計」になるが、耐力壁は1階と2階の位置は連層形でなければならないから、プランニングに一定の制限が生じる。したがって、2階建ての建物では耐力壁の配置が難しくなるため、「純ラーメン構造」を選択する方が試験向きである。

　しかし、耐力壁はX、Y方向のうち片方向だけでもよいため、標準解答例ではX方向のみに耐力壁を設けて「耐力壁付きラーメン構造」としている。

　さらには、外周壁や内壁のうち、耐力壁とLGS（軽量鉄骨造）間仕切り以外のRC造の二次壁には「耐震スリット」を設けているが、「耐震スリット」は初めて記載となる。

■平成26年度「温浴施設のある「道の駅」」［沖縄会場］

Ⅰ．設 計 条 件

この課題は、ある地方都市の湖畔の景勝地に建つ「道の駅」を計画するものである。本施設は、休憩、情報発信等のサービス施設に加えて、地域振興や地域住民の交流のため、地域の特産品等の販売を行う物販店舗や飲食ができるフードコートのほか、地域住民も利用できる温浴施設を設けるものとする。また、敷地に隣接する駐車場は、本施設の利用者だけでなく、湖畔を散策する者も利用することができるものとする。

1．敷地及び周辺条件
(1) 敷地の形状、接道条件、周辺状況等は、下図のとおりである。
(2) 敷地は、平坦で、道路及び駐車場との高低差はないが、敷地の東側（遊歩道側）は緩やかに傾斜している。
(3) 敷地は、都市計画区域又は準都市計画区域以外の区域内にあるが、景観保全のため、建ぺい率の限度が70％、容積率の限度が200％の制限がある。
(4) 敷地の東側は、遊歩道と行き来ができるものとする。
(5) 電気、ガス及び上下水道は、完備している。
(6) 地盤は良好であり、杭打ちの必要はない。
(7) 湖の氾濫、地下水及び積雪についての特別の配慮はしなくてよい。

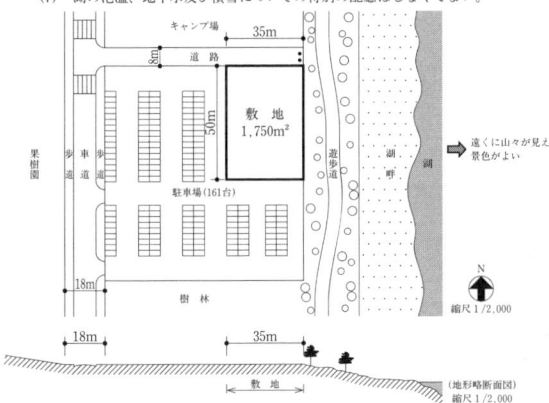

2．建 築 物
(1) 構造、階数等
　構造種別は自由とし、地上2階建ての1棟の建築物とする。
(2) 床面積の合計
　床面積の合計は、1,800m²以上、2,200m²以下とする。
　この課題の床面積の算定においては、ピロティ、塔屋、露天風呂、バルコニー、屋外階段等は、床面積に算入しないものとする。
(3) 要求室
　下表の室は、すべて計画する。

・「休憩・情報部門の各室」及び「店舗・料飲部門の物販店舗(A)」については、24時間利用できるように計画する。
・吹抜けを適切な場所にまとまったスペースで80m²以上設け、その吹抜け部分は梁を設けない構造計画とする。

部門	室名	特記事項	床面積
休憩・情報部門	休憩・情報スペース	・40人程度が利用できるようにする。 ・テーブル、椅子等を設ける。 ・授乳室を設ける。 ・自動販売機コーナーを設ける。 ・公衆電話コーナーを設ける。 ・交通情報、観光情報等を提供する情報パネルを設ける。 ・観光案内のためのカウンターを設ける。	適宜
	男性用便所	・大便器を6器、小便器を13器設ける。	
	女性用便所	・大便器を15器設ける。	
	多機能トイレ	・2室（約6m²／1室）設ける。	計約12m²
店舗・料飲部門	物販店舗(A)	・食料品及び日用品を販売する。 ・陳列棚及びレジカウンターを設ける。	約50m²
	物販店舗(B)	・地域の特産品を販売する。 ・陳列棚及びレジカウンターを設ける。	約150m²
	仕分け室	・物販店舗(A)(B)用とする。 ・冷蔵庫、倉庫を設ける。	約50m²
	フードコート	・80人程度がセルフサービスで利用できるようにする。 ・券売機を設ける。 ・テーブル、椅子等を設ける。 ・自然通風に配慮する。	適宜
	フードコート厨房	・麺類、丼物等、ファーストフードを提供する。 ・配膳カウンターを3か所設ける。 ・食器等の返却コーナーを1か所設ける。 ・倉庫及び従業員の休憩スペースを設ける。	適宜
温浴部門	ロビー	・受付カウンターを設ける。 ・下足棚を設ける。	
	浴室	・内風呂、露天風呂を設ける。 ・男性用、女性用として、それぞれ15人程度が同時に利用できるようにする。 ・脱衣室には洗面コーナーを設ける。 ・眺望に配慮する。	適宜
	休憩室	・洋室とする。 ・20人程度が利用できるように、リクライニングチェアを設ける。 ・自動販売機を設ける。 ・眺望に配慮する。	適宜
	リネン室		
共用・管理部門	エントランスホール	・風除室を設ける。 ・地域の工芸家の作品を展示するショーケース（1m×6m）を設ける。	適宜
	事務室	・4人分の事務スペースを確保する。	
	設備スペース	・採用した設備計画に応じて、設備機械室、屋外機器置場等を計画する。	
	従業員控室	・男性用、女性用として、それぞれ1室設ける。 ・ロッカーを設ける。	

・休憩・情報部門以外の便所や倉庫については、適切に計画する。
・その他必要と思われる室等は、適宜計画するものとする。

3．その他の施設等
(1) 地上に、地域の特産品等の屋外販売スペースをまとまったスペースで50m²以上設ける。
(2) 敷地内の駐車場は、地上に平面駐車とし、車椅子使用者用として2台分、サービス用として2台分を設ける。
(3) (1)及び(2)の「その他の施設等」は、床面積に算入しないものとする。

4．計画に当たっての留意事項
(1) 建築計画については、次の点に留意して計画する。
　① 敷地の周辺環境に配慮する。
　② 建築物はバリアフリー、セキュリティ等に配慮する。
　③ 休憩・情報部門、店舗・料飲部門、温浴部門及び共用・管理部門を適切にゾーニングし、明快な動線計画とするとともに、避難等に配慮する。
　④ 24時間利用可能なエリアとそれ以外のエリアを明確にゾーニングし、夜間利用に配慮する。
　⑤ 自然採光及び自然通風を積極的に取り入れる計画とするとともに、日射の遮蔽にも配慮する。
(2) 構造計画については、次の点に留意して計画する。
　① 建築物全体が、構造耐力上、安全であるように計画するとともに、経済性にも配慮する。
　② 構造種別、架構形式及びスパン割りを適切に計画する。
　③ 耐震性に配慮し、必要に応じて、耐力壁を設ける。
　④ 部材の断面寸法を適切に計画する。
(3) 設備計画については、次の点に留意して計画する。
　① 空調設備、給排水衛生設備、電気設備、消火設備等を適切に設け、環境負荷低減に配慮する。
　② 浴室の給湯設備は、熱源機器と貯湯槽からなる中央給湯方式とする。
　③ エレベーターを適切に設ける。

Ⅱ．要 求 図 書

答案用紙Ⅰ及び答案用紙Ⅱの定められた枠内（寸法線については枠外でもよい。）に、黒鉛筆を用いて記入する。

1．要求図面（答案用紙Ⅰに記入）
下表により、所定の図面を作成し（フリーハンドでもよい。）、必要な事項を記入する。

図面及び縮尺	特 記 事 項
(1) 1階平面図兼配置図 1/200 (2) 2階平面図 1/200	① 1階平面図兼配置図及び2階平面図には、次のものを図示又は記入する。 　イ．建築物の主要寸法（柱割り及び床面積の計算に必要な程度） 　ロ．室名等 　ハ．要求室の床面積 　ニ．24時間利用可能なエリアとそれ以外のエリアとの区分（破線で図示する。） 　ホ．採用した構造種別、架構形式及びスパン割りに応じて必要となる構造要素（必要により、凡例の空欄に名称・記号を記入し、図示する。） 　ヘ．設備シャフト［パイプシャフト(PS)、ダクトスペース(DS)、電気シャフト(EPS)］の位置 　ト．設備計画に応じた設備スペース 　チ．断面図の切断位置 　リ．要求室の特記事項に記載されている什器等 ② 1階平面図兼配置図には、次のものを図示又は記入する。 　イ．建築物の出入口 　ロ．屋外販売スペース 　ハ．敷地内の駐車場 　ニ．通路、植栽等 ③ 2階平面図には、次のものを図示又は記入する。 　イ．居室の最も遠い位置から直通階段の一に至る歩行距離及び経路 　ロ．1階の屋根、ひさし等となる部分
(3) 断面図 1/200	① 切断位置は、吹抜け部分を含み、建築物の全体の立体構成がわかる部分とする。なお、水平方向、鉛直方向の省略は行わないものとする。 ② 屋上に設備スペースを計画した場合は図示する。 ③ 塔屋を除く建築物の高さ、階高、天井高、1階床高及び主要な寸法を記入する。 ④ 基礎、梁及びスラブの断面を図示する。
(4) 2階梁伏図 1/200	① 2階からの見下げ図とし、主要な柱、大梁、小梁及びスラブには構造部材名の符号を記入する。 ② 構造部材表に主要な柱、大梁、小梁及びスラブの断面寸法を記入し、部材が複数となる場合は空欄に符号・部材・断面寸法を追加記入する。

2．面積表（答案用紙Ⅰに記入）
地上1、2階の床面積及びその合計を記入する。なお、各階の床面積については、その算定式も記入する。

3．計画の要点等（答案用紙Ⅱに記入）
(1) 建築計画について、次の①～③の要点等を具体的に記述する。なお、要求図面では表せない部分についても記述する。
　① 各部門の構成と配置について工夫したこと
　② 休憩・情報スペース、フードコート及び浴室の計画について、その位置とした理由及び動線計画において工夫したこと
　③ 吹抜けを活かした室内空間とするために工夫したこと
(2) 構造計画について、次の①及び②の要点等を具体的に記述する。なお、要求図面では表せない部分についても記述する。
　① 採用した構造種別、架構形式を記述するとともに、設定した目標耐震性能（地震力の程度と建築物の状態）を記述すること
　② 吹抜け部分の構造計画について工夫したこと（図等により補足してもよい。）
(3) 浴室の給湯設備計画において、「A：ガス又は油の燃焼によるボイラー（温水ヒーター）方式」又は「B：電動空冷ヒートポンプ方式」の給湯熱源方式について平面図に計画すべきことを記述し、採用した熱源方式（A又はBのいずれかを選択し、その記号を記入する。）及び採用した理由を記述する。
(4) フードコートの省エネルギー計画について、次の①及び②の要点等を具体的に記述する。なお、要求図面では表せない部分についても記述する。
　① 建築計画において、冷暖房負荷削減及び自然通風について工夫したこと（建築材料のみの記述は不可。）
　② 空調設備計画において、空調用エネルギーを削減するために考慮した省エネルギー手法について記述すること

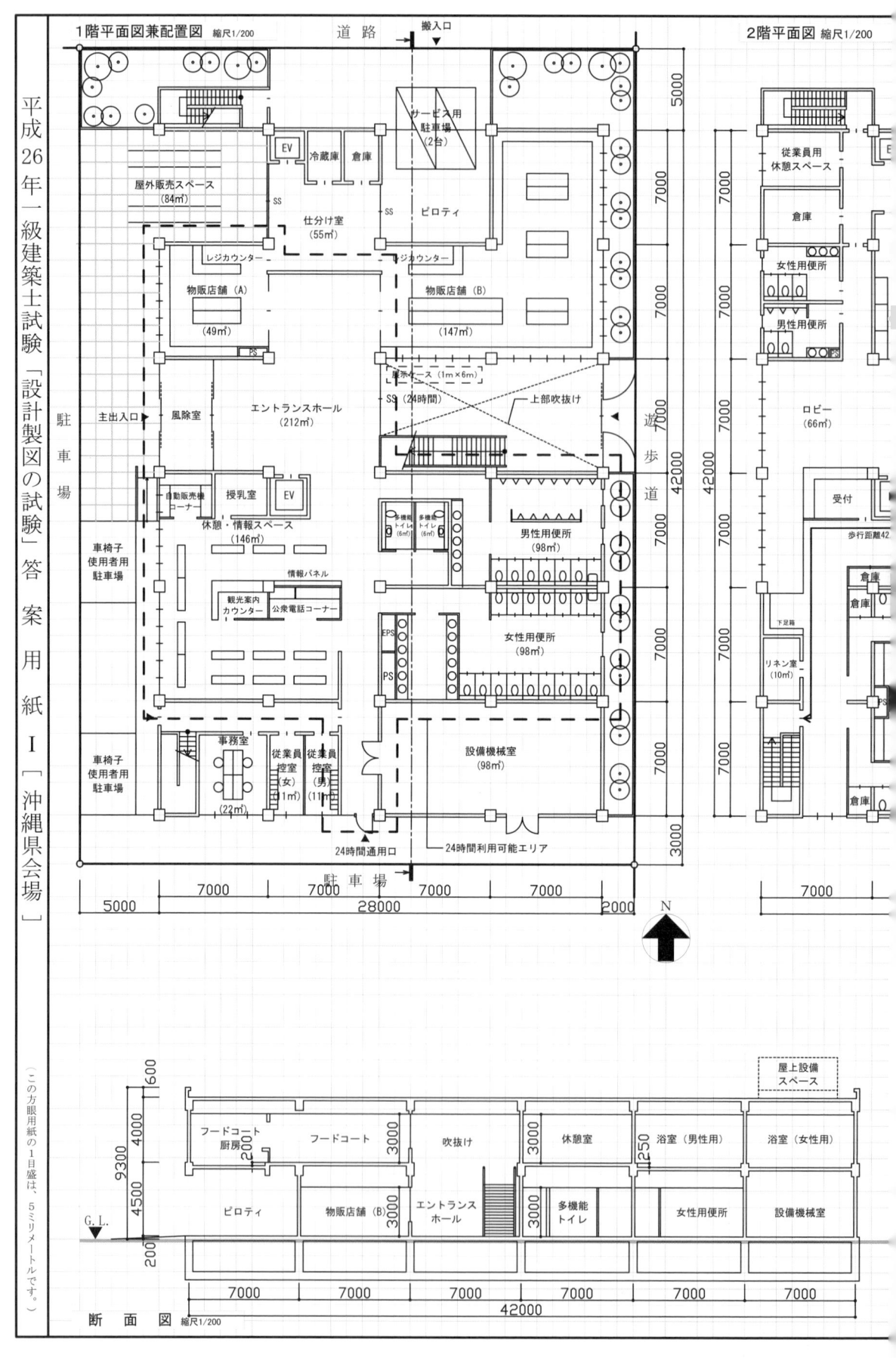

平成26年一級建築士試験「設計製図の試験」答案用紙Ⅰ[沖縄県会場]

1階平面図兼配置図 縮尺1/200

道路／搬入口

- 屋外販売スペース (84㎡)
- EV／冷蔵庫／倉庫
- サービス用駐車場 (2台)
- 仕分け室 (55㎡)
- ピロティ
- レジカウンター
- 物販店舗(A) (49㎡)
- 物販店舗(B) (147㎡)
- 駐車場
- 主出入口／風除室
- エントランスホール (212㎡)
- 展示スペース (1m×6m)
- SS (24時間)
- 上部吹抜け
- 遊歩道
- 自動販売機コーナー／授乳室／EV
- 休憩・情報スペース (146㎡)
- 多機能トイレ (6㎡) ×2
- 男性用便所 (98㎡)
- 車椅子使用者用駐車場
- 情報パネル
- 観光案内カウンター／公衆電話コーナー
- EPS／PS
- 女性用便所 (98㎡)
- 事務室 (22㎡)／従業員控室(女)(1㎡)／従業員控室(男)(11㎡)
- 車椅子使用者用駐車場
- 設備機械室 (98㎡)
- 24時間通用口／24時間利用可能エリア
- 駐車場

寸法: 5000／7000／7000／7000／7000／2000（28000）, 42000, 3000

N

2階平面図 縮尺1/200

- 従業員用休憩スペース
- 倉庫
- 女性用便所／男性用便所
- ロビー (66㎡)
- 受付
- 歩行距離42
- 倉庫／倉庫
- 下足箱
- リネン室 (10㎡)
- PS

寸法: 5000, 7000, 7000, 7000, 7000, 7000, 3000 (42000)

断面図 縮尺1/200

- フードコート厨房／フードコート／吹抜け／休憩室／浴室(男性用)／浴室(女性用)
- ピロティ／物販店舗(B)／エントランスホール／多機能トイレ／女性用便所／設備機械室
- 屋上設備スペース

寸法: 600, 4000, 200, 3000, 250, 3000, 3000, 9300, 4500, 200
G.L.
7000×6 = 42000

(この方眼用紙の1目盛は、5ミリメートルです。)

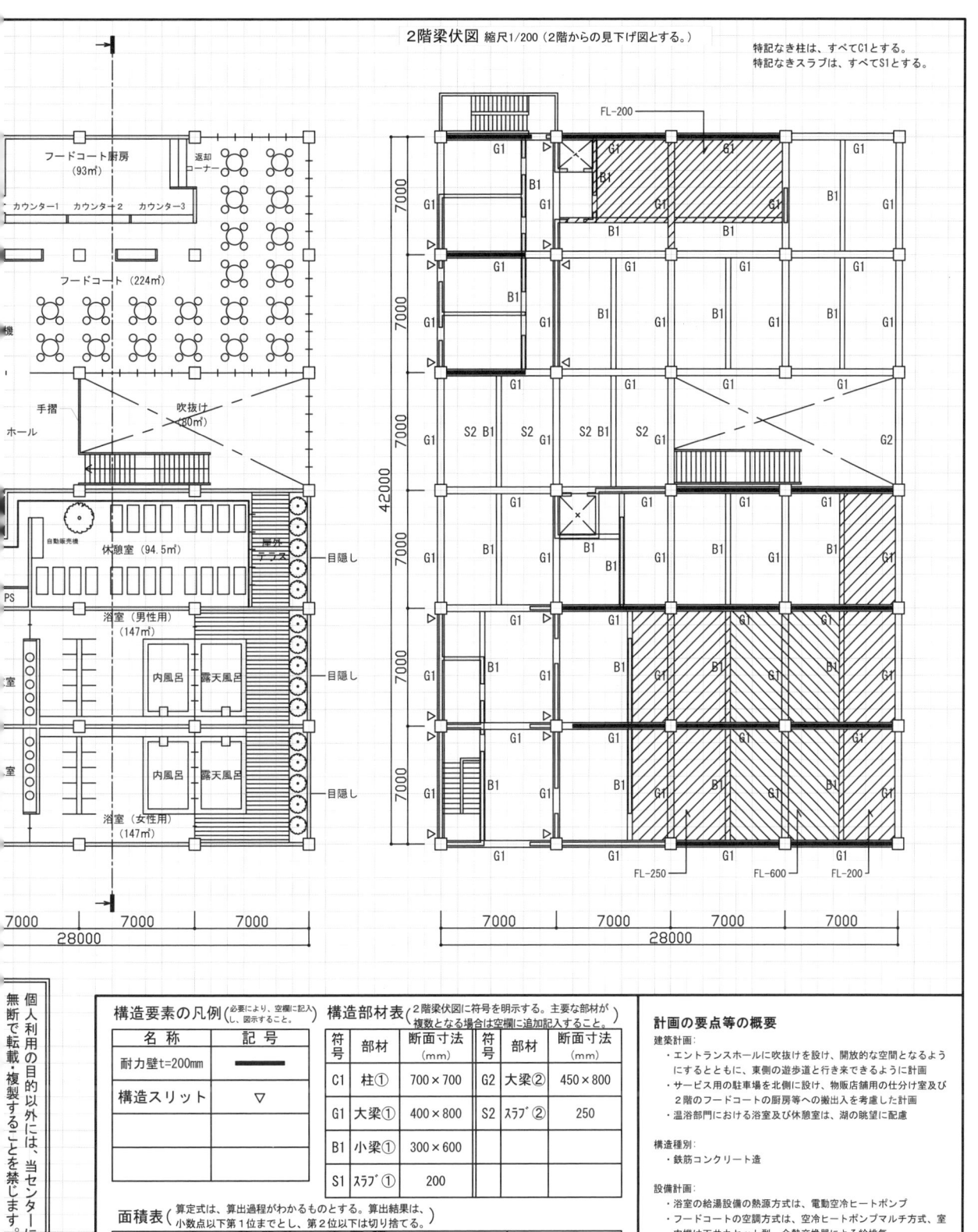

2階梁伏図 縮尺1/200 （2階からの見下げ図とする。）

特記なき柱は、すべてC1とする。
特記なきスラブは、すべてS1とする。

構造要素の凡例（必要により、空欄に記入し、図示すること。）

名称	記号
耐力壁 t=200mm	▬▬▬
構造スリット	▽

構造部材表（2階梁伏図に符号を明示する。主要な部材が複数となる場合は空欄に追加記入すること。）

符号	部材	断面寸法 (mm)	符号	部材	断面寸法 (mm)
C1	柱①	700×700	G2	大梁②	450×800
G1	大梁①	400×800	S2	スラブ②	250
B1	小梁①	300×600			
S1	スラブ①	200			

面積表（算定式は、算出過程がわかるものとする。算出結果は、小数点以下第1位までとし、第2位以下は切り捨てる。）

建築物の床面積		合計
1階	2階	
（算定式） 42×28-7×7-7×7 (ピロティ)(屋外物販スペース)	（算定式） 42×28-14×7-7×7×3.5 (露天風呂)(屋外テラス) -7×14+(2.2×8) (吹抜)(階段)	
小計 1078.0 ㎡	小計 973.1 ㎡	2051.1 ㎡

計画の要点等の概要

建築計画：
・エントランスホールに吹抜けを設け、開放的な空間となるようにするとともに、東側の遊歩道と行き来できるように計画
・サービス用の駐車場を北側に設け、物販店舗用の仕分け室及び2階のフードコートの厨房等への搬出入を考慮した計画
・温浴部門における浴室及び休憩室は、湖の眺望に配慮

構造種別：
・鉄筋コンクリート造

設備計画：
・浴室の給湯設備の熱源方式は、電動空冷ヒートポンプ
・フードコートの空調方式は、空冷ヒートポンプマルチ方式、室内機は天井カセット型、全熱交換器による給排気

標準解答例

（この標準解答例は、合格水準の標準的な解答例を示すことを意図したものです。）

8.4 平成25年度課題の重要ポイント

　平成25年度の試験の重要ポイントは、「環境条件をしっかり読みとり、所要室の配置を行うこと」このことに尽きる、といわざるを得ない。

　なぜなら、敷地の南側には「湖」を設定したうえで、丁寧にも「遠くに山々がみえ景色がよい」と矢印までつけていることで、あきらかに利用者の所要室を向けるようにうながしているからである。

　したがって、利用者の所要室を西側の企業保養所方向へ向けるような計画はきびしい判定を下すことになったのである。

■エントランスホールの吹抜け空間、吹抜けとなるアトリエ

　「エントランスホールの吹抜け空間」、「吹抜けとなるアトリエ」等々について一定の工夫が必要となる。

　なぜなら、「エントランスホールの吹抜け空間」は、ゆったりと広くしたいが、延べ床面積が1,500〜1,800 m^2 であることから、建ぺい率を気にするあまり、延べ床面積を1,500 m^2 近くで計画すると、小さな吹抜け空間となってしまうからである。

　また、アトリエの「天井の平均の高さは5 m以上」との要求は、アトリエの設置階は1階または2階のどちらかでもよい、とのヒントともなる。

　つまり、屋根の形状は「勾配屋根」を求めているため、勾配天井とすれば平均天井高5 m以上確保できるため、設置階は1階あるいは2階のどちらでもよいことになるのである。

■建ぺい率

　建ぺい率60％というきびしい限定によって、バルコニーや庇を設定しにくくしているため、合格基準に示す「建築面積が1,050 m^2 以下であること。」に牴触してしまう受験者は多かった（失格者12.7％）。

　しかし、建ぺい率とプランニングの関連性を図ることは「建築計画の基本」であるため、十分に注意しなければならない。

■リネンサービスのためのエレベーターの設置

　「標準解答例」では、管理部門にエレベーターを設けてあるものとないものがあるが、宿泊室のある計画では、後方階段にエレベーターを組み込み、リネンサービスを行うことが標準設計となり、階段だけでエレベーターのない建物ではリネンサービスに不便となる。

■出題の内容

　平成25年度は、以前のように「まるでパズルを解くかのようなプランニング力だけで突破する試験」とは異なり、「意匠、構造、設備をバランスよく理解し、まとめ上げる能力を確認する新試験制度にふさわしい課題」といえよう。

■平成25年度「大学のセミナーハウス」

I. 設 計 条 件

　この課題は、都市近郊の湖畔に建つ美術系の大学のセミナーハウスを計画するものである。本施設は、教員や講師を囲んでの実習や討論を通じてコミュニケーションを図る場であるとともに、豊かな自然を満喫することで心身をリフレッシュする場でもある。また、地域住民との交流の場となるように発表会、講演会、ワークショップ等ができる計画とする。

1．敷地及び周辺条件
(1) 敷地の形状、接道条件、周辺状況等は、下図のとおりである。
(2) 敷地は、平坦で、道路及び隣地との高低差はないものとする。また、歩道の切り開きは、1箇所当たり6mまでできるものとする。
(3) 敷地は、都市計画区域及び準都市計画区域以外の区域内にあるが、景観保全のため建築物に関して次の制限がある。
　① 建ぺい率の限度は60％、容積率の限度は200％である。
　② 主要な屋根は、$\frac{2}{10}$以上の勾配屋根とする。
(4) 電気、ガス及び上下水道は、完備している。
(5) 地盤は良好であり、杭打ちの必要はない。
(6) 湖の氾濫、地下水及び積雪についての特別な配慮はしなくてよい。

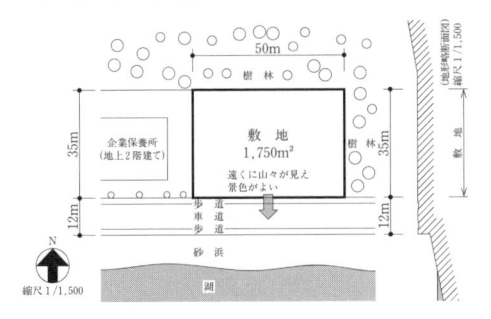

2．建 築 物
(1) 構造、階数等
　構造種別は自由とし、地上2階建ての1棟の建築物とする。
(2) 床面積の合計
　床面積の合計は、1,500㎡以上、1,800㎡以下とする。
　この課題の床面積の算定においては、ピロティ、塔屋、バルコニー、屋外階段等は、床面積に算入しないものとする。
(3) 要求室
　下表の室は、すべて計画する。

部門	室名	特記事項	床面積
研修部門	セミナー室A	・教室型とし、50人程度が利用できるようにする。 ・プレゼンテーション、講演会、各種発表会等に利用する。	適宜
	セミナー室B	・15人程度が利用できるようにする。	
	セミナー室C	・2室に分割して、それぞれ8人程度が利用できるようにする。	
	アトリエ	・無柱空間とし、天井の平均の高さは5m以上、間口及び奥行きは心々10m以上とする。 ・収納棚、流し等を設ける。	約150㎡
	アトリエ準備室		約30㎡
	和室	・10畳とし、床の間及び押入れを設ける。	適宜
宿泊部門	宿泊室A (洋室・4人室)	・6室計画する。 ・バルコニーを設ける。 ・シングルベッド及び談話コーナー(テーブル、椅子等)を設ける。 ・洗面台及び便所を設ける。	適宜
	宿泊室B (和室・12畳)	・2室計画する。 ・バルコニーを設ける。 ・洗面台、便所及び押入れを設ける。	
	宿泊室C (洋室・個室)	・2室計画し、教員及び講師用とする。 ・バルコニーを設ける。 ・シングルベッド、テーブル及び椅子を設ける。 ・バス、洗面台及び便所を設ける。	
	談話スペース	・10人程度が利用できるようにする。 ・本棚、ソファー等を設ける。	
	浴室	・男性用、女性用として、それぞれ5人程度が入浴できるようにし、各浴室に脱衣室を設ける。 ・眺望に配慮する。	
	リネン室		
共用・管理部門	エントランスホール	・1階と2階の空間の連続性を考慮した吹抜けを計画する。 ・周囲の自然景観を取り入れ、明るく開放的な空間とし、コミュニケーションの場やラウンジとしても利用する。 ・学生が制作した美術作品等の展示を行う。 ・風除室を設ける。	適宜
	食堂	・30人程度が利用できるようにする。 ・明るく開放的な空間とし、屋外テラスと一体的に利用できるようにする。 ・厨房を設ける。 ・テーブル、椅子等を設ける。	
	事務室	・2人分の事務スペースを確保する。 ・受付カウンターを設ける。	
	設備スペース	・採用した設備計画に応じて、設備機械室(空調、給排水、電気、消火等)、屋外機器置場等を計画する。	

・便所及び倉庫については、適切に計画する。
・その他必要と思われる室等は、適宜計画するものとする。

3．その他の施設等
(1) 屋外テラス(食事やパーティ等多目的に利用する。)を、次のとおり計画する。
　① 地上又は1階の屋上に設けるものとし、まとまったスペースで80㎡(ピロティ、上部に屋根等がある部分を含めてもよい。)を確保する。
　② 食堂と一体的に利用できるようにする。
　③ テーブル、椅子等を設ける。
(2) 駐車場は、地上に平面駐車とし、車いす使用者用として1台分、サービス用として1台分を設ける。なお、施設利用者用及び職員用の駐車場は、近隣の駐車場を利用することを考慮しており、計画しない。
(3) 駐輪場は、施設利用者用として10台分を設ける。
(4) (1)～(3)の「その他の施設等」は、床面積に算入しないものとする。

4．計画に当たっての留意事項
(1) 建築計画については、次の点に留意して計画する。
　① 建築物はバリアフリー、セキュリティ等に配慮する。
　② 研修部門、宿泊部門及び共用・管理部門を適切にゾーニングし、明快な動線計画とするとともに、避難経路にも配慮する。
　③ 勾配屋根の形状を活かした室内空間となるように計画する。
　④ 敷地の周辺環境に配慮する。
(2) 構造計画については、次の点に留意して計画する。
　① 建築物全体が、構造耐力上、安全であるように計画するとともに、経済性にも配慮する。
　② 構造種別、架構形式及びスパン割りを適切に計画する。
　③ 耐震性に配慮し、必要に応じて、耐力壁等を設ける。
　④ 部材の断面寸法を適切に計画する。
(3) 設備計画については、次の点に留意して計画する。
　① 空調設備、給排水衛生設備、電気設備、消火設備を適切に設け、環境負荷低減に配慮する。
　② 自然採光及び自然通風を積極的に取り入れる計画とするとともに、日射の遮蔽にも配慮する。
　③ エレベーターを適切に設ける。

II．要 求 図 書

　答案用紙Ⅰ及び答案用紙Ⅱの定められた枠内(寸法線については枠外でもよい。)に、黒鉛筆を用いて記入する。

1．要求図面(答案用紙Ⅰに記入)
　下表により、所定の図面を作成し(フリーハンドでもよい。)、必要な事項を記入する。

図面及び縮尺	特記事項
(1) 1階平面図兼配置図 1/200 (2) 2階平面図 1/200	① 1階平面図兼配置図及び2階平面図には、次のものを図示又は記入する。 イ．建築物の主要な寸法(柱割り及び床面積の計算に必要な程度) ロ．室名等(宿泊室A、B及びCの表示は、リ、ヌ、ルによる。) ハ．要求室の床面積 ニ．採用した構造種別、架構形式及びスパン割りに応じて必要となる構造要素(必要により、凡例の空欄に名称・記号を記入し、図示する。) ホ．設備シャフト(パイプシャフト(PS)、ダクトスペース(DS)、電気シャフト(EPS))の位置 ヘ．設備計画に応じた設備スペース ト．断面図の切断位置 チ．屋外テラス リ．宿泊室A(洋室・4人室)の室名(A1、A2、A3、A4、A5、A6と表示する。) ヌ．宿泊室B(和室・12畳)の室名(B1、B2と表示する。) ル．宿泊室C(洋室・個室)の室名(C1、C2と表示する。) ヲ．代表的な宿泊室A、宿泊室B及び宿泊室Cの室内プラン ワ．要求室(宿泊室を除く。)の特記事項に記載されている什器等 ② 1階平面図兼配置図には、次のものを図示又は記入する。 イ．建築物の出入口 ロ．駐車場及び駐輪場(台数を明示する。) ハ．通路、植栽等 ③ 2階平面図には、次のものを図示又は記入する。 イ．居室の最も遠い位置から直通階段の一に至る歩行距離及び経路 ロ．1階の屋根、ひさし等となる部分
(3) 断面図 1/200	① 切断位置は、エントランスホールを含み、建築物の全体の立体構成及び勾配屋根の形状がわかる断面とする。なお、水平方向、鉛直方向の主要な寸法及び室名を記入する。 ② 塔屋を除く建築物の高さ、階高、天井高、1階床高及び主要な室名を記入する。 ③ 基礎、梁及びスラブの断面を図示する。
(4) 2階梁伏図 1/200	① 2階からの見下げ図とし、主要な柱、大梁、小梁及びスラブは構造部材表の符号を明示する。 ② 構造部材表に主要な柱、大梁、小梁及びスラブの断面寸法を記入し、主要な部材が複数となる場合は空欄に符号・断面寸法を追加記入する。

2．面 積 表(答案用紙Ⅰに記入)
　地上1、2階の床面積及びその合計を記入する。なお、各階の床面積については、その算定式も記入する。

3．計画の要点等(答案用紙Ⅱに記入)
(1) 建築計画について、次の①～③の要点等を具体的に記述する。なお、要求図面では表せない部分についても記述する。
　① 研修部門の各室について、その位置とした理由及び動線計画において工夫したこと
　② エントランスホールの計画について工夫したこと
　③ 勾配屋根の形状を活かした室内空間とするために工夫したこと
(2) 構造計画について、次の①及び②の要点等を具体的に記述する。なお、要求図面では表せない部分についても記述する。
　① 建築物に採用した構造種別、架構形式及びスパン割りとこれらを採用した理由
　② 勾配屋根の構造計画について工夫したこと
(3) 設備計画について、次の①～③の要点等を具体的に記述する。なお、要求図面では表せない部分についても記述する。
　① アトリエにおいて、採用した空調方式、空調機の設置位置及び良好な室内環境とするための吹出口・吸込口の計画について工夫したこと
　② 建築物の省エネルギーにおいて、自然採光の促進、日射遮蔽及び空調エネルギーの削減について工夫したこと
　③ 受変電設備、空調室外機及び浴室用の給湯・ろ過設備の設置位置について工夫したこと

平成25年一級建築士試験「設計製図の試験」

2階平面図 縮尺1/200

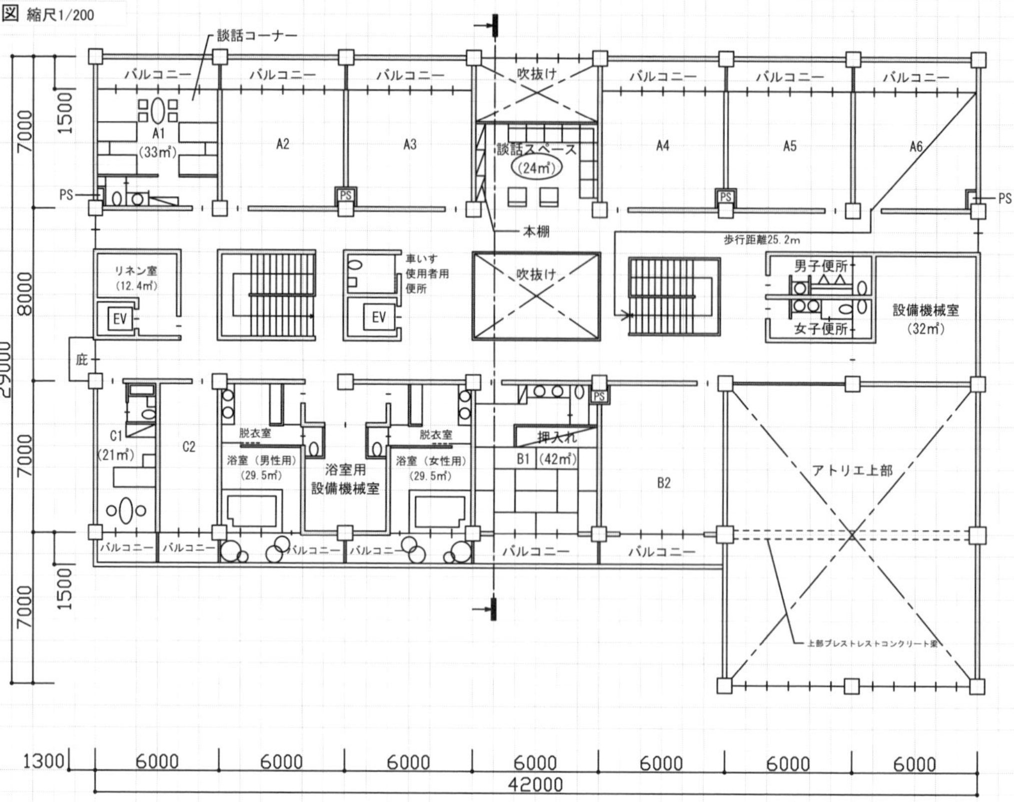

1階平面図兼配置図 縮尺1/200

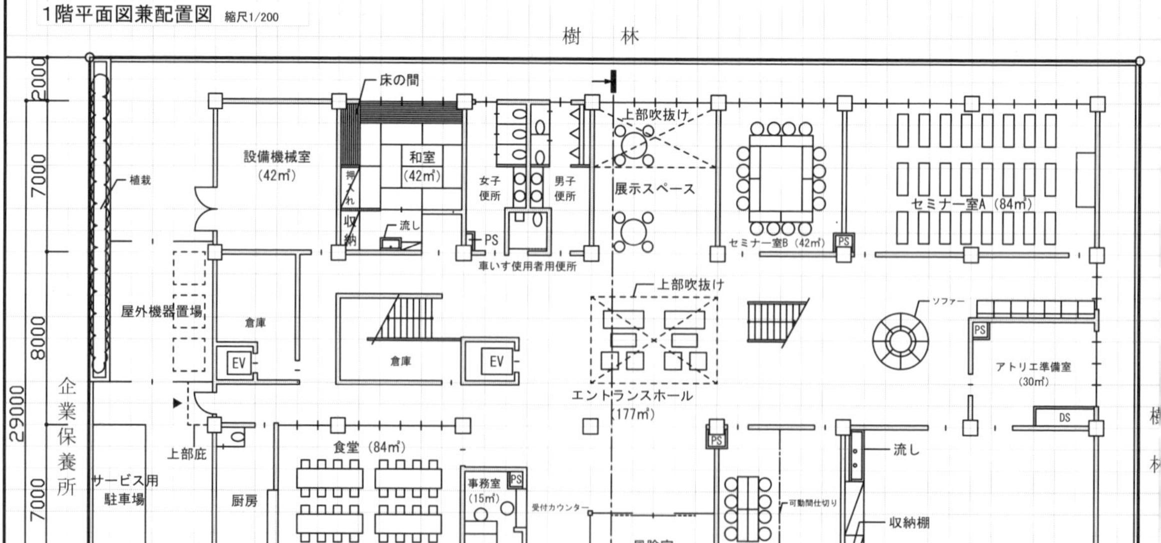

（この方眼用紙の1目盛は、5ミリメートルです。）

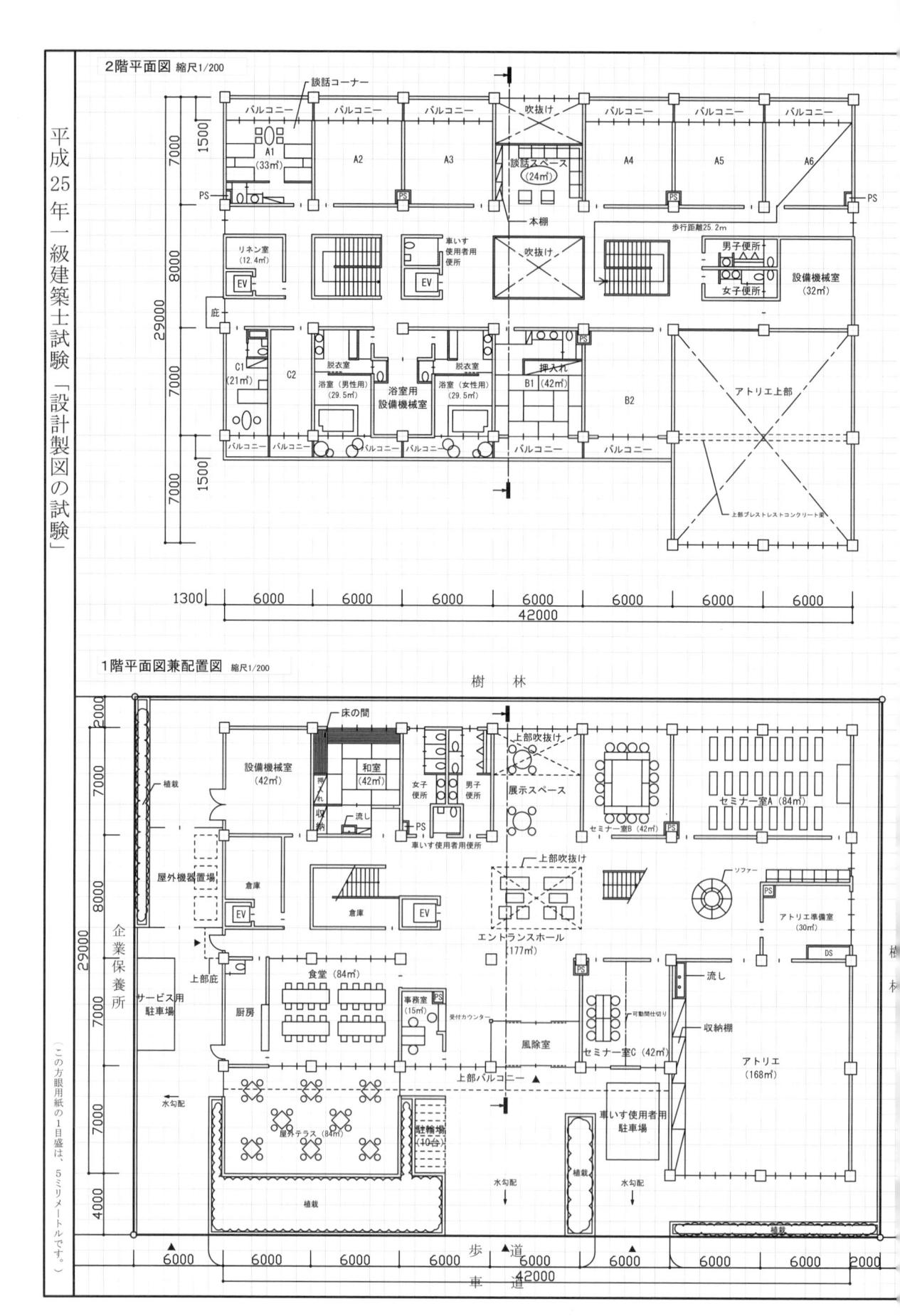

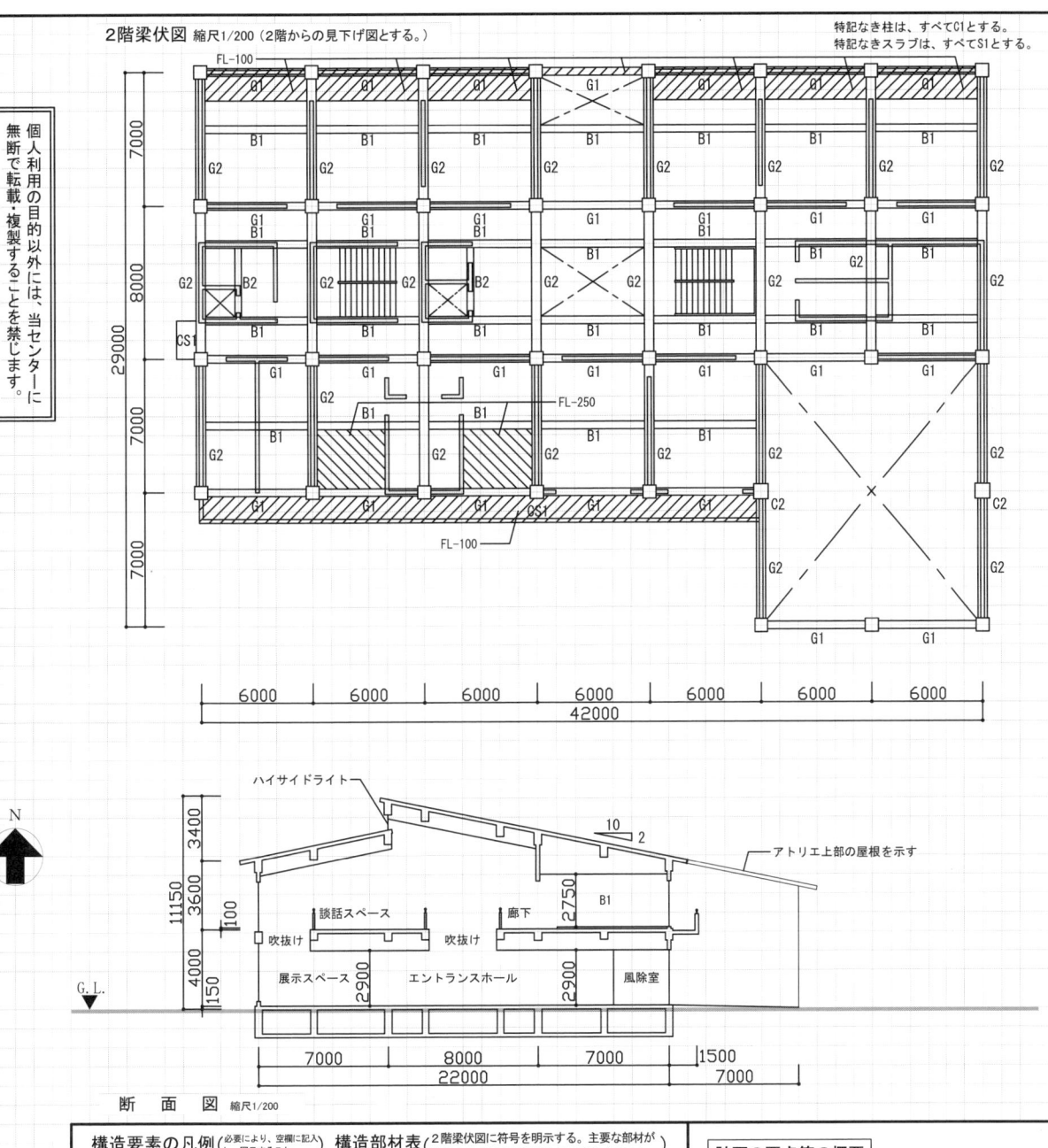

2階梁伏図 縮尺1/200（2階からの見下げ図とする。）

特記なき柱は、すべてC1とする。
特記なきスラブは、すべてS1とする。

個人利用の目的以外には、当センターに無断で転載・複製することを禁じます。

断　面　図　縮尺1/200

構造要素の凡例
（必要により、空欄に記入し、図示すること。）

名　称	記　号

構造部材表
（2階梁伏図に符号を明示する。主要な部材が複数となる場合は空欄に追加記入すること。）

符号	部材	断面寸法(mm)	符号	部材	断面寸法(mm)
C1	柱①	700×700	C2	柱②	800×800
G1	大梁①	400×600	G2	大梁②	500×800
B1	小梁①	400×550	B2	小梁②	350×500
S1	スラブ①	200	CS1	スラブ②	200

計画の要点等の概要

建築計画：
・1階は共用・管理部門及び研修部門、2階は宿泊部門とし、眺望の良い南側には食堂、アトリエ及び浴室を計画
・北側からの安定した採光を取り入れるため、ハイサイドライトを設けた計画
・1階と2階の連続性を考慮した吹抜けを設けた計画

構造種別：
・鉄筋コンクリート造（一部プレストレストコンクリート）

設備計画：
・アトリエは、空冷ヒートポンプチラー＋単一ダクト方式
その他の室は空冷式ヒートポンプマルチ型エアコン

面積表
（算定式は、算出過程がわかるものとする。算出結果は、小数点以下第1位までとし、第2位以下は切り捨てる。）

建築物の床面積		合　計
1階	2階	
（算定式） 42×22+12×7	（算定式） 42×22−(18×1.5)×2−6×3（バルコニー）（吹抜け） −6×4−12×7（吹抜け）（アトリエ上部）	
小計　1008.0 ㎡	小計　744.0 ㎡	1752.0 ㎡

標準解答例①
（この標準解答例は、合格水準の標準的な解答例を示すことを意図したものです。）

平成25年一級建築士試験「設計製図の試験」

2階平面図 縮尺1/200

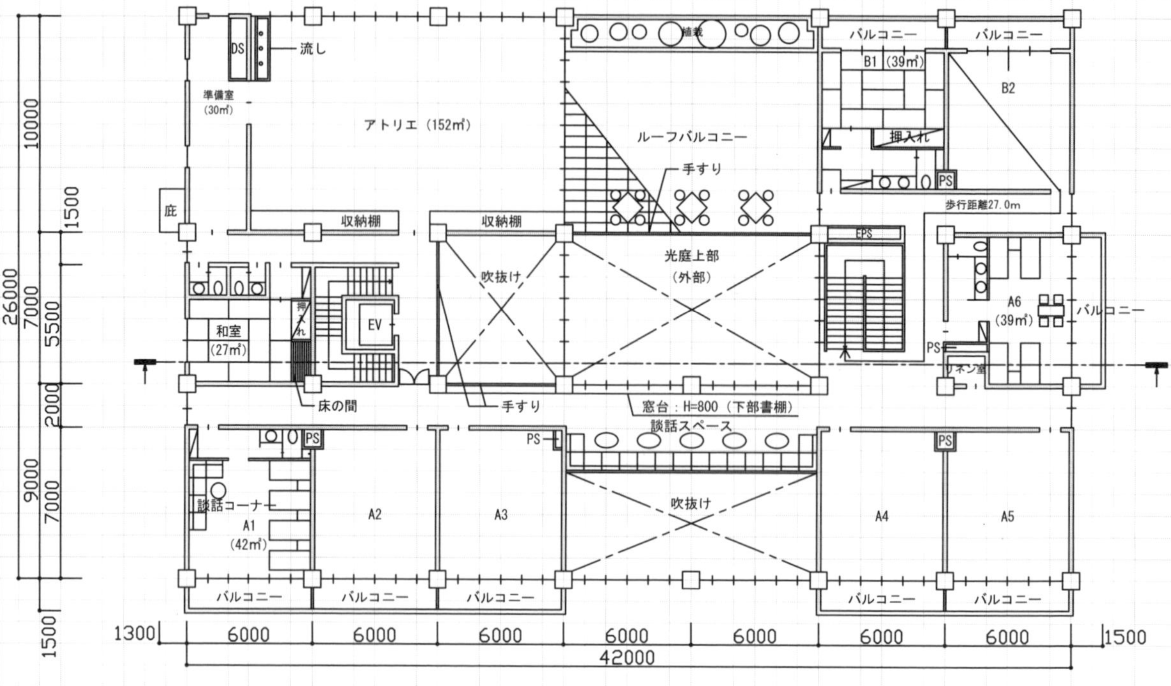

1階平面図兼配置図 縮尺1/200

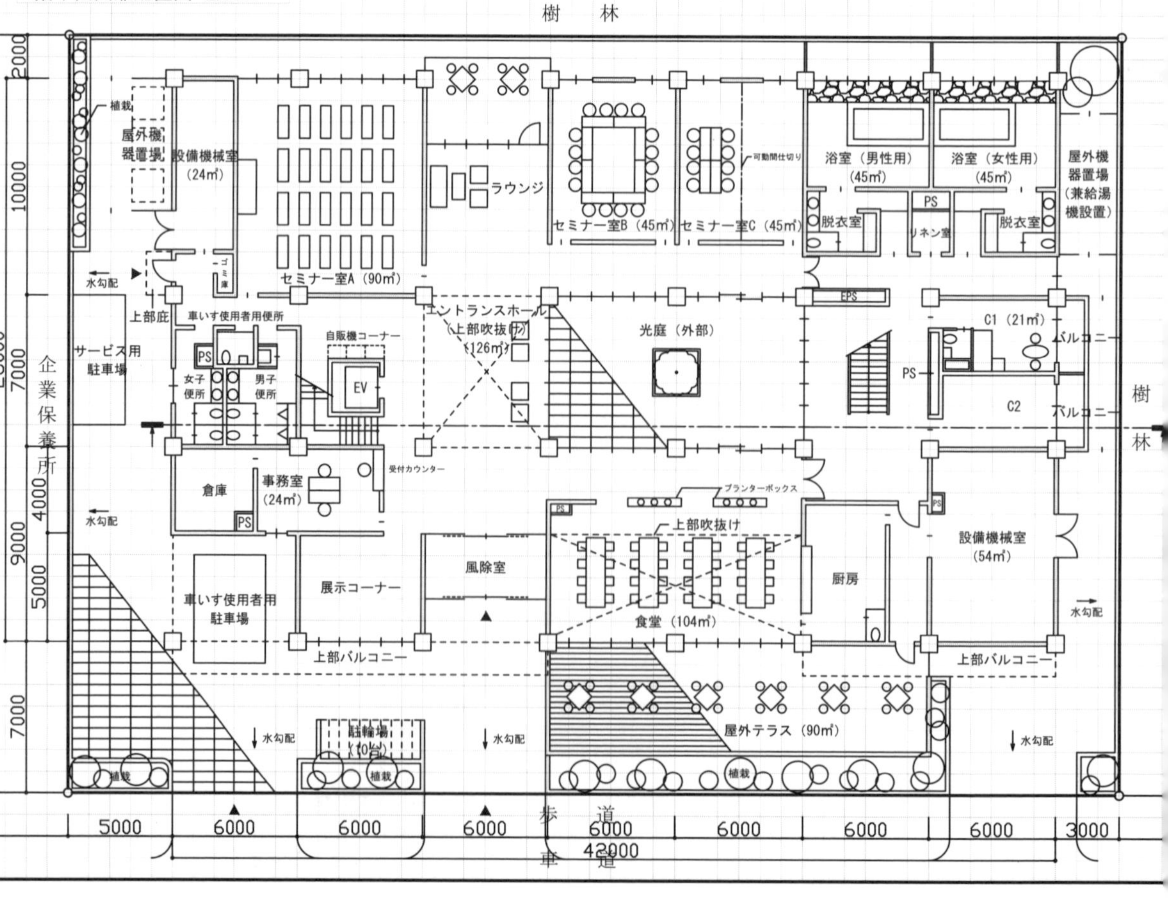

（この方眼用紙の1目盛は、5ミリメートルです。）

2階梁伏図 縮尺1/200（2階からの見下げ図とする。）

特記なき柱は、すべてC1とする。
特記なきスラブは、すべてS1とする。

断面図 縮尺1/200

構造要素の凡例（必要により、空欄に記入し、図示すること。）

名　称	記　号

構造部材表（2階梁伏図に符号を明示する。主要な部材が複数となる場合は空欄に追加記入すること。）

符号	部材	断面寸法 (mm)	符号	部材	断面寸法 (mm)
C1	柱①	800×800			
G1	大梁①	400×600	G2	大梁②	500×1000
			G3	大梁③	600×1200
B1	小梁①	400×550	B2	小梁②	400×600
			B3	小梁③	500×1200
S1	スラブ①	200	CS1	スラブ②	200

面積表（算定式は、算出過程がわかるものとする。算出結果は、小数点以下第1位までとし、第2位以下は切り捨てる。）

建築物の床面積		合　計
1　階	2　階	
（算定式） 42×26-6×6×3-12×7（ラウンジ外部） -6×2-6×5（風除室前）（駐車場）	（算定式） 42×26-12×10-12×7（ルーフバルコニー）（光庭上部） -6×7-12×5-12×1.5（吹抜け）（吹抜け）（バルコニー）	
小計　　　948.0 ㎡	小計　　　768.0 ㎡	1716.0 ㎡

計画の要点等の概要

建築計画：
・研修部門は安定した光が得られる北側に計画、宿泊部門は眺望の良い南側及び東側に計画
・共用・管理部門の食堂は眺望の良い南側に計画
・エントランスホールは周囲の自然景観を取り入れた計画とし、建築物の中央部には外部として利用する光庭を設け、明るく開放的な空間となるように計画

構造種別：
・鉄筋コンクリート造

設備計画：
・アトリエは、空冷ヒートポンプチラー＋単一ダクト方式
その他の室は空冷式ヒートポンプマルチ型エアコン

標準解答例②
（この標準解答例は、合格水準の標準的な解答例を示すことを意図したものです。）

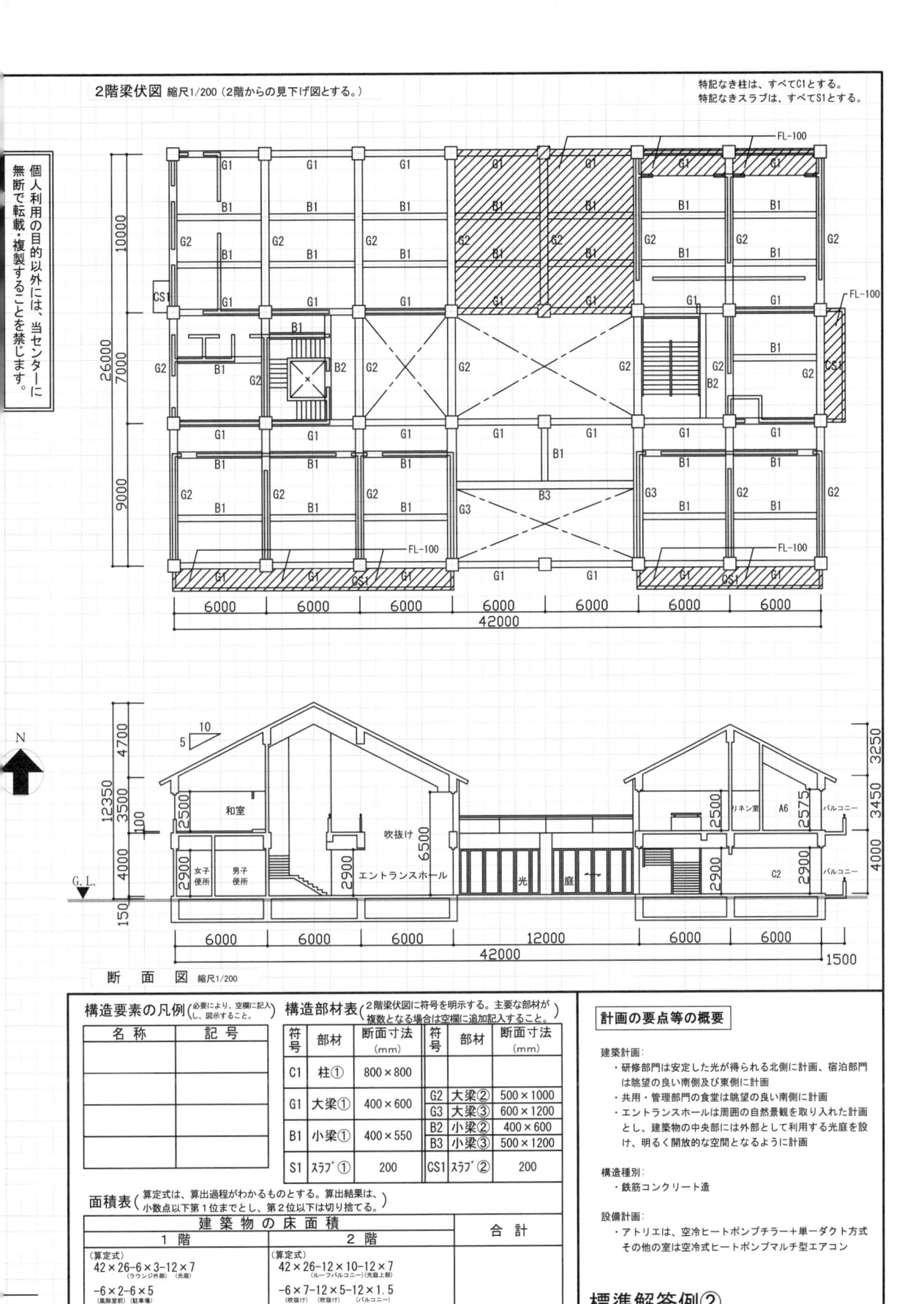

8.5 平成24年度課題の重要ポイント

■複合的用途の出題

出題された「段床形式の小ホール」は、「中央図書館」にはあるものの、「地域図書館」で小ホールをもつ建物はほとんどないに等しい。

したがって、図書館として「単一機能の建物」では、多くの受験者が一式図をかきあげることができるため、難易度を高めるため「複合的要素を盛り込むことにした」のではないかと考える。

このように、実際の建物ではほとんどない施設であっても試験では出題する傾向にあるが、これは、いかなる想定であっても対応できる能力を問うためであろう。

■解放的な一体空間

以前までの図書館は、閉鎖的な空間が多かったが、現代の図書館は、解放的な空間が求められるようになっている。このため、試験においても開架スペース、新聞雑誌コーナー、AVコーナー、情報検索コーナー、展示ギャラリー、カフェなどが一体的空間となった施設を求めたが、今後の試験においても解放的な空間性をもつ施設が求められるであろう。

■図書を閲覧しやすい環境

図書館の閲覧室は、直射光が入り込むと閲覧しにくい。また、図書館に限らず、事務室などの執務空間や工房などの創作空間も北側に向けるのがよいとされる。したがって、閲覧室は北側公園方向に設けることが標準設計となるが、南側や西側方向に閲覧室を向ける場合は、読書の弊害となる直射光が入り込むのを防止するため、開口部にはLOW-E複層ガラス、遮蔽ルーバー、電動ブラインド内蔵サッシなどを採用する必要がある。

■小ホールの設置階

「無柱空間」となる小ホールの設置階は、一般的には2階となるが、「構造種別は自由」とあることから、小ホール部分は「鉄筋コンクリート造プレストレストコンクリート梁架構」を採用し、小ホールを1階として図書室を2階にまとめる方法もある（標準解答例②参照）。

■建ぺい率

この課題は、建ぺい率は70%であるため、合格基準に示す「建築面積が1,225 m^2 以下であること。」に牴触してしまう受験者が多かったのである（失格者12.2%）。

建ぺい率がきびしい場合は、注意深く計画を進める必要がある。

■地下1階の設定と断面図の表現

地下1階には、閉架書庫および設備スペースを求めた。しかし、1階平面図兼配置図には「地下1階の位置を点線で図示する」とあるため、断面図の切断箇所は地下1階部分であるのに、地下1階部分の表現を忘れることが多かったので注意する。

■平成24年度「地域図書館（段床形式の小ホールのある施設である）」

Ⅰ．設 計 条 件

　この課題は、ある小都市の市街地の公園の一角に建つ地域図書館を計画するものである。本施設は、図書館の機能に加えて、小ホール、展示ギャラリー、会議室等を設けて、講演会やセミナー、ワークショップ、映画上映会等を開催できるものとし、様々な世代の地域住民の学習や交流の場となるように計画する。

1．敷地及び周辺条件
(1) 敷地の形状、接道条件、周辺状況等は、下図のとおりである。
(2) 敷地は、平坦で、道路及び隣地との高低差はないものとする。また、歩道の切り開きは、1箇所当たり6mまでできるものとする。
(3) 敷地は、第一種住居地域及び準防火地域に指定されている。また、建ぺい率の限度は70%（特定行政庁が指定した角地における加算を含む。）、容積率の限度は300%である。
(4) 電気、ガス及び上下水道は、完備している。
(5) 地盤は良好であり、杭打ちの必要はない。
(6) 気候は温暖で、積雪についての特別の配慮はしなくてよい。

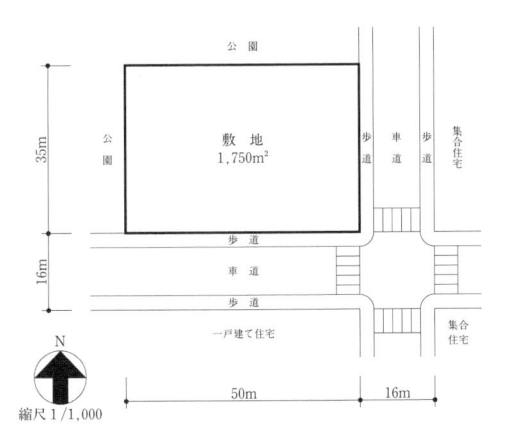

（敷地図：公園に北面・西面が接し、東側に歩道・車道を挟み集合住宅、南側に歩道・車道を挟み一戸建て住宅・集合住宅。敷地1,750㎡、寸法35m×50m。縮尺1/1,000）

2．建 築 物
(1) 構造、階数等
　　構造種別は自由とし、地下1階、地上2階建ての1棟の建築物とする。
(2) 床面積の合計
　　地下1階を除く床面積の合計は、1,800㎡以上、2,200㎡以下とする。
　　この課題の床面積の算定においては、ピロティ、塔屋、バルコニー、屋外階段等は、床面積に算入しないものとする。
(3) 要求室
　　下表の室は、すべて計画する。

部門	室 名	特 記 事 項	床面積
	・メインエントランスを道路側、サブエントランスを公園側に設け、公園からもアプローチできるものとする。 ・設置階が明示されているもの（閉架書庫及び設備スペース）以外は、1階又は2階に計画する。 ・適切な場所（小ホールを除く。）にまとまったスペースで150㎡以上の吹抜けを設け、豊かな空間となるように計画する。		
図書館部門	一般開架スペース	・書架及び閲覧席（40席）を設ける。	約300㎡
	児童開架スペース	・書架及び閲覧席（20席）を設ける。 ・子どもに読み聞かせをする「お話コーナー」を設ける。	約160㎡
	新聞・雑誌コーナー	・雑誌棚及び閲覧席を設ける。	約70㎡
	サービスカウンター	・書籍等の貸出・返却を行い、レファレンスを兼ねる。	適宜
	閉架書庫	・設置階は、地下1階とする。	約200㎡
	読書室	・読書、学習等に利用できるものとする。	約50㎡
	AVコーナー	・映像、音楽等を鑑賞できる視聴覚ブース（5ブース）を設ける。	適宜
	情報検索コーナー	・パソコン（5台）を設け、インターネットで情報検索ができるものとする。	適宜
集会部門	小ホール	・講演会、映画上映会、各種発表会等に利用する。 ・段床形式で180席の固定席を設ける。 ・ステージを設ける。	適宜
	小ホール控室	・小ホールで行われるイベント関係者の控室とする。	適宜
	展示ギャラリー	・地域住民の作品の発表その他多目的に利用する。	約70㎡
	会議室	・会議、セミナー、ワークショップ等に利用する。 ・2室に分割して、それぞれの会議室で20人程度が利用できるようにする。	適宜
共用・管理部門	エントランスホール	・風除室を設ける。	適宜
	カフェ	・貸出手続き前の書籍を閲覧することができるようにする。 ・カウンター、テーブル等を設ける。	約70㎡
	事務室	・8人分の事務スペースを確保する。	適宜
	作業室	・書籍の整理等を行うものとする。	適宜
	館長室・応接室		適宜
	職員控室	・男性用、女性用として、それぞれ各1室設ける。	適宜
	通用口		適宜
	設備スペース	・採用した設備計画に応じて、設備機械室（空調、給排水、電気、消火等）、屋外機器置場等を計画する。 ・設置階は、自由とする。	適宜
・便所及び倉庫については、適宜計画するものとする。 ・ブックポスト（閉館時間中の書籍の返却に利用する。）を設ける。 ・その他必要と思われる室等は、適宜計画するものとする。			

3．その他の施設等
(1) 駐車場は、地上に平面駐車とし、車いす使用者用として2台分、サービス用として1台分を設ける。なお、施設利用者用及び職員用の駐車場は、敷地に隣接する公園の駐車場を利用するものとし、考慮しなくてよい。
(2) 駐輪場は、施設利用者用として20台分を設ける。
(3) (1)及び(2)の「その他の施設等」は、床面積に算入しないものとする。

4．計画に当たっての留意事項
(1) 建築計画については、次の点に留意して計画する。
　① 建築物はバリアフリー、セキュリティ等に配慮する。
　② 図書館部門、集会部門及び共用・管理部門を適切にゾーニングし、明快な動線計画とするとともに、避難等に配慮する。
　③ 敷地の周辺環境に配慮する。
(2) 構造計画については、次の点に留意して計画する。
　① 建築物全体が、構造耐力上、安全であるように計画するとともに、経済性にも配慮する。
　② 構造種別、架構形式及びスパン割りを適切に計画する。
　③ 耐震性に配慮し、必要に応じて耐力壁等を設ける。
　④ 部材の断面寸法を適切に計画する。
(3) 設備計画については、次の点に留意して計画する。
　① 空調設備、給排水衛生設備、電気設備、消火設備等を適切に設け、環境負荷低減に配慮する。なお、小ホールの空調設備は、単一ダクト方式とする。
　② エレベーターを適切に設ける。
　③ 自然採光を積極的に取り入れる計画とするとともに、日射の遮蔽にも配慮する。

Ⅱ．要 求 図 書

　答案用紙Ⅰ及び答案用紙Ⅱの定められた枠内（寸法線については枠外でもよい。）に、黒鉛筆を用いて記入する。

1．要求図面（答案用紙Ⅰに記入）
　下表により、所定の図面を作成し（フリーハンドでもよい。）、必要な事項を記入する。

図面及び縮尺	特 記 事 項
(1) 1階平面図兼配置図 1/200 (2) 2階平面図 1/200	① 1階平面図兼配置図及び2階平面図には、次のものを図示又は記入する。 イ．建築物の主要寸法（柱割り及び床面積の計算に必要な程度） ロ．室名等 ハ．要求室の床面積 ニ．採用した構造種別、架構形式及びスパン割りに応じて必要となる構造要素（必要により、凡例の空欄に名称・記号を記入し、図示する。 ホ．設備シャフト〔パイプシャフト（PS）、ダクトスペース（DS）、電気シャフト（EPS）〕の位置 ヘ．設備計画に応じた設備スペース（ただし、屋上に設けた場合は断面図に図示する。） ト．断面図の切断位置 チ．一般開架スペース、児童開架スペース及び新聞・雑誌コーナーには、書架・雑誌棚、閲覧机、いす等を図示する。 リ．小ホールには、客席（一部を省略してもよい。）及びステージを図示する。 ② 1階平面図兼配置図には、次のものを図示又は記入する。 イ．建築物の出入口 ロ．駐車場及び駐輪場（台数を明示する。） ハ．地下1階部分（閉架書庫及び設備スペース（地下1階に設けた場合）の位置を点線で図示し、室名を記入する。 ニ．通路、植栽等 ③ 2階平面図には、次のものを図示又は記入する。 イ．居室の最も遠い位置から避難階段の一に至る歩行距離及び経路 ロ．1階の屋根、ひさしとなる部分
(3) 断面図 1/200	① 切断位置は、小ホールを含み、建築物の全体の立体構成がわかる断面とする。ただし、水平方向、鉛直方向の省略は行わないものとする。 ② 屋上に設備スペースを設けた場合は図示する。 ③ 塔屋を除く建築物の高さ、階高、天井高、1階床高及び主要な室名を記入する。 ④ 基礎、梁及びスラブの断面を図示する。
(4) 2階梁伏図 1/200	① 2階からの見下げ図とし、主要な柱、大梁、小梁及びスラブは構造部材表の符号を明示する。 ② 構造部材表に主要な柱、大梁、小梁及びスラブの断面寸法を記入し、主要な部材が複数となる場合は空欄に符号・部材・断面寸法を追加記入する。

2．面 積 表（答案用紙Ⅰに記入）
　地上1、2階の床面積及びその合計を記入する。なお、各階の床面積については、その算定式も記入する。

3．計画の要点等（答案用紙Ⅱに記入）
(1) 建築計画について、次の①〜③の要点等を具体的に記述する。なお、要求図面では表せない部分についても記述する。
　① 一般開架スペース、サービスカウンター、小ホール及びカフェについて、その位置とした理由及び動線計画において工夫したこと
　② バリアフリーについて工夫したこと
　③ セキュリティについて工夫したこと
(2) 構造計画について、次の①及び②の要点等を具体的に記述する。なお、要求図面では表せない部分についても記述する。
　① 建築物に採用した構造種別、架構形式及びスパン割りとこれらを採用した理由
　② 小ホールの構造計画について工夫したこと
(3) 設備計画について、次の①〜③の要点等を具体的に記述する。なお、要求図面では表せない部分についても記述する。
　① 吹抜け部分における冬期の空調設備計画において、快適な温熱環境を提供する観点から注意すべき点及びその対応策（空調の吹出口の位置・形式、吸込口の位置等）
　② 一般開架スペースにおける自然採光及び日射遮蔽について工夫したこと
　③ 小ホールの空調機械室の位置と給気・還気ダクトのルート（ダクトスペース）について工夫したこと

平成24年一級建築士試験「設計製図の試験」

個人利用の目的以外には、当センターに無断で転載・複製することを禁じます。

2階平面図 縮尺1/200

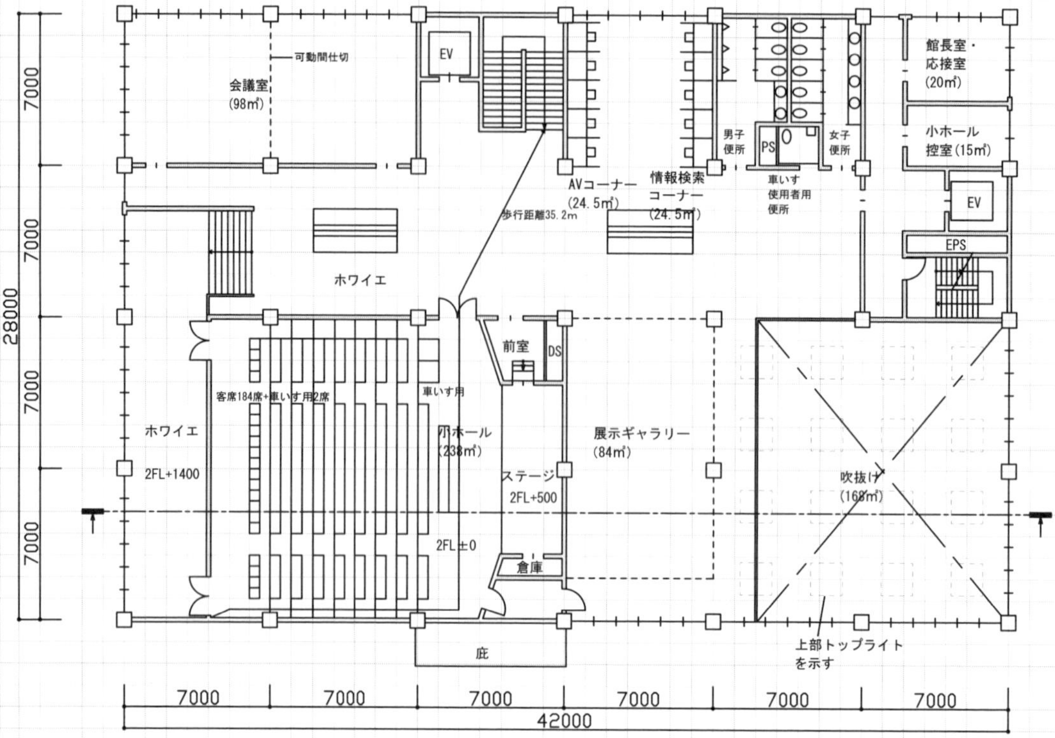

1階平面図兼配置図 縮尺1/200

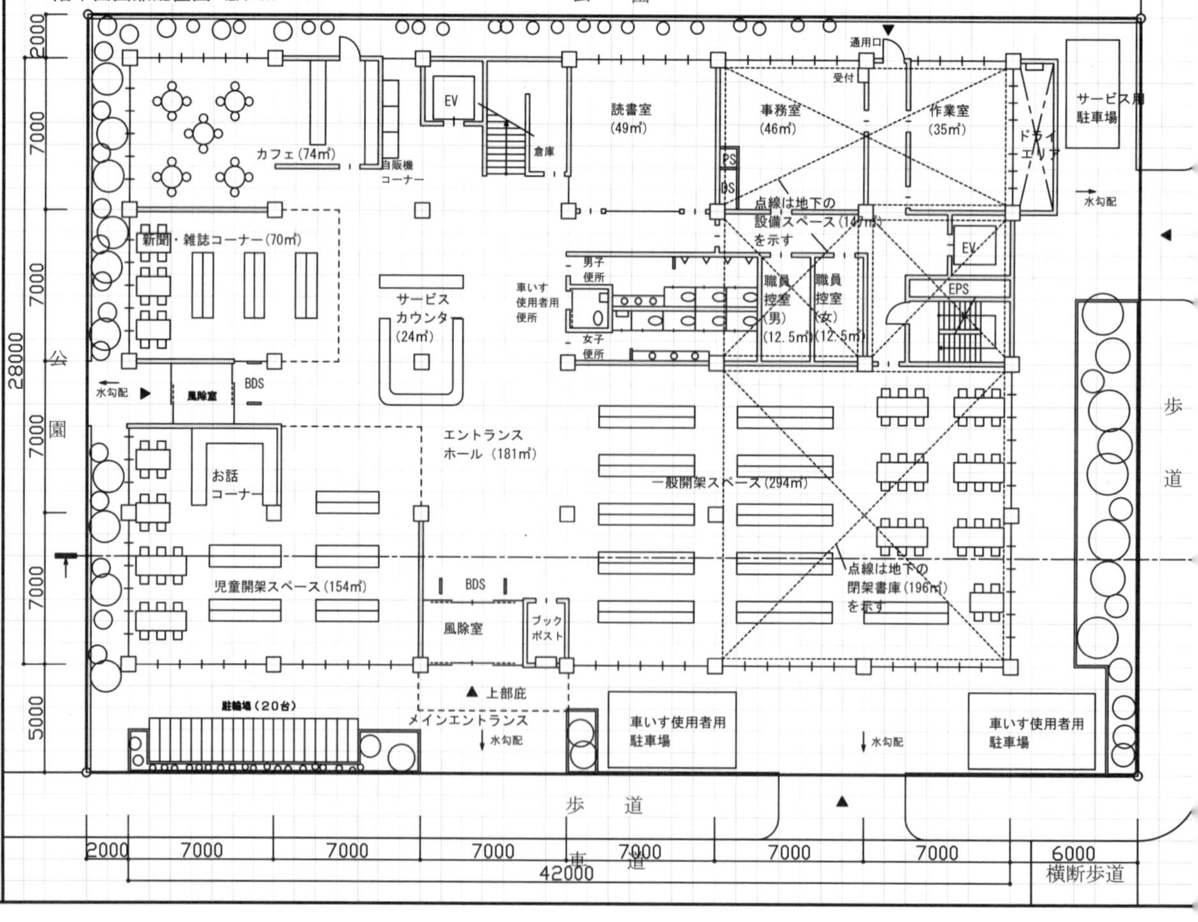

（この方眼用紙の1目盛は、5ミリメートルです。）

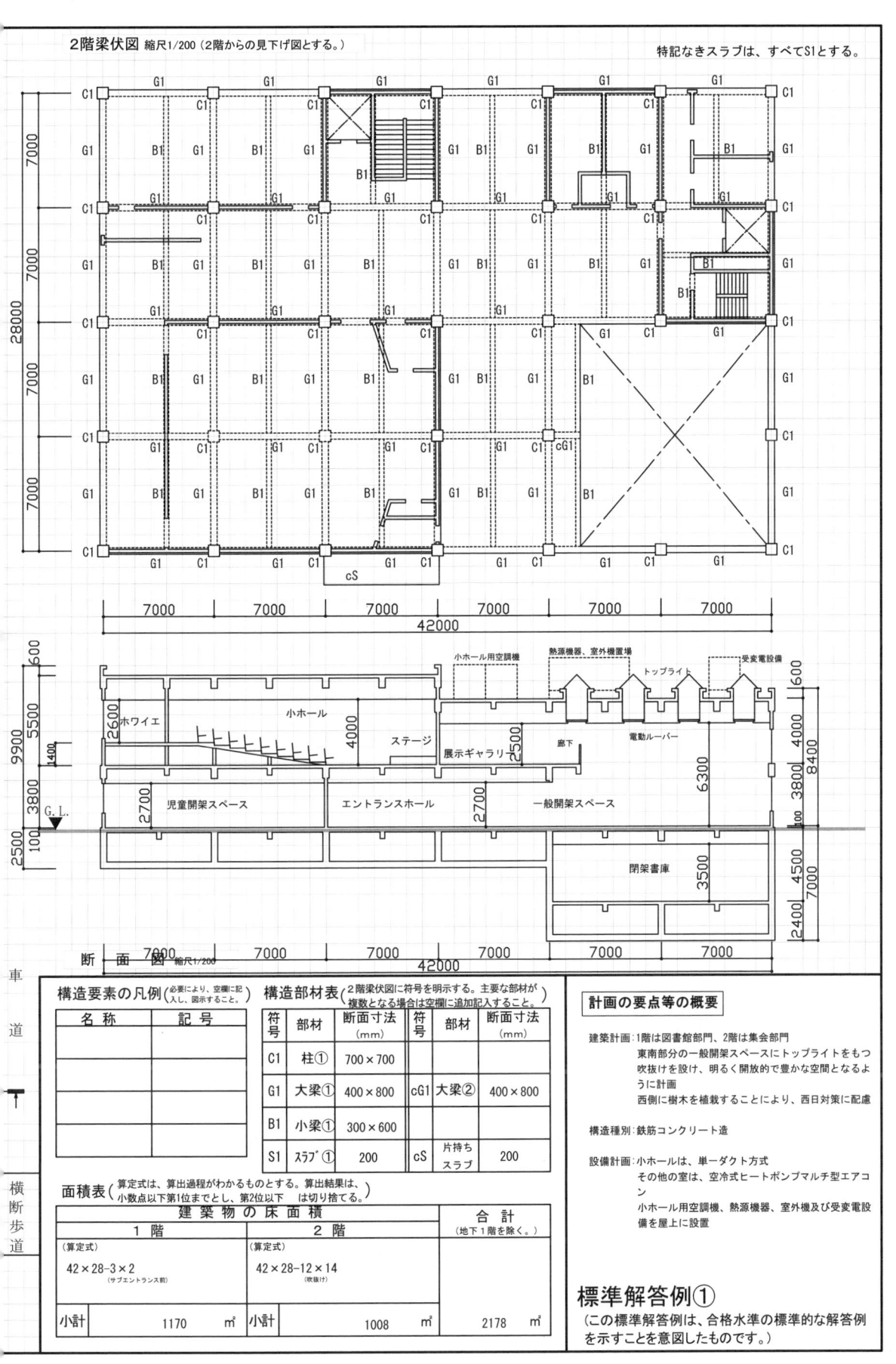

2階梁伏図 縮尺1/200（2階からの見下げ図とする。）　　　特記なきスラブは、すべてS1とする。

断面図 縮尺1/200

構造要素の凡例（必要により、空欄に記入し、図示すること。）

名　称	記　号

構造部材表（2階梁伏図に符号を明示する。主要な部材が複数となる場合は空欄に追加記入すること。）

符号	部材	断面寸法 (mm)	符号	部材	断面寸法 (mm)
C1	柱①	700×700			
G1	大梁①	400×800	cG1	大梁②	400×800
B1	小梁①	300×600			
S1	スラブ①	200	cS	片持ちスラブ	200

計画の要点等の概要

建築計画：1階は図書館部門、2階は集会部門
　　　　　東南部分の一般開架スペースにトップライトをもつ吹抜けを設け、明るく開放的で豊かな空間となるように計画
　　　　　西側に樹木を植栽することにより、西日対策に配慮

構造種別：鉄筋コンクリート造

設備計画：小ホールは、単一ダクト方式
　　　　　その他の室は、空冷式ヒートポンプマルチ型エアコン
　　　　　小ホール用空調機、熱源機器、室外機及び受変電設備を屋上に設置

面積表（算定式は、算出過程がわかるものとする。算出結果は、小数点以下第1位までとし、第2位以下は切り捨てる。）

建築物の床面積

1　階	2　階	合　計 (地下1階を除く。)
（算定式） 42×28-3×2 （サブエントランス前）	（算定式） 42×28-12×14 （吹抜け）	
小計　　1170 ㎡	小計　　1008 ㎡	2178 ㎡

標準解答例①
（この標準解答例は、合格水準の標準的な解答例を示すことを意図したものです。）

平成24年一級建築士試験「設計製図の試験」

2階平面図 縮尺1/200

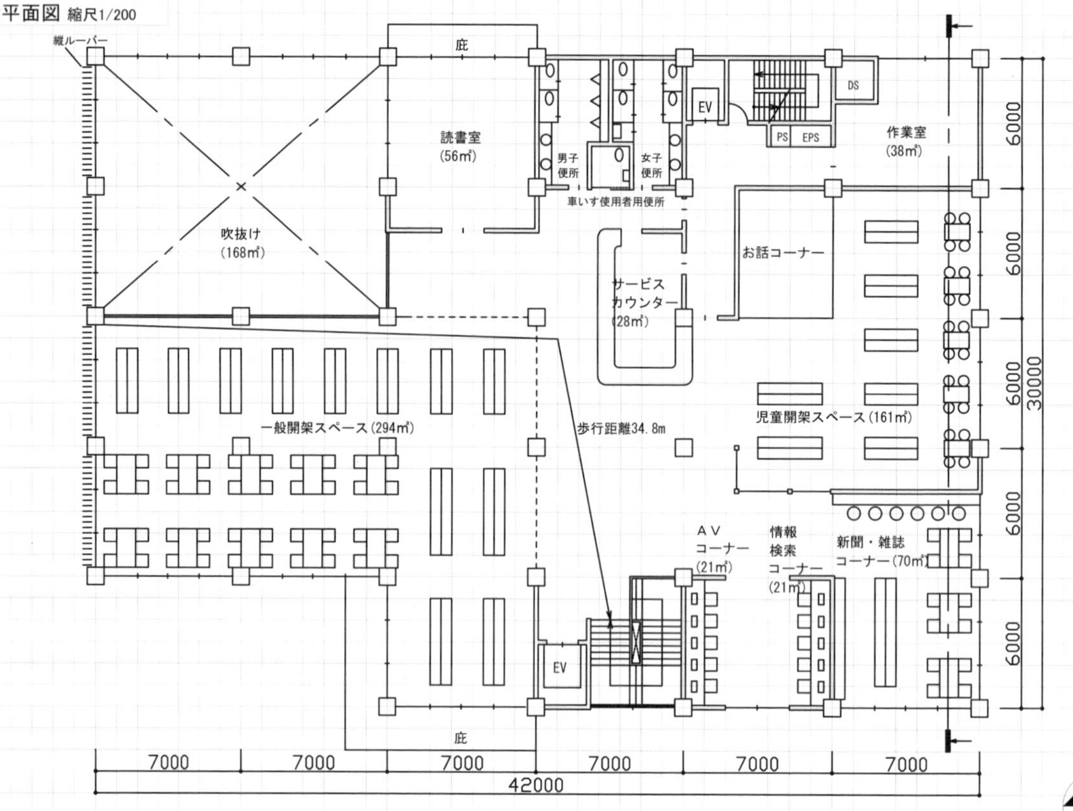

1階平面図兼配置図 縮尺1/200

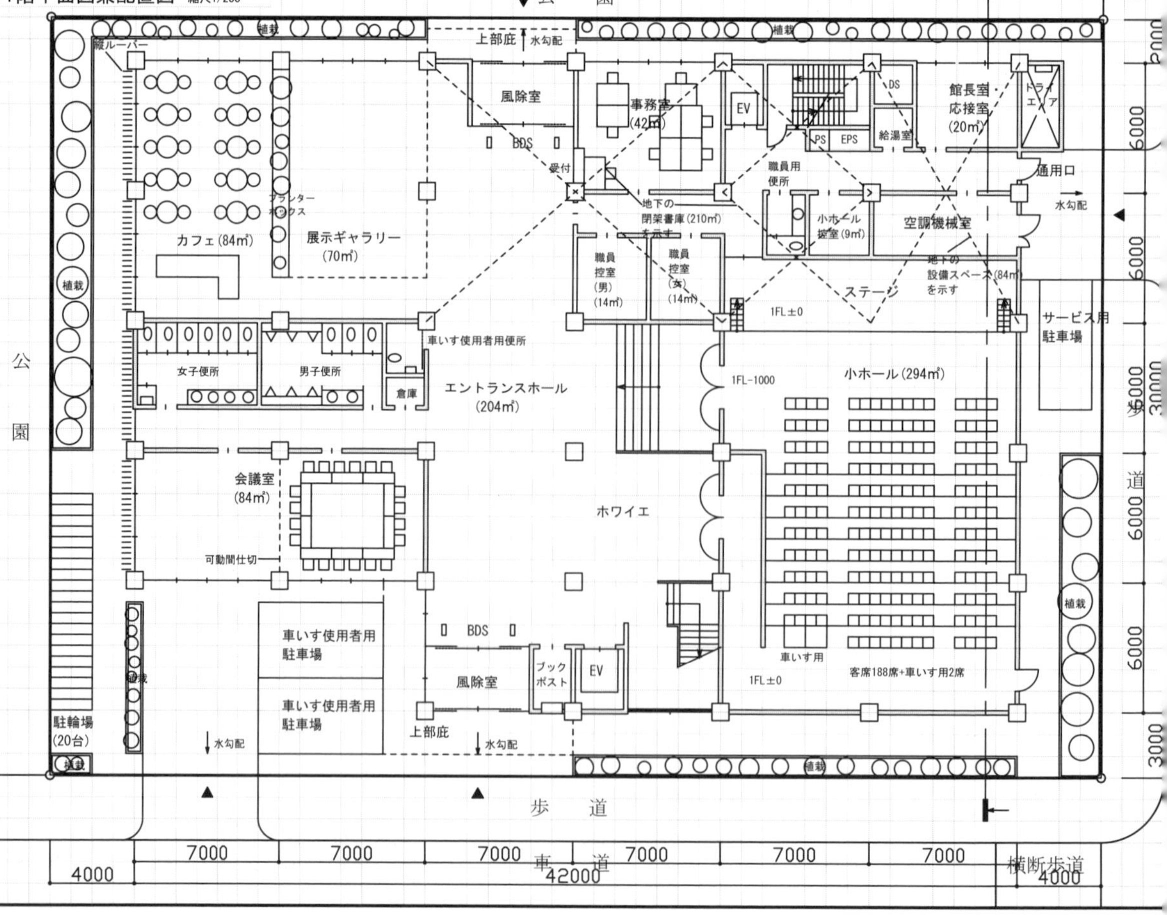

(この方眼用紙の1目盛は、5ミリメートルです。)

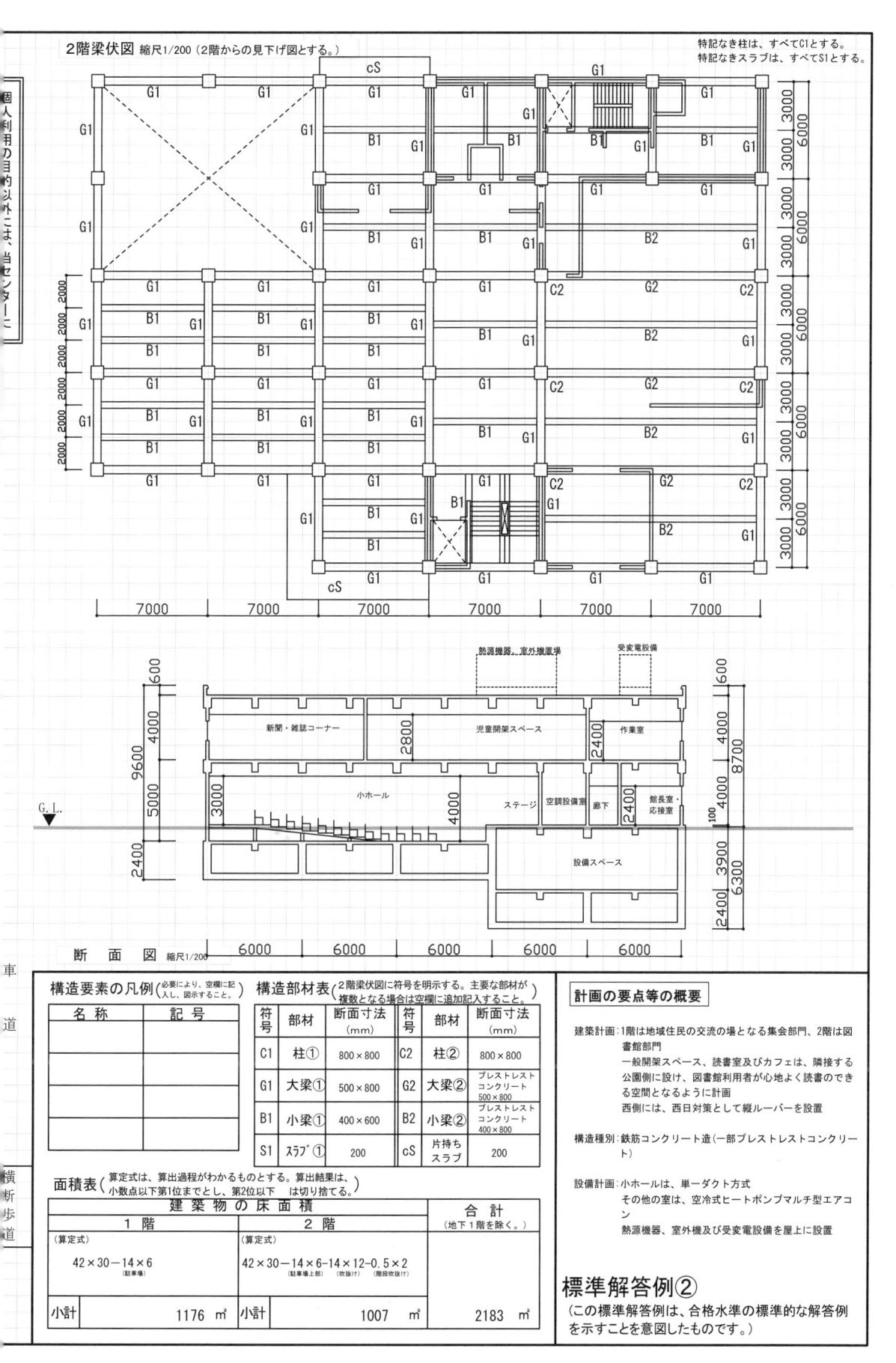

2階梁伏図 縮尺1/200（2階からの見下げ図とする。）

特記なき柱は、すべてC1とする。
特記なきスラブは、すべてS1とする。

断面図 縮尺1/200

構造要素の凡例（必要により、空欄に記入し、図示すること。）

名称	記号

構造部材表（2階梁伏図に符号を明示する。主要な部材が複数となる場合は空欄に追加記入すること。）

符号	部材	断面寸法(mm)	符号	部材	断面寸法(mm)
C1	柱①	800×800	C2	柱②	800×800
G1	大梁①	500×800	G2	大梁②	プレストレストコンクリート 500×800
B1	小梁①	400×600	B2	小梁②	プレストレストコンクリート 400×800
S1	スラブ①	200	cS	片持ちスラブ	200

面積表（算定式は、算出過程がわかるものとする。算出結果は、小数点以下第1位までとし、第2位以下は切り捨てる。）

建築物の床面積		合計（地下1階を除く。）
1階	2階	
（算定式）	（算定式）	
42×30－14×6（駐車場）	42×30－14×6－14×12－0.5×2（駐車場上部）（吹抜け）（階段吹抜け）	
小計 1176 ㎡	小計 1007 ㎡	2183 ㎡

計画の要点等の概要

建築計画：1階は地域住民の交流の場となる集会部門、2階は図書館部門
一般開架スペース、読書室及びカフェは、隣接する公園側に設け、図書館利用者が心地よく読書のできる空間となるように計画
西側には、西日対策として縦ルーバーを設置

構造種別：鉄筋コンクリート造（一部プレストレストコンクリート）

設備計画：小ホールは、単一ダクト方式
その他の室は、空冷式ヒートポンプマルチ型エアコン
熱源機器、室外機及び受変電設備を屋上に設置

標準解答例②
（この標準解答例は、合格水準の標準的な解答例を示すことを意図したものです。）

8.6 平成23年度課題の重要ポイント

■環境条件の読みとりの重要性

環境条件の読みとりは、敷地の北側にある「病院」をどのようにとらえるかが、平成23年度の試験における「重要ポイント」といえよう。

なぜなら、課題文には「病院に併設される通所リハビリテーションの介護老人保健施設を計画するものである。」とはあるものの、その他にはなんら北側の「病院」との関連を示す事項はないためである。

したがって、北側の「病院」は、単に「隣地にある施設」と考え、「介護老人保健施設」とこの「病院」との関連について特に考慮する必要はないとし、「利用者部門」の多くは公園や道路側に向けるように計画する。また、病院側に「利用者部門」を向ける場合は、「建築基準法上の有効採光」に必要な距離のみならず、互いのプライバシーへの配慮から一定の空きを確保する（標準解答例②参照）。

> 「自然光を取り入れて明るく開放的な空間」とは、あいまいな日本語にあってもわかりやすく、すなわち、「南側公園方向に主要な所要室を向けて欲しい」との要求である。

■車寄せのあり方

「介護老人保健施設」では、送迎による入退所が主となることから、「車寄せ」のあり方は重要である。

「車寄せ」とは、ホテルなどの玄関前にあるように「大きな庇を架けて車が通り抜けることのできるスペース」を示すものであり、車が通り抜けることができずに、単に「駐車スペース」となるような計画は不可となる。

■バリアフリー法への適合

床面積 2,000 m² 以上の介護老人保健施設は、適合義務があるため、メイン階段などはバリアフリー法に適合していなければならない。

■耐力壁付きラーメン構造

基準階のある5階建ての建物であれば、「耐力壁付きラーメン構造」とすることによって経済的な構造計画となる。

耐力壁は「スラブ剛性を必要とする連層形」であることや、「偏心を起こさずにバランスのよい入れ方」などを考慮して配するが、「スラブ剛性を得られないコア周りの壁」は、耐力壁としての効果はほとんど得られないので注意する。

■災害対策と省エネルギー

東日本大震災直後の試験であったことから、「設備の損傷防止、断水、停電」などの「災害対策」や、「光熱費の削減」などの「省エネルギー対策」について出題がされた。

したがって、今後の試験においても「受水槽の設置」、「発電機の設置」、「LED電球による照明計画」、「太陽光発電モジュールの設置」など、災害対策と省エネルギーに関連する設備全般についての知識を学習しておく必要がある。

■平成23年度「介護老人保健施設（通所リハビリテーションのある5階建ての施設である）」

I．設　計　条　件

　この課題は、大都市近郊の市街地において、病院に併設される通所リハビリテーション（以下「デイケア」という。）のある介護老人保健施設を計画するものである。本施設は、高齢者等が居宅における生活への復帰を念頭におき、看護、医学的管理の下における介護及び機能訓練その他必要な医療並びに日常生活上の世話を行うことを目的とし、入所者84人、デイケア通所者15人を定員とする。また、入所者が明るく家庭的な雰囲気の中で共同生活ができるように配慮し、自然光を取り入れて明るく開放的な空間となるように計画する。

1．敷地及び周辺条件
(1) 敷地の形状、接道条件、周辺状況等は、下図のとおりである。
(2) 敷地は、平坦で、道路及び隣地との高低差はないものとする。また、歩道の切り開きは、1箇所当たり6mまでできるものとする。
(3) 敷地は、第一種住居地域及び準防火地域に指定されている。また、建ぺい率の限度は80％、容積率の限度は400％である。
(4) 電気、ガス及び上下水道は、完備している。
(5) 地盤は良好であり、杭打ちの必要はない。
(6) 気候は温暖で、積雪についての特別の配慮はしなくてよい。

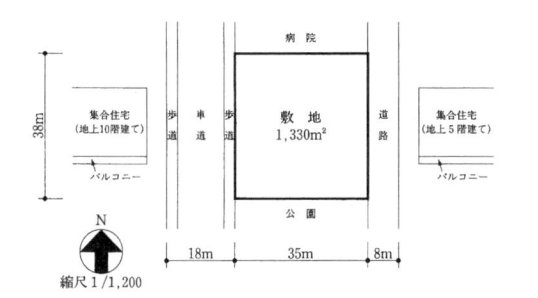

```
            病院
集合住宅         ┃歩┃車┃歩┃    集合住宅
(地上10階建て)  ┃道┃道┃道┃    (地上5階建て)
38m             敷地              
                1,330m²           
バルコニー                        バルコニー
             公園
  ↑N     18m  35m  8m
縮尺1/1,200
```

2．建築物
(1) 構造、階数等
　構造種別は自由とし、地上5階建ての1棟の建築物とする。
(2) 床面積の合計
　床面積の合計は、3,400m²以上、4,000m²以下とする。
　この課題の床面積の算定においては、ピロティ、塔屋、バルコニー、屋外階段等は、床面積に算入しないものとする。
(3) 要求室
　下表の室は、すべて計画する。

設置階	室 名	特 記 事 項	床面積
基準階(3〜5階)	＊基準階の要求室は、3〜5階の各階にすべて計画する。		
	療養室A(4人室)	・各階に6室(3〜5階に計18室)計画する。 ・室内に、寝台、洗面所、便所、ロッカーを設ける。	1室当たり約40m²
	療養室B(個室)	・各階に4室(3〜5階に計12室)計画する。 ・室内に、寝台、洗面所、便所、ロッカーを設ける。	1室当たり約20m²
	食　堂	・各階の入所者が利用し、食事以外のときは談話等にも利用する。 ・明るく開放的な空間とする。 ・食事は、1階又は2階の厨房から運搬する。	約60m²
	サービスステーション	・仮眠室及び職員用の便所を設ける。 ・カウンターを設ける。	約30m²
	浴室A(男女兼用)	・入所者が利用する。 ・一般浴室及び脱衣室を設ける。	約25m²
	談　話　室	・入所者同士や入所者とその家族等が利用する。 ・ソファー等を設ける。	適宜
	汚物処理室		適宜
	リネン室		適宜
1階又は2階	機能訓練室	・入所者及びデイケア通所者が利用する。	約100m²
	食堂・デイルーム	・デイケア通所者が利用する。 ・明るく開放的な空間とする。	約50m²
	厨　房	・入所者及びデイケア通所者の食堂の厨房を兼ねる。	適宜
	浴室B(男女兼用)	・入所者が利用する。 ・一般浴室、機械浴室及び脱衣室を設ける。	約100m²
	診　察　室		約25m²
	会　議　室	・20人程度が利用できるようにする。 ・職員の会議、介護教室、施設の見学会等に利用する。	適宜
	相　談　室		適宜
	洗　濯　室	・入所者の家族等が利用する。	適宜
	汚物処理室		適宜
	ボランティア控室	・ボランティアの休憩等に利用する。	適宜
	職員控室	・男性用、女性用として、それぞれ各1室設ける。	適宜
1階	エントランスホール	・風除室を設ける。 ・下足箱を設ける。	適宜
	レクリエーションルーム	・施設利用者が一堂に会し、カラオケ大会や誕生日会等の行事に利用する。 ・明るく開放的な空間とする。	約150m²
	施設長室・応接室		適宜
	事　務　室	・8人分の事務スペースを確保する。 ・受付カウンターを設ける。	適宜
適宜	設備スペース	・採用した設備種別に応じて、設備機械室(空調、給排水、電気、消火)、屋外機器置場等を計画する。	適宜
	倉　庫		適宜
	便　所		適宜

・上記の室に関連して必要と思われる室等は、適宜計画するものとする。
・その他必要と思われる室等は、適宜計画するものとする。

3．その他の施設等
(1) 駐車場は、地上に平面駐車とし、送迎用（福祉車両、1台当たり3.5m×6.0m）として2台分、車いす使用者用として1台分、サービス用として1台分を設ける。また、職員等の駐車場・駐輪場については、病院の駐車場を利用するものとし、考慮しなくてよい。
(2) 送迎用の福祉車両等が利用できる車寄せを設ける。
(3) (1)及び(2)の「その他の施設等」は、床面積に算入しないものとする。

4．計画に当たっての留意事項
(1) 建築計画については、次の点に留意して計画する。
　① 建築物はバリアフリー、セキュリティ等に配慮する。
　② 施設利用者部門と管理部門とを適切にゾーニングし、明快な動線計画とするとともに、避難等に配慮する。
　③ 食堂、食堂・デイルーム、レクリエーションルーム等の共用部については、自然光を積極的に取り入れる計画とする。
　④ 敷地の周辺環境に配慮する。
(2) 構造計画については、次の点に留意して計画する。
　① 建築物全体が、構造耐力上、安全であるように計画するとともに、経済性にも配慮する。
　② 構造種別、架構形式及びスパン割りを適切に計画する。
　③ 必要に応じて、耐力壁等を設け、耐震性に配慮する。
　④ 部材の断面寸法を適切に計画する。
(3) 設備計画については、次の点に留意して計画する。
　① 空調設備、給排水衛生設備、電気設備、消火設備等を適切に設け、環境負荷低減に配慮する。なお、空調設備は空冷ヒートポンプマルチ型エアコンとし、給水設備は受水槽方式とする。
　② 地震等の災害時においても、一定の機能を維持できるように配慮する。
　③ エレベーターを適切に設ける。

II．要　求　図　書

　答案用紙I及び答案用紙IIの定められた枠内（寸法線については枠外でもよい。）に、黒鉛筆を用いて記入する。

1．要求図面（答案用紙Iに記入）
　下表により、所定の図面を作成し（フリーハンドでもよい。）、必要な事項を記入する。

図面及び縮尺	特 記 事 項
(1) 1階平面図兼配置図 1/200	① 1階平面図兼配置図、2階平面図又は基準階平面図には、次のものを図示又は記入する。 イ．建築物の主要寸法（柱割り及び床面積の計算に必要な程度） ロ．室名等（療養室A及びBの表示は、③による。） ハ．要求室の床面積 ニ．建築物の出入口 ホ．駐車場（台数及び出入口を明示する。） ヘ．通路、植栽等 ト．採用した構造種別、架構形式及びスパン割りに応じて必要となる構造要素（必要により、凡例の空欄に記入し、図示する。） チ．設備シャフト（パイプシャフト（PS）、ダクトスペース（DS）、電気シャフト（EPS））の位置 リ．設備計画に応じた設備スペース（ただし、屋上に設けた場合は断面図に図示する。） ヌ．直下階の屋根、ひさし等となる部分 ル．断面図の切断位置 ② 基準階平面図は3階とする。 ③ 基準階平面図には、次のものを図示又は記入する。 イ．居室の最も遠い位置から避難階段の一に至る歩行距離及び経路 ロ．療養室A（4人室）の室名をA1、A2、A3、A4、A5、A6と表示する。 ハ．療養室B（個室）の室名をB1、B2、B3、B4と表示する。 ニ．代表的な療養室A（4人室）及び療養室B（個室）の室内プラン
(2) 2階平面図 1/200	
(3) 基準階平面図（3〜5階）1/200	
(4) 断面図 1/200	① 切断位置は、レクリエーションルームを含み、建築物の全体の立体構成がわかる位置とする。なお、水平方向、鉛直方向の省略は行わないものとする。 ② 屋上に設備スペースを設けた場合は図示する。 ③ 塔屋を除く建築物の高さ、階高、天井高、1階床高及び主要な室名を記入する。 ④ 基礎、梁及びスラブの断面を図示する。
(5) 2階梁伏図 1/200	① 2階からの見下げ図とし、主要な柱、大梁、小梁及びスラブを構造部材表の符号を明示する。 ② 構造部材表に主要な柱、大梁、小梁及びスラブの断面寸法を記入し、主要な部材が複数となる場合は空欄に符号、部材及び断面寸法を追加記入する。

2．面積表（答案用紙Iに記入）
　地上1〜5階の床面積及びその合計を記入する。なお、各階の床面積については、その算定式も記入する。

3．計画の要点（答案用紙IIに記入）
(1) 建築計画について、次の①〜③の要点等を具体的に記述する。なお、要求図面では表せない部分についても記述する。
　① 駐車場及び車寄せの計画について、その位置とした理由及び動線計画において工夫したこと
　② レクリエーションルームの計画について、その位置とした理由及び動線計画において工夫したこと
　③ 療養室A及びBの計画について、その位置とした理由及び動線計画（避難計画を含む。）において工夫したこと
(2) 構造計画について、次の①〜②の要点等を具体的に記述する。なお、要求図面では表せない部分についても記述する。
　① 建築物に採用した構造種別、架構形式及びスパン割りとこれらを採用した理由
　② スラブ及び小梁の架け方について、工夫したこと
(3) 設備計画について、次の①〜③の要点等を具体的に記述する。なお、要求図面では表せない部分についても記述する。
　① 空調設備、給排水衛生設備及び電気設備における光熱費の削減のための「設備方式・手法」及び「その具体的な削減効果」について四つ記述する。
　② 「受水槽及び給水ポンプ」及び「受変電設備」について、その設置場所を記入し、維持管理又は機器からの騒音・振動防止の観点から工夫したこと
　③ 地震等の災害に対する設備計画について、「設備の損傷防止」、「停電」及び「断水」のうちから二つ選択し、対応策を記述すること（停電や断水は3日程度を想定する。）

平成23年一級建築士試験「設計製図の試験」

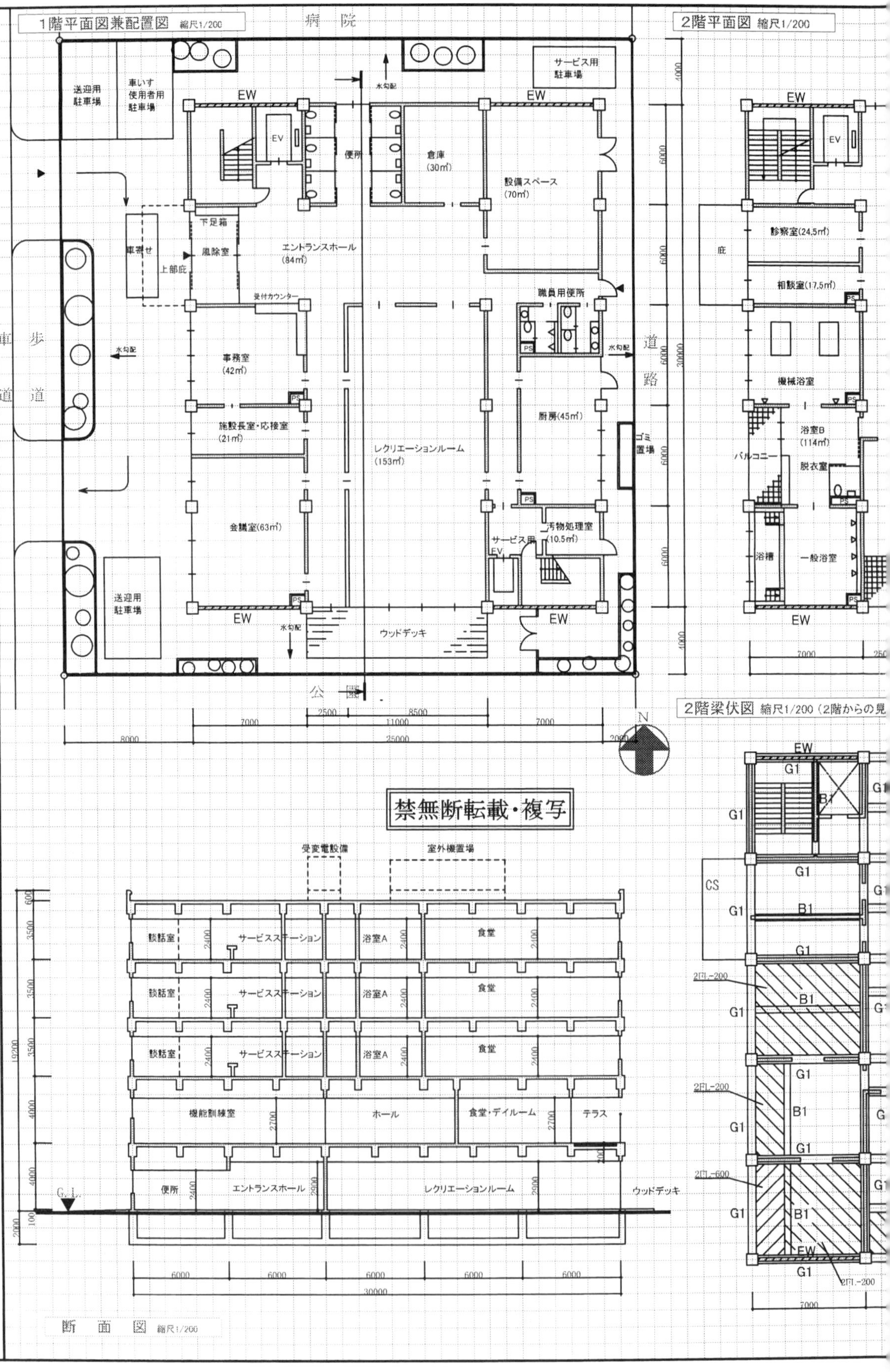

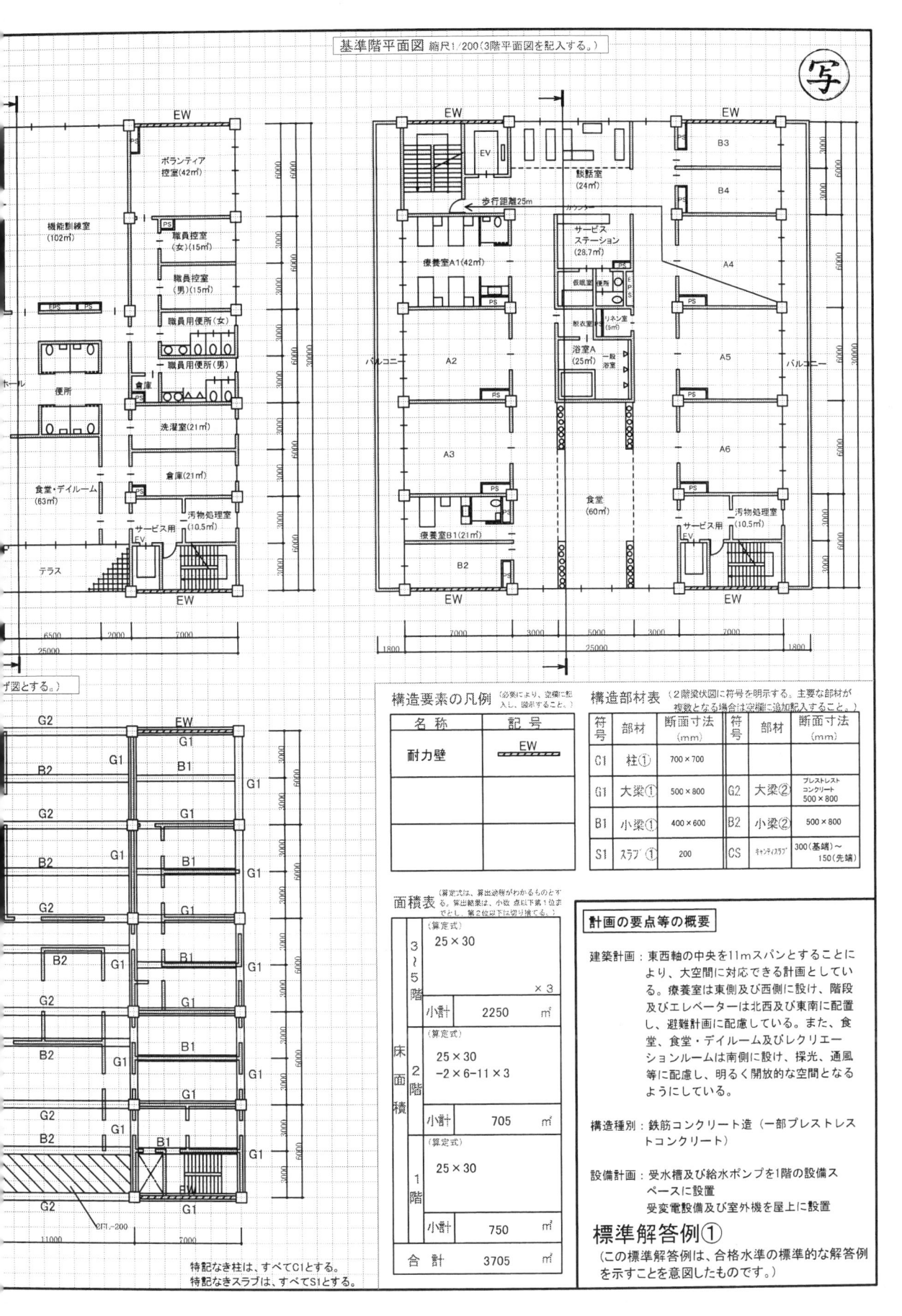

基準階平面図 縮尺1/200（3階平面図を記入する。）

構造要素の凡例

名称	記号
耐力壁	EW

構造部材表
(2階梁伏図に符号を明示する。主要な部材が複数となる場合は空欄に追加記入すること。)

符号	部材	断面寸法 (mm)	符号	部材	断面寸法 (mm)
C1	柱①	700×700			
G1	大梁①	500×800	G2	大梁②	プレストレストコンクリート 500×800
B1	小梁①	400×600	B2	小梁②	500×800
S1	スラブ①	200	CS	キャンティスラブ	300(基端)〜150(先端)

面積表
(算定式は、算出過程がわかるものとする。算出結果は、小数点以下第1位までとし、第2位以下は切り捨てる。)

床面積		算定式		
3〜5階		25×30 ×3		
	小計	2250	㎡	
2階		25×30 −2×6−11×3		
	小計	705	㎡	
1階		25×30		
	小計	750	㎡	
合計		3705	㎡	

計画の要点等の概要

建築計画：東西軸の中央を11mスパンとすることにより、大空間に対応できる計画としている。療養室は東側及び西側に設け、階段及びエレベーターは北西及び東南に配置し、避難計画に配慮している。また、食堂、食堂・デイルーム及びレクリエーションルームは南側に設け、採光、通風等に配慮し、明るく開放的な空間となるようにしている。

構造種別：鉄筋コンクリート造（一部プレストレストコンクリート）

設備計画：受水槽及び給水ポンプを1階の設備スペースに設置
受変電設備及び室外機を屋上に設置

標準解答例①
(この標準解答例は、合格水準の標準的な解答例を示すことを意図したものです。)

特記なき柱は、すべてC1とする。
特記なきスラブは、すべてS1とする。

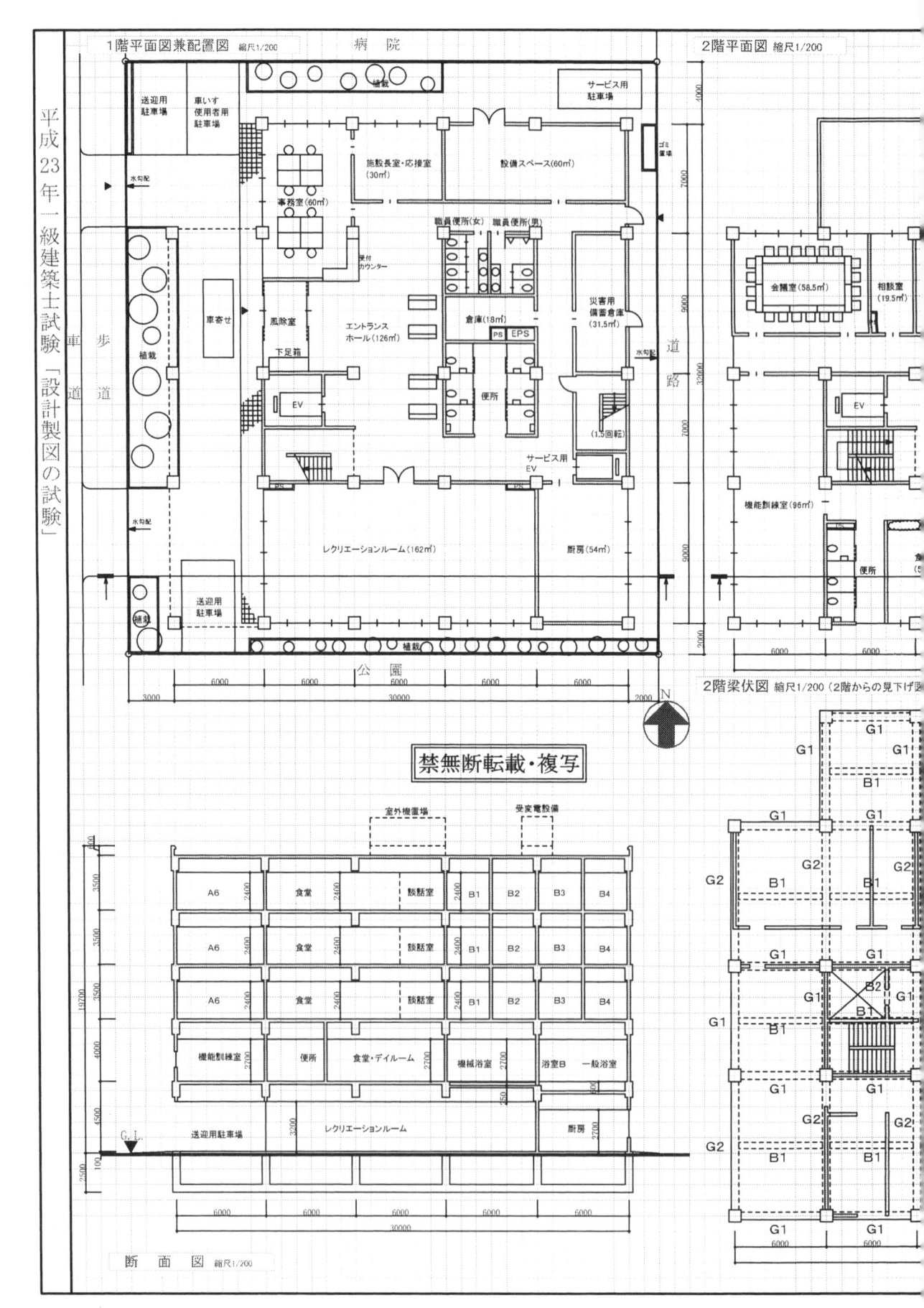

平成23年 一級建築士試験「設計製図の試験」

基準階平面図 縮尺1/200（3階平面図を記入する。）

構造部材表

符号	部材	断面寸法(mm)	符号	部材	断面寸法(mm)
C1	柱①	800×800			
G1	大梁①	500×800	G2	大梁②	500×1000
B1	小梁①	400×600	B2	小梁②	300×600
S1	スラブ①	200			

面積表

		（算定式）		
床面積	3～5階	25×30 ×3		
		小計	2250	㎡
	2階	（算定式）25×30		
		小計	750	㎡
	1階	（算定式）32×24		
		小計	768	㎡
	合計		3768	㎡

計画の要点等の概要

建築計画：1階のピロティ部分に車寄せを設け、施設利用者の利用に配慮した計画としている。また、北側の療養室は病院との離隔距離に配慮し、南側の療養室は個室を配置し、閉鎖的な空間とならないよう採光、眺望に配慮した計画としている。

構造種別：鉄筋コンクリート造

設備計画：受水槽及び給水ポンプを1階の設備スペースに設置
受変電設備及び室外機を屋上に設置

標準解答例②

（この標準解答例は、合格水準の標準的な解答例を示すことを意図したものです。）

特記なき柱は、すべてC1とする。
特記なきスラブは、すべてS1とする。

8.7 平成22年度課題の重要ポイント

　平成22年度課題「小都市に建つ美術館」は、「本格的な美術館」ではなく、どちらかといえば「コミュニティ施設に展示空間が付属した計画」との印象が強い。したがって計画全体は、いわば「試験のスタンダードパターン」といえるため、計画の難易度は決して高くはないが、出題内容は受験者の「意匠・構造・設備」の総合的な知識を推し量るための「よくできた課題」となっている。

■課題文の読みとりを的確に行う

　課題文には、「アプローチは、公園又は遊歩道からでもよい」とあるため、さながら「アプローチは公園または遊歩道からとするのか……」との迷いが生じてしまい、公園または遊歩道をメインアプローチとして計画を進めると、車いす用駐車場からのアクセスが難しくなり、計画に時間がかかってしまうことになる。

　したがって、北側に歩道付きの大通りが存在する以上、そこからアプローチするのが当たり前であり、狭い遊歩道をメインアプローチとすることは、実際の建築計画ではあり得ないのである。

　これは、「標準解答例」をみても、メインアプローチについては、北側大通りからまたは大通りと公園からとし、遊歩道からはサブのアプローチとしていることからも顕著である。

　したがって、この「アプローチは公園又は遊歩道からでもよい」との一文は、平成22年度試験の「重要ポイント」の一つともなる。

■東側公園駐車場と車輌出入口の関連

　管理部門へのアプローチは、東側道路から計画することが基本となるが、この道路は、遊歩道で行き止まりとなるため、公園駐車場出入口とサービスヤードのアプローチの出入りに支障が起きないように計画しなければならない。

■吹抜け内の階段

　エントランスホールに求められる吹抜け内には、ホワイエへ直接行き来する階段を設けなければならない。

　ホワイエとは、平易にいえば休憩ロビーであるが、吹抜け内に直接行き来する階段を設けるプランが必要となるため、計画は意外と難しいが、この要求について戸惑うことなく計画を進めることができる力量をつける必要がある。

　以上みてきたように、計画の難易度は「平均的難易度」ではあるものの、課題文を検証すればするほど、計画の行方を左右するこれらの「重要ポイント」を見抜く「読解力」を養いたいものである。

■平成22年度「小都市に建つ美術館」

I. 設 計 条 件

この課題は、ある小都市の市街地の公園の一角に建つ市立美術館を計画するものである。本施設は、地元出身の画家の作品の常設展示を行うとともに、企画展示や地域住民の美術活動の発表の場となる展示スペースを設けるものとする。また、子どもの美術学習・創作活動や地域住民の趣味の活動（以下「ワークショップ」という。）の場として、アトリエ及び屋外創作広場を設けるものとする。
ワークショップにおいては、陶芸教室、絵画教室のほか、30人程度の小学生や親子達が、公園で集めた木の実や川原の石などを利用して工作をしたり、公園や河川敷などでスケッチをしたりする。

1. 敷地及び周辺条件
(1) 敷地の形状、接道条件、周辺状況等は、下図のとおりである。
(2) 敷地は、平坦で、道路、遊歩道及び公園との高低差はないものとする。また、歩道の切り開きは、1箇所当たり6mまでできるものとする。
(3) 敷地は、近隣商業地域及び準防火地域に指定されている。また、建ぺい率の限度は90％（特定行政庁が指定した角地における加算を含む。）、容積率の限度は400％である。
(4) 電気、ガス及び上下水道は、完備している。
(5) 地盤は良好であり、杭打ちの必要はない。
(6) 川の氾濫、地下水及び積雪についての特別の配慮はしなくてよい。

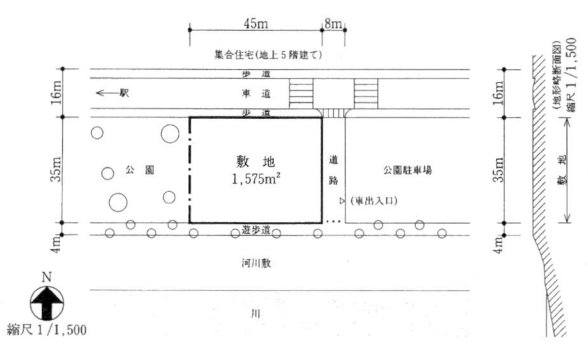

（敷地図　縮尺1/1,500）

2. 建築物
(1) 構造、階数等
鉄筋コンクリート造、鉄骨鉄筋コンクリート造又はこれらの併用とし、地上2階建ての1棟の建築物とする。なお、梁については鉄骨造としてもよい。
(2) 床面積の合計
床面積の合計は、1,800m²以上、2,200m²以下とする。
この課題の床面積の算定においては、ピロティ、塔屋、バルコニー、屋外階段等は、床面積に算入しないものとする。
(3) 要求室
下表の室は、すべて計画する。

部門	室名	特　記　事　項	床面積
展示部門	＊展示部門は、すべて2階に計画する。		
	常設展示室	・油絵の展示を中心とする。	約150m²
	市民ギャラリー	・企画展示、地域住民の作品の発表、その他多目的に利用する。・無柱空間とし、天井高5.0m以上とする。・2室に分割し、それぞれ個別に使用することができるようにする。	約200m²
	ホワイエ	・休憩等に利用できるスペースとし、ソファー等を設ける。・眺望に配慮する。	適宜
収蔵部門	収蔵庫	・前室を設ける。	約120m²
	搬入・荷解き室	・トラックの駐車スペース（3.5m×7.5m）を設ける。	約100m²
共用部門	エントランスホール	・アプローチは、公園又は遊歩道からでもよい。・30人程度の団体が集合できるスペースを確保する。・吹抜けを設け、吹抜け部分から展示部門のホワイエへの主動線として階段を設ける。・吹抜け上部にトップライトを設ける。・コインロッカーを設ける。	適宜
	ミュージアムショップ	・絵はがき、美術関連書籍等を販売する。	約40m²
	アトリエ	・ワークショップを行うものとし、30人程度が利用できるようにする。・準備室を設ける。・作業机、いす、流し等を設ける。	約120m²
	研修室	・30人程度が利用できるようにする。・スライド等を映すことができる大型スクリーンを設ける。	約80m²
	レストラン	・30人程度が利用できるようにする。・外部からも直接アプローチできるようにする。・厨房を設ける。・テーブル、いす等を設ける。	適宜
管理部門	事務室	・事務員5人とする。・案内カウンターを設ける。	
	館長室・応接室		
	学芸員室	・常駐2人とする。	
	ボランティア室	・ワークショップの講師をするボランティア3人程度が使用する。	適宜
	休憩室	・ロッカーを設ける。	
	警備員室	・警備員1人とする。	
	設備スペース	・採用した設備計画に応じて、設備機械室（空調、給排水、電気等）、屋外機置場等を計画する。	

・上記の室に関連して必要と思われる室等は、適宜計画するものとする。
・その他必要と思われる室等は、適宜計画する。

3. その他の施設等
(1) 屋外創作広場（屋外でワークショップを行う広場）を、次のとおり計画する。
① 地上に設けるものとし、まとまったスペース（直径7m以上の円が1つ入るスペースとする。）で100m²以上（ピロティ、上部に屋根等がある部分を含めてもよい。）
② アトリエ、公園及び遊歩道との動線に配慮する。
③ テーブル、いす等を設ける。
(2) 地上に設ける駐車場は、平面駐車とし、車いす使用者用として2台分、サービス用として1台分を設ける。
また、来館者用及び職員用の駐車場・駐輪場については、東側の公園駐車場を利用するものとし、考慮しなくてよい。
(3) (1)及び(2)の「その他の施設等」は、床面積に算入しないものとする。

4. 計画に当たっての留意事項
(1) 建築計画については、次の点に留意して計画する。
① 敷地の周辺環境に配慮する。
② 公開部門と非公開部門とを適切にゾーニングし、来館者動線、職員動線及び搬入経路が交差しないような計画とする。
③ バリアフリーに配慮する。
(2) 構造計画については、次の点に留意して計画する。
① 建築物全体が、構造耐力上、安全であるように計画するとともに、経済性にも配慮する。
② 構造種別、架構形式及びスパン割を適切に計画する。
③ 部材の断面寸法を適切に計画する。
(3) 設備計画については、次の点に留意して計画する。
① 空調設備、給排水衛生設備、電気設備等を適切に設け、環境負荷低減に配慮する。
② 美術品に配慮した設備計画とする。
③ エレベーターを適切に設ける。

II. 要 求 図 書

答案用紙I及び答案用紙IIの定められた枠内（寸法線については枠外でもよい。）に、黒鉛筆を用いて記入する。

1. 要求図面（答案用紙Iに記入）
下表により、所定の図面を作成し（フリーハンドでもよい。）、必要事項を記入する。

図面及び縮尺	特　記　事　項
(1) 1階平面図兼配置図 1/200 (2) 2階平面図 1/200	① 1階平面図兼配置図及び2階平面図には、次のものを図示又は記入する。　イ．建築物の主要寸法（柱割り及び床面積の計算に必要な程度）　ロ．室名等　ハ．採用した構造種別、架構形式及びスパン割に応じて必要となる構造要素（凡例の空欄に記入し、図示する。）　ニ．設備シャフト（パイプシャフト（PS）、ダクトスペース（DS）、電気シャフト（EPS））の位置　ホ．設備計画に応じた設備スペース（ただし、屋上に設けた場合は断面図に図示する。）　ヘ．断面図の切断位置　ト．常設展示室、市民ギャラリー、ホワイエ、収蔵庫、搬入・荷解き室、エントランスホール、ミュージアムショップ、アトリエ、研修室、レストラン、事務室及び設備機械室の床面積 ② 1階平面図兼配置図には、次のものを図示又は記入する。　イ．建築物の出入口　ロ．屋外創作広場　ハ．駐車場（台数及び出入口を明示する。）　ニ．通路、植栽等 ③ 2階平面図には、次のものを図示又は記入する。　イ．常設展示室の照明計画に応じた照明器具（凡例の空欄に記入し、図示する。）　ロ．1階の屋根、ひさし等となる部分
(3) 断面図 1/200	① 切断位置は、エントランスホールの吹抜け部分を含み、建築物の全体の立体構成がわかる断面とする。なお、水平方向、鉛直方向の省略は行わないものとする。② 屋上に設備スペースを設けた場合は図示する。③ 塔屋を除く建築物の高さ、階高、天井高、1階床高及び主要な室名を記入する。④ 基礎、梁及びスラブの断面を図示する。
(4) 2階梁伏図 1/200	① 2階からの見下げ図とし、主要な柱、大梁、小梁及びスラブには構造部材表の符号を明記する。 構造部材表に主要な柱、大梁、小梁及びスラブの断面寸法を記入し、主要な柱、大梁及び小梁で複数となる場合は空欄に符号、部材及び断面寸法を追加記入する。なお、梁に鉄骨を使用した場合の断面寸法は、H－○×○のように記入する。

2. 面　積　表（答案用紙Iに記入）
(1) 地上1、2階の床面積及びその合計を記入する。なお、各階の床面積については、その算定式も記入する。
(2) 「設備機械室の床面積の合計」の「建築物の床面積の合計」に対する割合を記入する。

3. 計画の要点等（答案用紙IIに記入）
(1) 建築計画について、次の①～④の要点等を具体的に記述する。なお、要求図面では表せない部分についても記述する。
① 建築物のアプローチの計画について、その位置とした理由及び動線計画において工夫したこと
② 常設展示室及び市民ギャラリーの計画について、その配置とした理由及び動線計画において工夫したこと
③ 収蔵庫（搬入出経路等を含む。）の計画について、その配置とした理由及び動線計画において工夫したこと
④ 屋外創作広場（アトリエ、公園及び遊歩道との関係を含む。）の計画について、その配置とした理由及び動線計画において工夫したこと
(2) 構造計画について、次の①及び②の要点等を具体的に記述する。なお、要求図面では表せない部分についても記述する。
① 建築物に採用した構造種別、架構形式及びスパン割とこれらを採用した理由
② 市民ギャラリーを無柱空間とする構造計画について、工夫したこと
(3) 設備計画について、次の①～③の要点等を具体的に記述する。なお、要求図面では表せない部分についても記述する。
① 常設展示室、エントランスホール及び研修室に採用した空調方式と採用した理由
② 収蔵庫に必要な環境条件を満たすための建築的手法（構造、内装等）及び設備的手法（採用した空調方式と採用した理由等）について、工夫したこと
③ 常設展示室の照明計画について、工夫したこと

平成22年一級建築士試験「設計製図の試験」

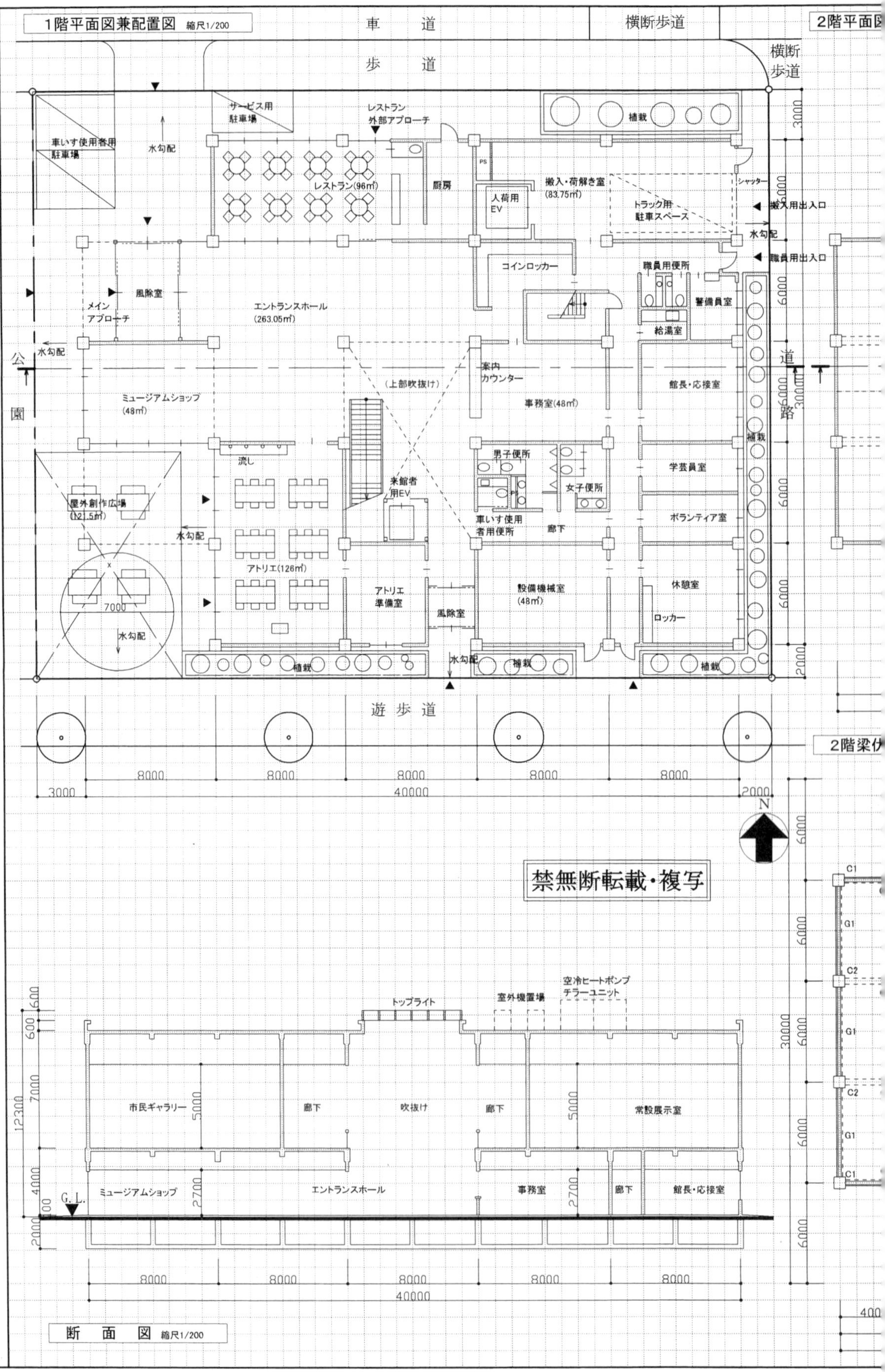

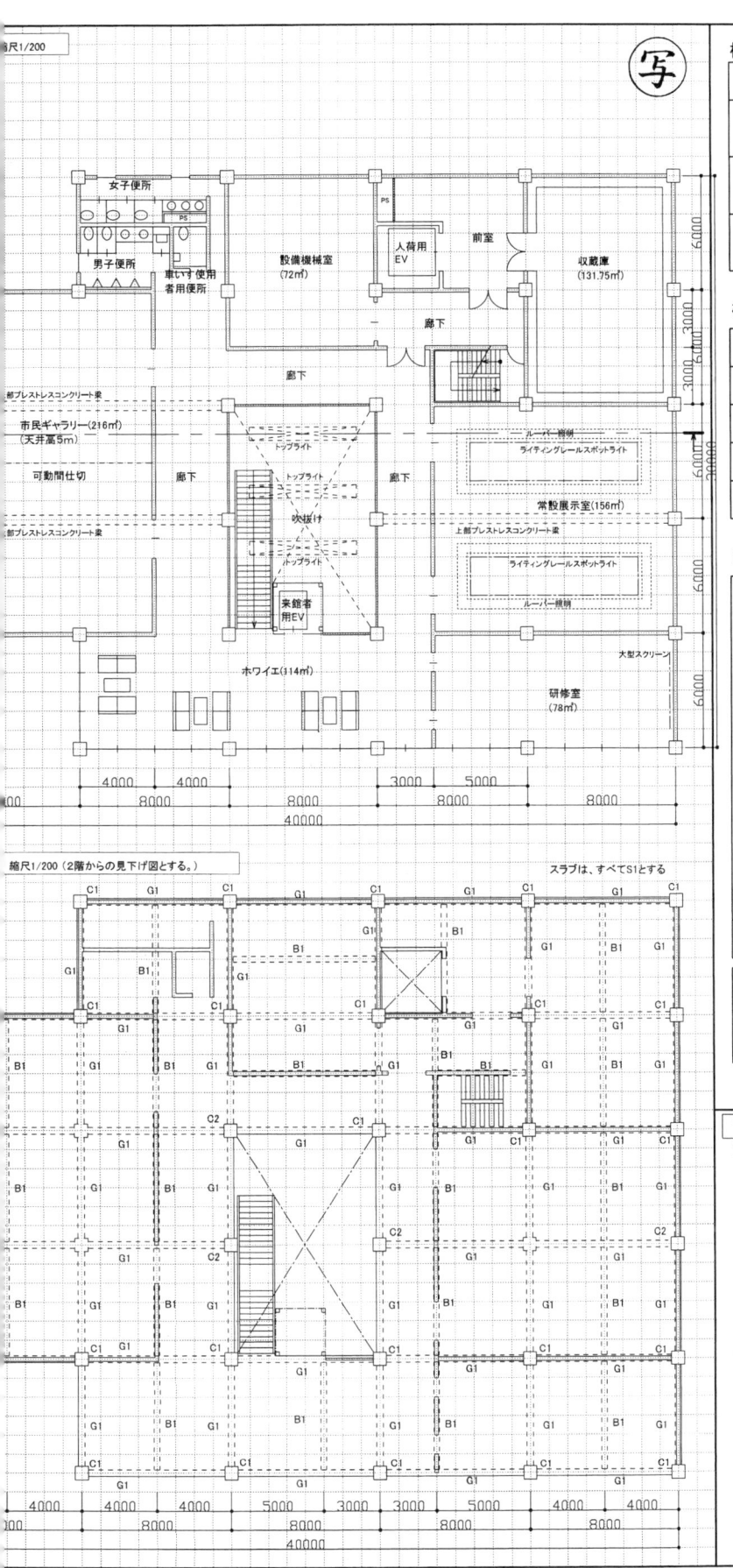

構造要素及び照明器具の凡例

名称	記号	名称	記号
ライティングレールスポットライト	———	トップライト	
ルーバー照明			

構造部材表
（2階梁伏図に符号を明示する。主要な部材が複数となる場合は空欄に追加記入すること。）

符号	部材	断面寸法 (mm)	符号	部材	断面寸法 (mm)
C1	柱①	700×700	C2	柱②	800×800
G1	大梁①	350×800			
B1	小梁①	300×500			
S1	スラブ①	200			

面積表
（算定式は、算出過程がわかるものとする。算出結果は、小数点以下第1位までとし、第2位以下は切り捨てる。）

建築物の床面積		
2 階	(算定式) 40×30−8×6−8×6 −8×12+2×8.6+2.5×2.5 ＝1031.45	
	小　計　1031.4	㎡
1 階	(算定式) 40×30−8×12−8×6 −1×2−3×1−2×6 ＝1039	
	小　計　1039	㎡
合　計	2070.4	㎡

設備機械室の床面積の合計	建築物の床面積の合計
120 ㎡	2070.4 ㎡
設備機械室の合計	5.7 ％

計画の要点等の概要

建築計画：公園及び北側道路からのアプローチを主動線とした計画であり、南側の遊歩道からもアプローチできるようにしている。
公開部門は、上部をトップライトとした吹抜けを中心に展示部門を設け、明るく開放的な空間としている。非公開部門は、搬入経路に配慮するとともに、管理部門を1階にまとめて計画している。

構造種別：鉄筋コンクリート造（一部プレストレスコンクリート梁）

空調方式：展示室は、定風量単一ダクト方式
収蔵庫は、空冷式ヒートポンプパッケージ床置き型（ダクト吹出し型、再熱ヒーター付）
その他の室は、空冷式ヒートポンプマルチ型エアコン

標準解答例①
（この標準解答例は、合格水準の標準的な解答例を示すことを意図したものです。）

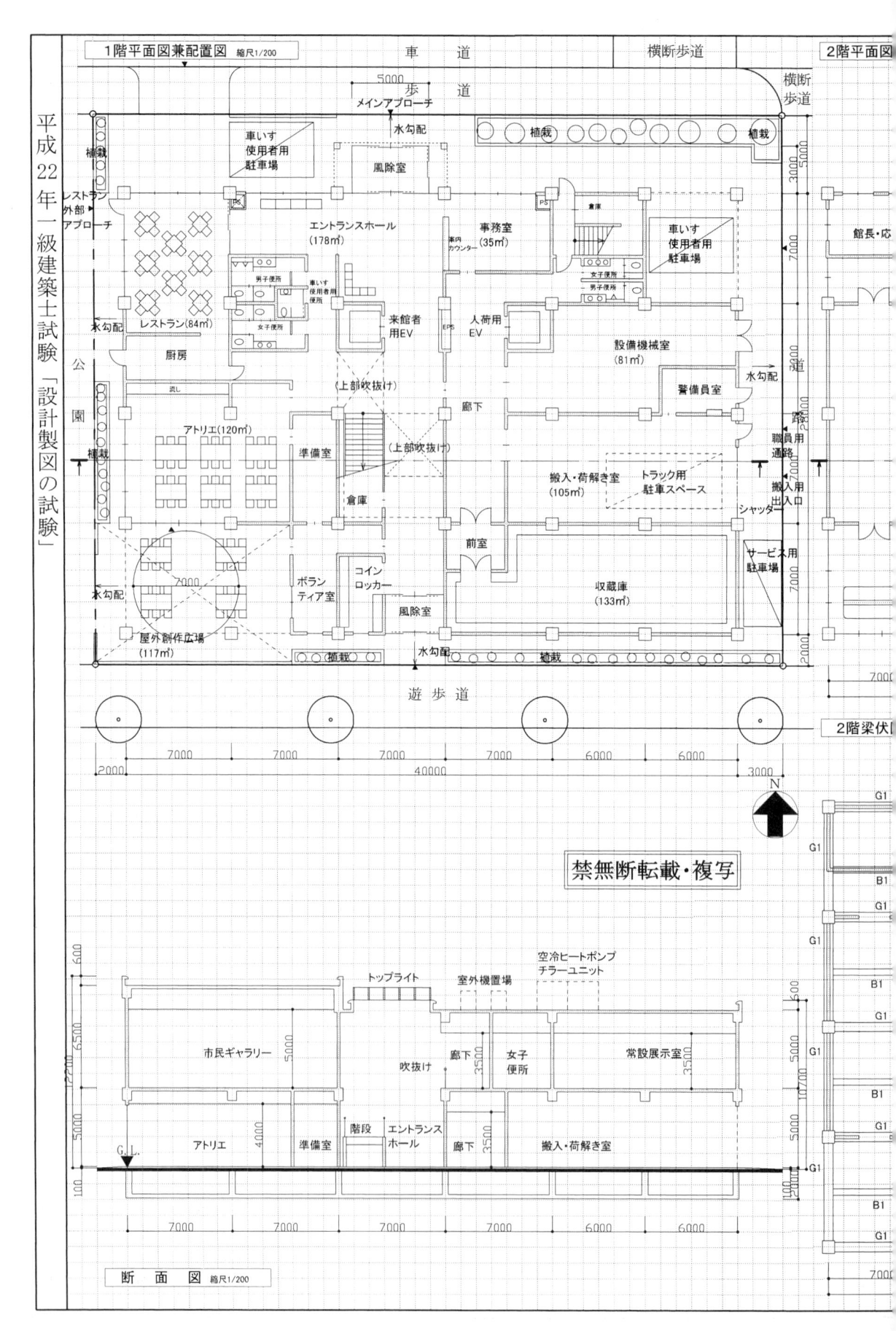

平成22年一級建築士試験「設計製図の試験」

1階平面図兼配置図 縮尺1/200

2階平面図

断面図 縮尺1/200

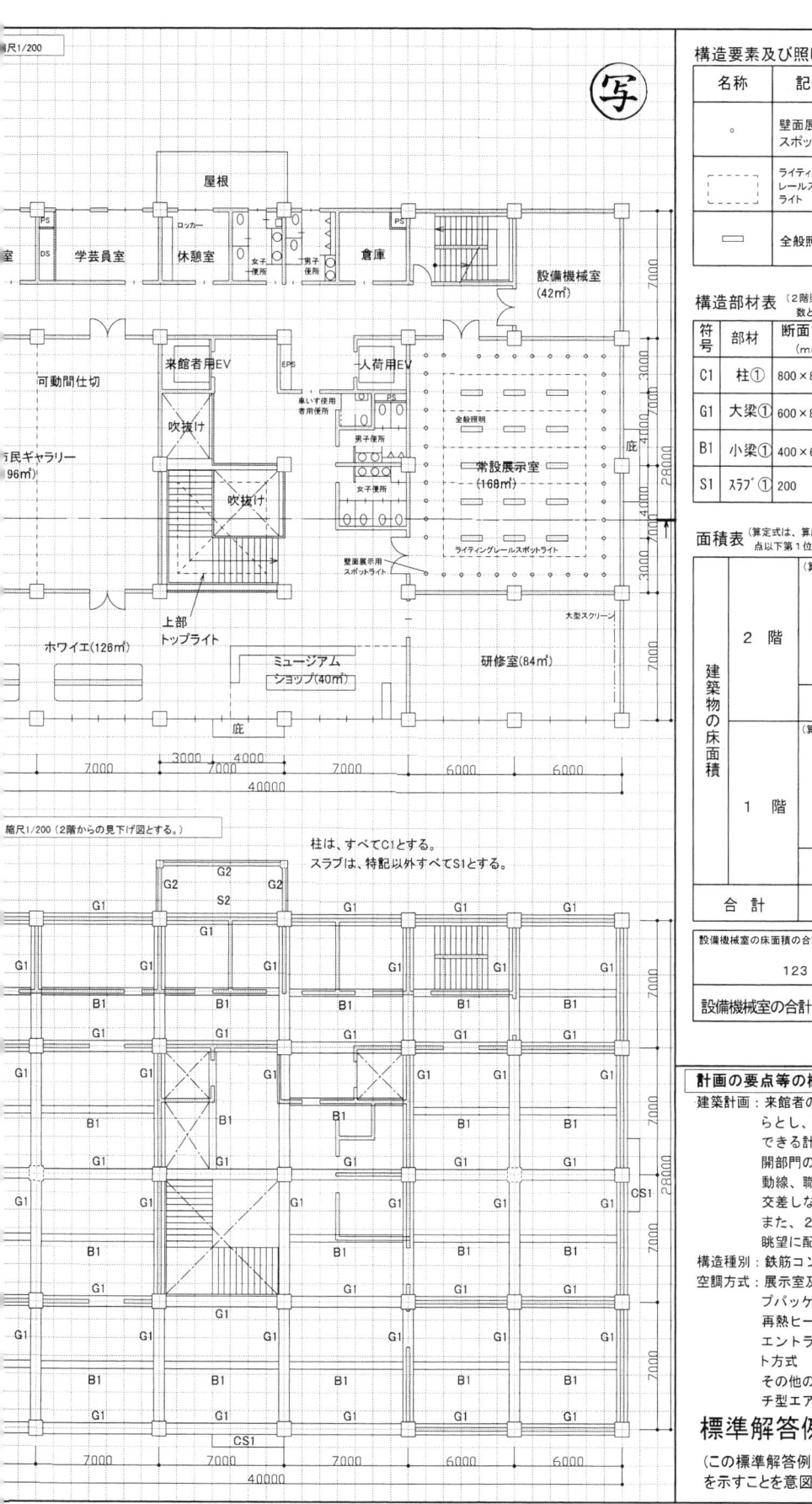

構造要素及び照明器具の凡例

名称	記号	名称	記号
○	壁面展示用スポットライト		ライティングレールスポットライト
	全般照明		

構造部材表

(2階梁伏図に符号を明示する。主要な部材が複数となる場合は空欄に追加記入すること。)

符号	部材	断面寸法 (mm)	符号	部材	断面寸法 (mm)
C1	柱①	800×800	G2	大梁②	200×400
G1	大梁①	600×800	S2	スラブ②	150
B1	小梁①	400×600	CS1	片持スラブ①	150
S1	スラブ①	200			

面積表

(算定式は、算出過程がわかるものとする。算出結果は、小数点以下第1位までとし、第2位以下は切り捨てる。)

建築物の床面積	2階	(算定式) 40×28−3×4−4×4 =1092	
	小計	1092	㎡
	1階	(算定式) 40×28+3×5 −11×7−6×7 =1016	
	小計	1016	㎡
合計		2108	㎡

設備機械室の床面積の合計	建築物の床面積の合計
123 ㎡	2108 ㎡
設備機械室の合計	5.8 %

計画の要点等の概要

建築計画：来館者のメインアプローチを北側道路からとし、南側の遊歩道からもアプローチできる計画としている。公開部門と非公開部門のゾーニングを明確にし、来館者動線、職員動線及び美術品の搬入経路が交差しないように配慮した計画である。また、2階ホワイエから公園及び川への眺望に配慮した計画である。

構造種別：鉄筋コンクリート造

空調方式：展示室及び収蔵庫は、空冷式ヒートポンプパッケージ床置き型（ダクト吹出し型、再熱ヒーター付）
エントランスホールは、定風量単一ダクト方式
その他の室は、空冷式ヒートポンプマルチ型エアコン

標準解答例②

(この標準解答例は、合格水準の標準的な解答例を示すことを意図したものです。)

8.8 平成21年度課題の重要ポイント

■意匠・構造・設備の総合力を問う

　新試験制度となった平成21年度課題「貸事務所ビル」では、従来までとは大きく変わる試験内容となった。

　課題文の要求事項は、設計の自由度を高めるため、全体計画とともに所要室の詳細な面積指定はせず、受験者の判断にまかせる内容となった。さらに、作図には新たに梁伏図が加わり、10項目にわたる計画の要点等の記述を要求し、「意匠・構造・設備」の総合力を問う実際の建物に準ずる計画が求められた。

■環境条件の読みとりと配置計画

　出題された変形した敷地は、実際の建物の計画にも多いが、東側隣地の集合住宅が北側道路と平行に配置されていることで、一見すると、北側道路と平行に建物の配置をしたくなる。

　しかし、敷地形状四辺のうち、北側の一辺だけが変形していることで、北側道路と平行に建物の配置を行うと、建物全体のボリュームは入りにくくなる。したがって、敷地のうちの三辺に沿って配置計画を行うことになるが、これは、短時間での計画ゆえ「惑わしやすくするための敷地設定」と瞬時に見抜く必要がある。

　また、南側の一戸建て住宅地への配慮としては、建物の窓を向けないように計画するか、向ける場合は空地（オープンスペース）を設け、一定の距離を確保する必要がある。

■エスキースの初めの段階で基準階プランの目安をつける

　「事務所ビル」、「宿泊施設」、「集合住宅」などで基準階のある計画では、まず、「基準階プランの目安をつける」ことから始めるのが試験向きのエスキース法である。したがって、想定する事務室基準階を「どの位置に配したら適切なのか」最初の段階で目安をつけることによって計画はスムーズに進むことになる。

　このエスキースの原則ともなる方法は、平成21年度の課題においても最良の方法であり、このことさえ認識して計画をすすめると難易度は決して高くはない、ともいえるのである。

■設備スペースの位置

　設備スペースは、設置の自由度は高くなってはいるものの、1階に計画すると、1階に配すべき所要室のボリュームが窮屈なものとなり支障が起きやすい。したがって、地下1階か屋上に設置をすると計画がしやすくなり、これも計画上重要なポイントとなる。

■平成21年度「貸事務所ビル（1階に展示用の貸しスペース、基準階に一般事務室の貸しスペースを計画する）」

Ⅰ．設計条件

この課題は、大都市近郊の市街地において、1階に自動車を展示するショールーム、2〜7階（以下「基準階」という。）に一般事務用の貸事務室をもつ貸事務所ビルを計画するものである。貸事務所については、基準階有効率［(基準階の貸貸部分の床面積／基準階の床面積)×100(％)］に配慮し、収益性の高いものを目指すものとする。

1．敷地及び周辺条件
(1) 敷地の形状、接道条件、周辺状況等は、下図のとおりである。
(2) 敷地は、平坦で、道路及び隣地との高低差はないものとする。また、歩道の切り開きは、1箇所当たり6mまでできるものとする。
(3) 敷地は、近隣商業地域及び準防火地域に指定されている。また、建ぺい率の限度は90％（特定行政庁が指定した角地における加算を含む。）、容積率の限度は500％である。
(4) 電気、ガス及び上下水道は、完備している。
(5) 地盤は良好である。
(6) 気候は温暖で、積雪についての特別の配慮はしなくてよい。

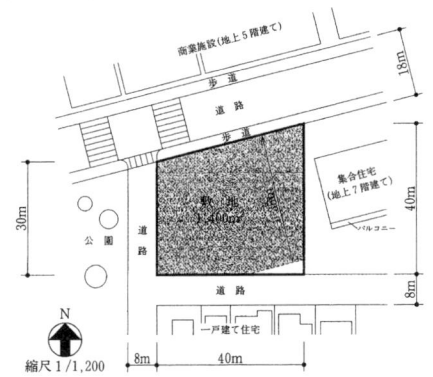

縮尺 1/1,200

(注) 敷地内の 部分は、道路高さ制限において、前面道路を幅員18mの道路とみなす区域を示す。

2．建築物
(1) 構造、階数等
鉄筋コンクリート造、鉄骨鉄筋コンクリート造又はこれらの併用とし、地下1階、地上7階建ての1棟の建築物とする。なお、梁については鉄骨造としてもよい。
(2) 床面積の合計
地下1階を除く床面積の合計は、5,200m²以上、5,800m²以下とする。
この課題の床面積の算定においては、ピロティ、塔屋、バルコニー、屋外階段、機械式駐車場の地上部分（ターンテーブル、カーリフト等）は、床面積に算入しないものとする。
(3) 要求室
要求の室は、すべて計画する。

設置階	室 名	特 記 事 項	床面積
基準階 (2〜7階)	貸事務室A	・基準階有効率は70％以上とし、収益性に配慮するものとする。 ・基準階を2つのゾーン（貸事務室A及び貸事務室B）に区分し、それぞれ別のテナントに貸貸することができるようにする。 ・貸事務室A及び貸事務室Bには、次の執務スペースと会議室をそれぞれ設ける。	特記事項により算定
	貸事務室B	・執務スペースには、最低30人分の一般事務を行うスペースを確保し、無柱空間とする。 ・執務スペースには、机、いす、収納家具とともに、照明器具を計画する。 ・会議室を1室(10人用)設ける。	
1 階	ショールーム	・自動車が2台展示できるスペースを設ける。 ・受付を設ける。 ・商談ができる打合せスペースを設ける。 ・修理工場は設けないものとする。	適宜
	ショールーム事務室	・5人分の事務スペースを確保する。	
	喫茶室	・屋内で20人程度が利用できるものとする。 ・喫茶室の屋外に面してカフェテラスを設ける。 ・カウンター、テーブル等を設ける。	
	玄関ホール	・風除室を設ける。	
	守衛室	・常駐1人とする。	
	荷解きスペース	・サービス用駐車場からの搬出入に配慮する。	
適宜	設備スペース	・各自が採用した設備計画に応じて、電気・機械室、屋外機置場等を計画する。	

・上記の室に関連して必要と思われる室等は、適宜計画するものとする。
・その他必要と思われる室等は、適宜計画するものとする。

(4) 機械式駐車場
地下1階に貸事務室のテナント専用として30台分格納できるものとし、地上にはターンテーブル及びカーリフトを設ける。

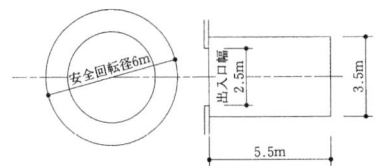

ターンテーブル及びカーリフト概略図(縮尺1/200)

3．その他の施設等
(1) 敷地周辺に対して開放されたオープンスペース(100m²以上)を設ける。
(2) カフェテラスを、喫茶室の屋外に設ける。
(3) 地上に設ける駐車場は平面駐車とし、車いす使用者用として1台分、サービス用として1台分を設ける。
(4) (1)〜(3)の「その他の施設等」は、床面積に算入しないものとする。

4．計画に当たっての留意事項
(1) 建築計画については、次の点に留意し計画する。
① 建築物はバリアフリー、セキュリティ等に配慮し、貸事務室については収益性、快適性、フレキシビリティ等に配慮する。
② 建築物の環境負荷低減に配慮する。
③ 敷地の周辺環境に配慮する。
(2) 構造計画については、次の点に留意し計画する。
① 建築物全体が、構造耐力上、安全であるように計画するとともに、経済性にも配慮する。
② 構造種別、架構形式、スパン割を適切に計画する。
③ 耐力壁等を設け、耐震に配慮する。
④ 部材の断面寸法を適切に計画する。
(3) 設備計画については、次の点に留意し計画する。
① 空調設備、給排水衛生設備、電気設備等を適切に設け、環境負荷低減に配慮する。
② 排煙設備を適切に設ける。
③ エレベーターを適切に設ける。

Ⅱ．要求図書

答案用紙Ⅰ及び答案用紙Ⅱの定められた枠内（寸法線については枠外でもよい。）に、黒鉛筆を用いて記入する。

1．要求図面(答案用紙Ⅰに記入)
下表により、所定の図面を作成し（フリーハンドでもよい。）、必要な事項を記入する。

図面及び縮尺	特 記 事 項
(1) 1階平面図兼配置図 1/200 (2) 基準階平面図 1/200	① 1階平面図兼配置図及び基準階平面図には、次のものを図示又は記入する。 イ．建築物の主要寸法（柱割り及び床面積の計算に必要な程度） ロ．室名等 ハ．耐力壁等（凡例にしたがって図示し、凡例にないものを使用する場合は空欄に追加記入する。） ニ．設備シャフト［パイプシャフト(PS)、ダクトスペース(DS)、電気シャフト(EPS)］の位置 ホ．設備計画に応じた設備スペース（ただし、地下1階に設けた場合は1階平面図に図示し、屋上に設けた場合は断面図に図示する。） ヘ．断面図の切断位置 ② 1階平面図兼配置図には、次のものを図示又は記入する。 イ．建築物の出入口 ロ．ショールーム、ショールーム事務室、喫茶室の床面積 ハ．駐車場（ターンテーブル、カーリフト、サービス用駐車場及び車いす使用者用駐車場） ニ．地下1階部分（機械式駐車場の位置を図示する。また、設備スペースを設けた場合は、その位置を図示する。） ホ．通路、植栽等 ③ 基準階平面図は2階とする。 ④ 基準階平面図には、次のものを図示又は記入する。 イ．貸事務室A、貸事務室Bの床面積 ロ．居室の最も遠い位置から避難階段の一に至る歩行距離及び経路 ハ．貸事務室Aの執務スペースには、机、いす、収納家具等 ニ．貸事務室Bの執務スペースには、照明器具（凡例にしたがって図示し、凡例にないものを使用する場合は空欄に追加記入する。） ホ．1階屋根、ひさし等となる部分
(3) 断面図 1/200	① 切断位置は、貸事務室を含み、建築物の全体の立体構成がわかる断面とする。なお、水平方向、鉛直方向の省略は行わないものとする。 ② 屋上に設備スペースを設けた場合は図示する。 ③ 塔屋を含む建築物の高さ、階高、天井高、1階床高及び主要な室名を記入する。 ④ 梁及びスラブの断面を図示する。ただし、地下1階及び基礎については図示しなくてよい。
(4) 基準階梁伏図 1/200	① 3階からの見下げ図とし、主要な柱、大梁、小梁及びスラブには構造部材表の符号を明示する。 ② 構造部材表に主要な柱、大梁、小梁及びスラブの断面寸法を記入し、主要な部材が複数となる場合は空欄に符号・部材・断面寸法を追加記入する。なお、梁に鉄骨を使用した場合の断面寸法は、H-○×○のように記入する。

2．面 積 表(答案用紙Ⅰに記入)
(1) 地上1〜7階の床面積及びその合計を記入する。なお、各階の床面積については、その算定式も記入する。
(2) 基準階有効率を記入する。

3．計画の要点等(答案用紙Ⅱに記入)
(1) 建築計画について、次の①〜③の要点等を具体的に記述する。なお、要求図面では表せない部分についても記述する。
① 建築物の外部動線及び内部動線について、配慮したこと
② オープンスペース及び東側・南側住宅地について、配慮したこと
③ 貸事務室の計画（収益性、快適性、フレキシビリティ等）について、配慮したこと
(2) 構造計画について、次の①及び②の要点等を具体的に記述する。なお、要求図面では表せない部分についても記述する。
① 建築物に採用した構造種別、架構形式及びスパン割とこれらを採用した理由
② 耐震計画について、配慮したこと
(3) 設備計画について、次の①〜④の要点等を具体的に記述する。なお、要求図面では表せない部分についても記述する。
① 建築物に採用した空調方式と採用した理由
② 設備スペース及び設備シャフトの配置計画について、配慮したこと
③ 貸事務室の照明計画（照度、配置等）について、配慮したこと
④ 排煙計画について、配慮したこと
(4) 建築物の環境負荷低減（熱負荷の抑制、省エネルギー等）について、配慮したことを具体的に記述する。

平成21年一級建築士試験「設計製図の試験」

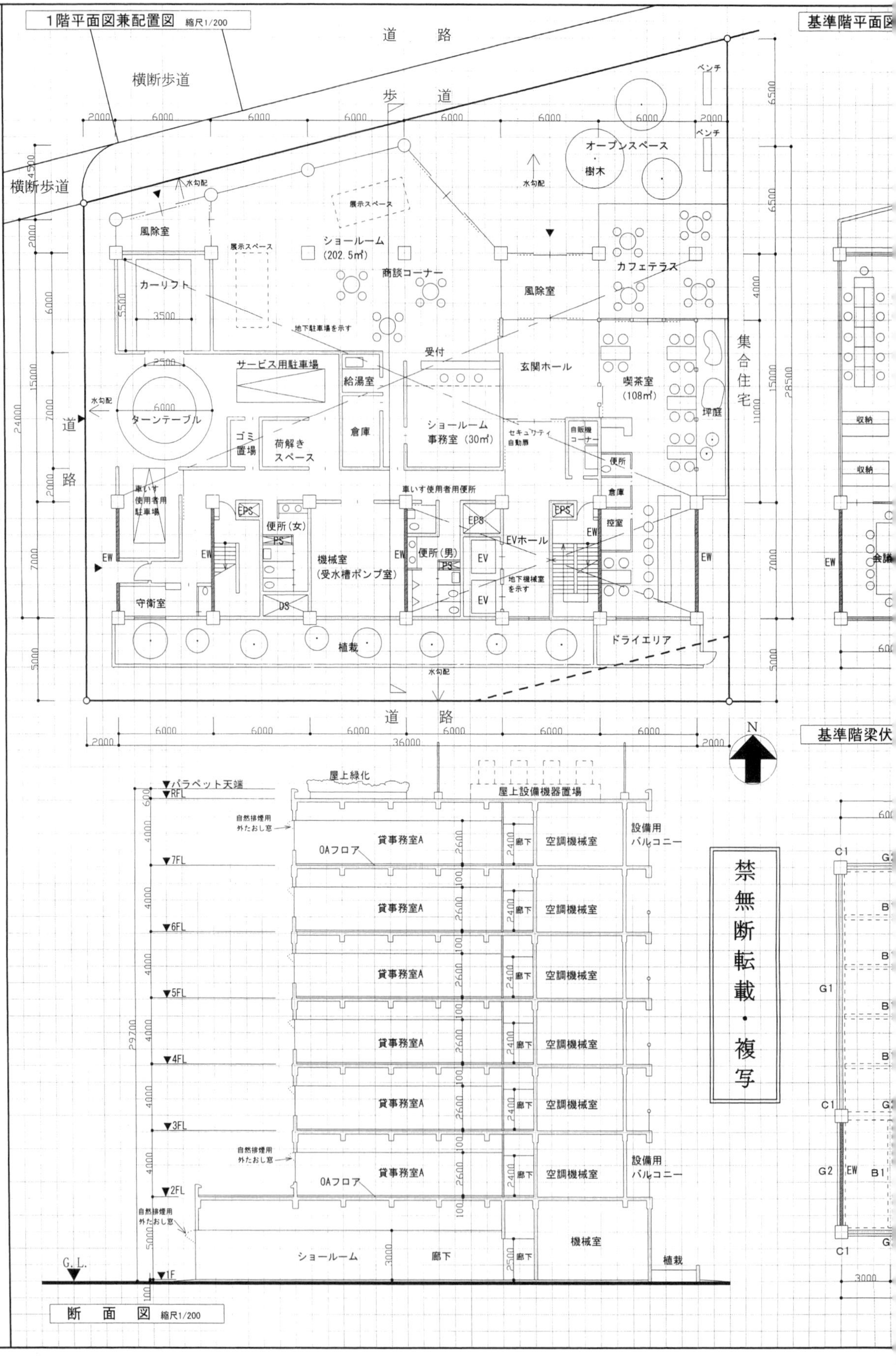

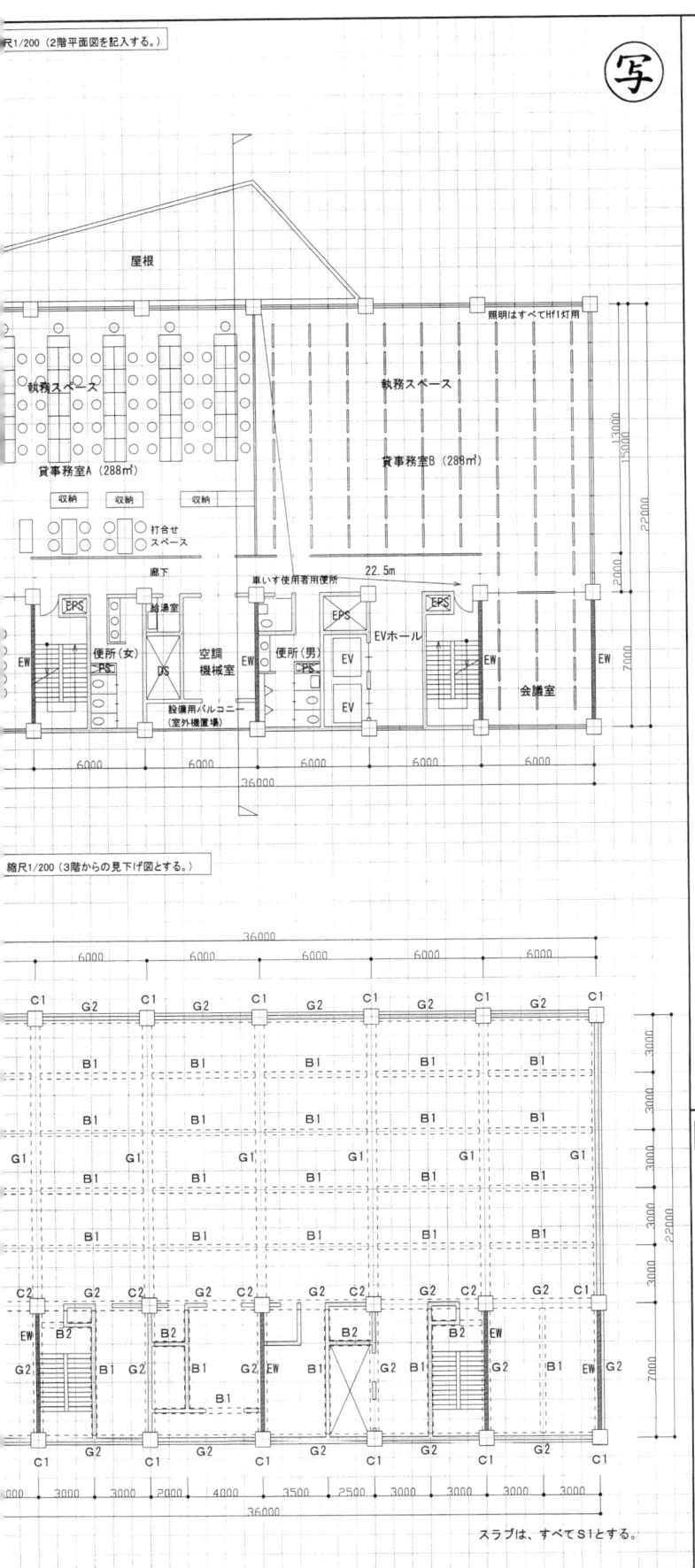

縮尺1/200（2階平面図を記入する。）

凡 例（凡例にないものを使用する場合は空欄に追加記入すること。）

名称	記号	名称	記号
耐力壁	EW	照明器具(Hf2灯用)	
		照明器具(Hf1灯用)	

構造部材表（基準階梁伏図に符号を明示する。主要な部材が複数となる場合は空欄に追加記入すること。）

符号	部材	断面寸法(mm)	符号	部材	断面寸法(mm)
C1	柱①	800×800	C2	柱②	800×800
G1	大梁①	500×1100	G2	大梁②	500×700
B1	小梁①	300×600	B2	小梁②	300×400
S1	スラブ①	200			

面積表（算定式は、算出過程がわかるものとする。算出結果は、小数点以下第1位までとし、第2位以下は切り捨てる。）

		（算定式）	
床面積	2～7階	$36×22-6×1.5$ ×6	
	小 計	4,698	㎡
	1階	（算定式）$36×22+((2+6.5)×18/2)$ $+(6×6.5/2)-6×6-14×7$ $-4×5.5-2×1.5-6×4+7×3$	
	小 計	726.0	㎡
	合 計	5,424.0	㎡

基準階有効率（小数点以下第1位までとし、第2位以下は切り捨てる。）

基準階の賃貸部分の床面積		基準階の床面積	
576.0	㎡ /	783.0	㎡
有効率		73.5	%

計画の要点等の概要

建築計画：オープンスペースを北側に設け、1階のカフェテラス、自動車ショールームと関連づけた計画である。基準階は貸事務室を東西に区分し、南側に共用部分を設けた片寄コアとしている。

構造種別：鉄骨鉄筋コンクリート造

空調方式：空冷ヒートポンプチラ-ユニット＋各階空調機方式

縮尺1/200（3階からの見下げ図とする。）

スラブは、すべてS1とする。

標準解答例①
（この標準解答例は、合格水準の標準的な解答例を示すことを意図したものです。）

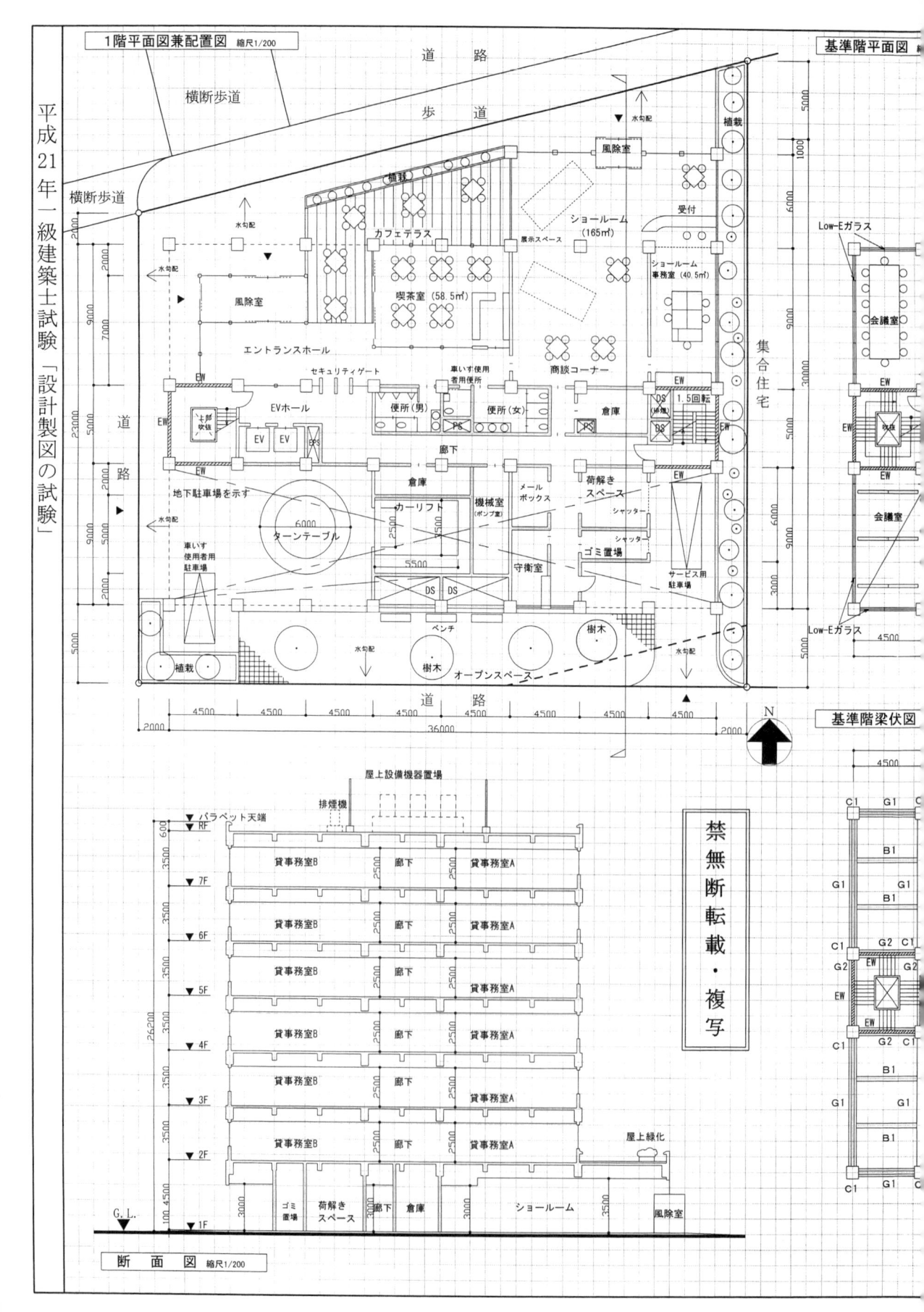

平成21年一級建築士試験「設計製図の試験」

1階平面図兼配置図 縮尺1/200

基準階平面図

断面図 縮尺1/200

禁無断転載・複写

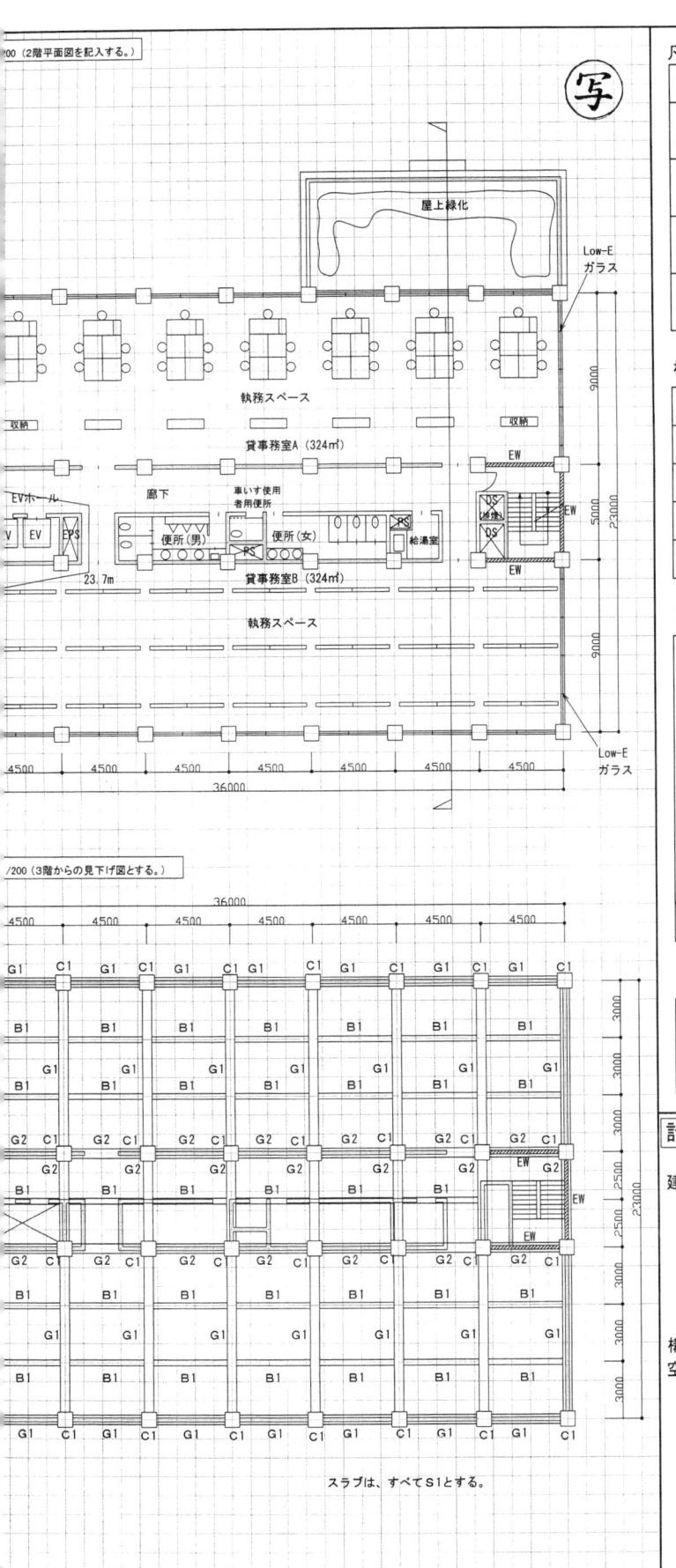

凡例（凡例にないものを使用する場合は空欄に追加記入すること。）

名称	記号	名称	記号
耐力壁	EW	照明器具（Hf2灯用）	—

構造部材表
（基準階梁伏図に符号を明示する。主要な部材が複数となる場合は空欄に追加記入すること。）

符号	部材	断面寸法(mm)	符号	部材	断面寸法(mm)
C1	柱①	800×800			
G1	大梁①	500×900	G2	大梁②	500×900
B1	小梁①	300×600			
S1	スラブ①	150			

面積表
（算定式は、算出過程がわかるものとする。算出結果は、小数点以下第1位までとし、第2位以下は切り捨てる。）

床面積	2～7階	（算定式） $36 \times 23 - 1.5 \times 2$ $\times 6$	
		小計	4,950 ㎡
	1階	（算定式） $36 \times 23 + 13.5 \times 6 + 3 \times 1$ $-13.5 \times 9 - 6.5 \times 5 - 4.5 \times 9$ $-4.5 \times 3 - 2 \times 9 - 7 \times 2$ -4.5×5	
		小計	649.5 ㎡
合計			5,599.5 ㎡

基準階有効率
（小数点以下第1位までとし、第2位以下は切り捨てる。）

基準階の賃貸部分の床面積	基準階の床面積
648.0 ㎡	825.0 ㎡
有効率	78.5 ％

計画の要点等の概要

建築計画：南側住宅地に配慮してオープンスペースを南側に設け、基準階の貸事務室については、セキュリティゲートを経由して人の出入りを管理する計画としている。基準階は貸事務室を南北に区分し、センターコア形式としている。

構造種別：鉄筋コンクリート造

空調方式：全熱交換機＋ビルマルチ方式

標準解答例②
（この標準解答例は、合格水準の標準的な解答例を示すことを意図したものです。）

著者紹介

木村　武義 (きむら・たけよし)

1級建築士。1級建築士設計製図の講師として豊富な経験をもつ。
理論的な授業システムによる「建築士塾」を主宰する。
著書に「1級建築士試験合格するエスキース・システム」、「1級建築士に合格する設計製図テクニック」、「1級建築士試験設計製図課題の予想と解説」、「2級建築士に合格する設計製図テクニック」、「建築士1級・2級一発合格Q&A」がある。

「筆者が直接指導する、理論的な授業システムによる設計製図講座は、分かりやすく、ていねいに教えることをモットーに、少人数制で開講しています」

■講座内容
- 通学講座　教室・JR東中野駅前（8月開講）
- 通信講座　長期（3月開講）・短期（8月開講）

■お問い合わせ　〒206-0012 東京都多摩市貝取 2-8-1-302
　　　　　　　TEL 042-371-3346・FAX 042-371-3379

「建築士塾」

お問い合わせはホームページからも　http://www.kenchikusi.co.jp

1級建築士試験　最短時間で最良の解決！ 合格のための設計製図テクニックのすべて	定価はカバーに表示してあります。
2016年4月15日　1版1刷発行	ISBN 978-4-7655-2590-9 C3052

著　者　木　村　武　義
発行者　長　　　滋　彦
発行所　技報堂出版株式会社
　　　　〒101-0051　東京都千代田区神田神保町1-2-5
　　　　電　話　営　業　（03）（5217）0885
　　　　　　　　編　集　（03）（5217）0881
　　　　　　　　Ｆ Ａ Ｘ　（03）（5217）0886
　　　　振替口座　00140-4-10
　　　　Ｕ Ｒ Ｌ　http://gihodobooks.jp/

日本書籍出版協会会員
自然科学書協会会員
土木・建築書協会会員

Printed in Japan

© Takeyoshi Kimura, 2016

落丁・乱丁はお取り替えいたします。

装丁　ジンキッズ
印刷・製本　昭和情報プロセス

JCOPY　＜(社)出版者著作権管理機構　委託出版物＞
本書の無断複写は著作権法上での例外を除き禁じられています。複写される場合は，そのつど事前に，(社)出版者著作権管理機構（電話：03-3513-6969，FAX：03-3513-6979，E-mail：info@jcopy.or.jp）の許諾を得てください。